U0515235

浙江省新型重点专业智库——杭州电子科技大学浙江省信息化发展研究院资助

全 球 价 值 链 下
中国高技术服务业
发展潜力与地位提升研究

薛 洁◎著

中国财经出版传媒集团
经济科学出版社
Economic Science Press

图书在版编目（CIP）数据

全球价值链下中国高技术服务业发展潜力与地位提升
研究/薛洁著．－－北京：经济科学出版社，2023.1
ISBN 978－7－5218－4451－1

Ⅰ．①全…　Ⅱ．①薛…　Ⅲ．①高技术产业-服务业-
研究-中国　Ⅳ．①F269.2

中国国家版本馆 CIP 数据核字（2023）第 014208 号

责任编辑：顾瑞兰
责任校对：刘　昕
责任印制：邱　天

全球价值链下中国高技术服务业发展潜力与地位提升研究
薛　洁　著
经济科学出版社出版、发行　新华书店经销
社址：北京市海淀区阜成路甲 28 号　邮编：100142
总编部电话：010-88191217　发行部电话：010-88191522
网址：www. esp. com. cn
电子邮箱：esp@ esp. com. cn
天猫网店：经济科学出版社旗舰店
网址：http：//jjkxcbs. tmall. com
固安华明印业有限公司印装
710×1000　16 开　14.75 印张　260000 字
2023 年 1 月第 1 版　2023 年 1 月第 1 次印刷
ISBN 978－7－5218－4451－1　定价：75.00 元
（图书出现印装问题，本社负责调换。电话：010－88191510）
（版权所有　侵权必究　打击盗版　举报热线：010－88191661
QQ：2242791300　营销中心电话：010－88191537
电子邮箱：dbts@ esp. com. cn）

前　言

当前全球正在经历百年未有之大变局，而 2020 年的新冠肺炎疫情大流行加速了这个变化，全球经济环境变得日益复杂，美国模式优势貌似渐失，日欧前进乏力，外在政治格局也将发生变化，全球贸易秩序存在不确定性。但是全球一体化仍是主线，开放与协作仍将继续深化。目前，中国经济进入新常态，正处在发展的十字路口，传统产业模式已经到了不得不变革的时刻，未来中国的发展方向一定是越来越多的经济体将参与到全球价值链分工之中。近年来，随着技术的革新，数字经济增势迅猛，而作为数字经济产业基础的信息服务、电子商务服务等高技术服务业一直是高附加值的核心环节，中国经济再次飞跃的象征一定是在全球价值链中，而高技术服务业领域则占据着重要位置。

2011 年国务院发布《关于加快发展高技术服务业的指导意见》，2013 年国家统计局实施《高技术产业（服务业）分类（2013）（试行）》标准，2018 年国家统计局发布《高技术产业（服务业）分类（2018）》标准，"十四五"规划中明确提出构建服务产业新体系，这些都预示着国家对当前高技术服务业发展的高度重视，希望可以准确地把握该产业的发展走势并提升其国际竞争力。那么，中国高技术服务业在国内的发展规模与特征是怎样的？在国际上参与全球价值链分工并谋求关键位置，目前是否具备这样的机会？需要经过哪些路径并遵循什么规律对于目前中国改革转型的产业和企业来说具有重大的意义？由此，分析中国高技术服务业的发展现状及其在各省份、城市的集聚特征，准确测度中国高技术服务业在全球价值链中所处的地位及其发展潜力，把握中国高技术服务业全球地位提升的具体影响因素，并总结促进中国高技术服务业发展的对策建议，就成为一项非常有价值的研究。

本书从高技术服务业的内涵与分类入手，系统分析中国高技术服务业在国内的发展现状与集聚特征，重点研究中国高技术服务业在全球价值链中的分工地位及其与发达国家间的差异，测度中国高技术服务业与企业的发展潜力，为中国高技术服务业地位提升与高质量发展提供参考。具体内容分为四个部分：第一部分是高技术服务业相关概念与理论基础（第2章），主要讨论高技术服务业的内涵与分类，综述国内外关于高技术服务业、全球价值链理论与产业集聚的研究现状，并介绍产业集聚理论、增加值贸易核算框架，作为后续研究的理论基础。第二部分为中国高技术服务业在国内外的发展现状与分工地位演变情况，主要包括中国高技术服务业发展现状与集聚特征（第3章）和中国高技术服务业在全球价值链中的地位演变（第4章）。其中，第3章首先利用四次全国经济普查数据分析中国高技术服务业整体与具体行业的发展现状，然后基于空间自相关和空间基尼系数、平均集中率等方法重点分析中国高技术服务业在各省份和地级及以上城市的集聚特征，并构建面板数据模型分析其影响因素；第4章则是基于增加值贸易核算框架，构建"比较优势—参与度—地位"三维评价指标体系，借助OECD的TiVA数据库中的ICIO表数据，通过对比美国、爱尔兰、日本等发达国家以及以印度为代表的新兴国家，分析2005～2018年中国高技术服务业整体和分行业的比较优势、全球价值链参与度指数和地位指数的演变趋势及其原因。第三部分是中国高技术服务业发展潜力的测度，主要包括中国高技术服务业发展潜力测度（第5章）和中国高技术服务企业发展潜力测度（第6章）。其中，第5章运用加权主成分TOPSIS评价模型测度2003～2020年中国高技术服务业发展潜力，并选择八大重点省市对其发展潜力进行评价与比较；第6章则是从微观角度入手，运用熵权TOPSIS方法分析不同规模、不同行业、不同地区的高技术服务企业发展潜力及其差异，并选择典型企业进行案例分析。第四部分是中国高技术服务业全球价值链地位提升影响因素分析（第7章），以全球价值链地位指数为被解释变量，分别从产业内部和产业外部选取解释变量，构建模型分析影响高技术服务业价值链地位提升的具体因素。

通过上述对中国高技术服务业相关问题的深入研究与探讨，本书所做的工作主要有以下几方面。

第一，在查阅大量国内外相关文献的基础上，较为详尽地梳理与比较高技术服务业、全球价值链等相关研究成果，发现已有研究文献的优势与不足，设计出本书的基本框架，力求做到不仅研究框架新，而且所用分析方法更具有合理性、科学性和可行性。同时，通过对国内外学者文献的研究，以及与分类标准的比对，进一步明确高技术服务业的内涵与分类，为本书研究奠定理论基础。

第二，从空间角度分析中国高技术服务业在国内各个省域与城市的分布情况，中观与微观相结合，准确掌握高技术服务业在国内的发展现状与集聚特征。同时，将全球价值链应用于高技术服务业，从增加值贸易核算角度探究中国高技术服务业在国际上的参与度与所处地位，比较国际间存在的差异，深入分析中国高技术服务业在全球价值链中呈现如此现状的具体原因。

第三，以产业创新升级为改革突破点，从自我成长和外在支撑角度构建发展潜力测度模型，分析全国与重点省市高技术服务业发展潜力；考虑宏、微观结合，基于企业价值链理论和核心能力理论，从资源、经营、治理和外部潜力四方面综合测度高技术服务企业发展潜力，为促进高技术服务业及其企业的高质量发展提供数据支撑。

第四，以分工地位攀升为目标，从产业规模、人力资本、外商直接投资、GVC 参与度、研发投入、信息基础设施和配套产业规模等方面分析高技术服务业全球价值链地位的具体影响因素，并从技术、人才、产业、贸易、政府和企业等方面给出促进该产业高质量发展的对策建议，以全面提升和巩固中国高技术服务业在国内外的地位，从而间接促进数字经济的发展。

目　录

第1章

导　论

1.1　研究背景

20 世纪 50 年代以来，随着知识经济的迅速发展，世界经济已从工业经济时代转变为服务经济时代，具有高技术含量和高附加值的新型服务业不断涌现，高技术服务业逐渐在世界范围内兴起。2003 年，中国首次提出"高技术产业"的概念，并于 2004 年正式提出"高技术服务业"这一名词，且对其进行了具体表述。2007 年，在发改委发布的《高技术产业发展"十一五"规划》中，明确将高技术服务业纳入八大高新技术产业。2011 年，国务院办公厅发布《关于加快发展高技术服务业的指导意见》，确立了高技术服务业发展的指导思想、基本原则、发展目标、重点任务和政策措施，并强调了加快发展高技术服务业的重要性和紧迫性。据此，各省市纷纷出台相关政策，如 2012 年，上海市制定《高技术服务业专项工程实施管理细则》，旨在推动上海国家高技术服务产业基地建设、促进高技术服务业发展、加快转变经济发展方式；2013 年，浙江省发布了《浙江省高技术服务业企业技术中心认定评价实施方案（试行）》，将高技术服务业纳入浙江省企业技术中心认定领域，作为企业技术中心管理工作的一项重要内容，并于 2015 年率先出台了《关于加快检验检测高技术服务业发展的意见》。

中国经济增长过程中，长期存在高投入、低产出、高成本、低效率的问题。近年来，经过经济转型、产业结构调整优化，政府力求改变粗放式经济增长模式，而发展高技术服务业对这一过程起到了良好的促进与催化作用。尤其在信息化的冲击下，服务业与制造业等产业的边界日渐模糊，产业融合加速。伴随着云计算、大数据、人工智能、工业互联网的发展，数字经济迅速崛起，其以数字化丰富要素供给、以网络化提高要素配置效率、以智能化提升产出效能，推动高技术服务业尤其是电子商务服务业的发展。由此，高技术服务业已经成为国家重点发展的战略型产业，加快高技术服务业的发展是中国促进高技术产业和战略性新兴产业增长的必然选择。

然而，中国高技术服务业起步较晚，且发展不均衡。虽然近年来国家对其加大投入、大力支持，但不同地区由于其自身经济基础、产业结构等原因，发展状况与方式均有区别。且高技术服务业不同于传统服务业，其具有高技术性、专业性、高智力性等特点，发展状况不仅取决于投入与支持力度，也对当地经济状况、科技水平、创新能力和人才储备等发展潜力有要求。当前，在数字经济迅猛发展的浪潮下，世界各国都在积极地进行经济转型。而在这一轮经济变革中，高技术服务业是中国经济转型、产业结构调整的催化剂与助推器。

鉴于此，为了更好地发展高技术服务业，有必要全面了解中国高技术服务业现状、在全球所处的位置，并探求其发展潜力以及地位提升的因素。因此，本书拟对中国高技术服务业的发展现状、全球地位、发展潜力、地位提升等方面进行综合评价与研究，并提出促进该产业高质量发展的对策建议，既有现实需求与紧迫性，也具有重要的理论与实践意义。

1.2　研究目的及意义

本书从高技术服务业概念与分类出发，围绕主要研究内容，实现的研究目的与意义主要有以下几点。

（1）明确高技术服务业内涵与分类。现阶段国内综合分析高技术服务业各方定义的文献较少，尚未对高技术服务业研究所使用的内涵与概念进行完全统一，造成研究的理论依据不牢固，且不利于相互之间的对比与引用。本书通过文献研究确定高技术服务业的内涵及其行业分类，这有助于深化研究，为后续有关高技术服务业的研究奠定必要的理论基础，具有学术价值。

（2）了解中国高技术服务业发展的区域间差异。基于《中国统计年鉴》《中国城市统计年鉴》中的数据，采用莫兰指数、标准差椭圆、空间基尼系数和地区平均集中率等测度方法，分别从省份、城市两个层面测算高技术服务业的空间分布与集聚水平，并分析高技术服务业集聚特征，应用地理联系率对高技术服务业空间集聚一致性进行判别，最后构建模型分析产业集聚的影响因素。这一研究过程为中国高技术服务业发展战略的制定提供了数据支撑，也弥补了中国高技术服务业集聚特征现有研究的不足，对于高技术服务业未来研究具有明显的借鉴意义。

（3）明确中国高技术服务业在国际上的地位。加入世界贸易组织（World Trade Organization，WTO）以来，中国行业大多以低附加值的生产工序融入全球价值链，但随着人口红利降低，如何实现产业转移，并突破低端锁定困局，是困扰中国的问题。作为高附加值产业，高技术服务业是实现中国经济再次腾飞的关键点，未来占据高技术服务业在全球价值链的主导地位，有助于抢占中国高技术服务业在全球产业链的话语权。因此，探究中国高技术服务业在全球价值链中的现状显得尤为重要。此外，国内学者对于中国高技术服务业全球价值链分工地位研究的文献较少，将国内高技术服务业与国外进行系统对比研究的文献更是有所缺失。这些内容将是本书的研究重点之一，从而弥补这方面研究的不足。

（4）把握中国高技术服务业发展潜力。通过构建发展潜力指标体系，基于价值模型分别测算全国、重点省市高技术服务业及上市企业的发展潜力，宏观与微观相结合，全方位把握高技术服务业发展潜力，明晰发展优劣势，为产业、地方或企业的未来发展提供参考，具有显著的学术研究价值与参考价值。

（5）明晰高技术服务业地位提升的影响因素。在全球价值链地位测算的基础上，如何提升中国高技术服务业在全球的国际分工地位，这是要解决的关键问题。由此，重点分析影响高技术服务业全球价值链地位提升的具体因素，显得尤为重要，同时也为产业的高质量发展提供支撑。

（6）提出促进高技术服务业发展的对策建议。总结前文研究结论，提出促进中国高技术服务业发展的对策建议，为高技术服务业发展规划制定提供指导性建议，也对数字经济的发展具有一定的参考意义。

1.3 全书的内容与框架

1.3.1 主要内容

本书从探讨高技术服务业相关概念与分类出发，具体研究内容如下。

（1）高技术服务业内涵与理论基础。首先，对高技术服务业的内涵与分类进行界定，通过探讨国内外对于高技术服务业、知识密集型服务业（knowl-edge – intensive business service，KIBS）的内涵讨论，总结得出本书高技术服务业的界定，并将 2018 年发布的中国高技术服务业的最新分类标准与《国民经济行业分类》（GB/T 4754—2017）进行对比，得出本书研究的高技术服务业主要分类；其次，通过分析与述评国内外对高技术服务业、KIBS、全球价值链理论和产业集聚的研究现状，得到研究启示；最后，介绍了产业集聚、增加值贸易核算框架等相关理论，作为理论基础来支撑本书的后续研究。

（2）中国高技术服务业发展现状与集聚特征。首先，利用四次全国经济普查数据，从资产总计、营业收入和从业人员数等方面分析中国高技术服务业整体和主要分行业的发展现状；其次，从省域角度出发，利用全局和局部莫兰指数研究中国各省份高技术服务业增加值与产业密度的空间自相关性，并通过标准差椭圆研究两者的方向分布，得到高技术服务业省域的空间分布特征及形成机理；再次，为了进一步分析高技术服务业在各城市的集聚，利用空间基尼系数和地区平均集中率等方法，从行业、城市两个层面测算高技术服务业集聚水平，并分析高技术服务业在地级及以上城市的集聚特征，同时应用地理联系率分析高技术服务业各行业的空间集聚一致性；最后，在城市集聚特征的基础上，选取指标构建面板数据模型分析其具体的影响因素。

（3）中国高技术服务业在全球价值链中的地位演变。基于全球价值链地位测算的增加值贸易核算框架，首先对传统的显性比较优势指数进行修正，并引用 Koopman 全球价值链参与度、地位指数，构建"比较优势—参与度—地位"三维评价指标体系，对高技术服务业整体地位和细分行业地位分别进行测算与分析。其次，通过对比以美国为代表的西方发达国家和以印度为代表的新兴国家，分析中国高技术服务业总体与出版、视听和广播、电信、IT 及其他信息服务等具体行业的全球价值链地位演变情况及其形成原因。

（4）中国高技术服务业发展潜力测度。本部分研究分为两章内容依次展开，一方面从产业角度，考虑自身成长和外在支撑两个方面，选择发展规模、投入水平、发展环境和可持续水平 4 个二级指标与 40 个三级指标构建发展潜力指标体系，运用加权主成分 TOPSIS 法分析 2003~2020 年中国高技术服务业发展潜力，并根据前述中国高技术服务业集聚特征，选择重点省市分析其高技术服务业发展潜力。另一方面从企业入手，设计资源潜力、经营潜力、治理潜力和外部潜力四个一级指标，分别从财务和非财务角度选取 28 个指标建立高技术服务企业发展潜力评价指标体系，以 155 家高技术服务上市企业为研究对象，运用熵权 TOPSIS 法测度其发展潜力，并分析不同规模、不同地域、不同行业的企业发展潜力间的差异，同时依据企业发展潜力排名，选取不同行业且排名靠前的典型企业进行案例分析。

（5）中国高技术服务业全球价值链地位提升影响因素分析。基于前述地位指数测算结果，分别从产业内部与产业外部引入可能影响中国高技术服务业分工地位的七个主要因素，包括产业规模、人力资本、外商直接投资、全球价值链参与度、研发投入、信息基础设施和配套产业规模，选择均方误差、平均绝对误差作为模型评价指标，对比普通线性回归、不同 alpha 值下 Lasso 回归、不同 alpha 值下岭回归的模型效果，选用拟合较好的模型作为预测模型，从而分析影响中国高技术服务业地位提升的因素。

（6）促进中国高技术服务业发展的对策建议。根据前述对高技术服务业国内外现状、发展潜力和地位提升的理论与实证分析，总结相关研究结论，并分别从技术、人才、产业、贸易、政府和企业等层面提出促进高技术服务业发展的对策建议，最后提出目前研究存在的不足与未来展望。

1.3.2 研究框架

依据上述研究内容，全书按照"文献评述与理论提炼—中国高技术服务业发展现状与集聚特征—中国高技术服务业在全球的地位—中国高技术服务业发展潜力测度—中国高技术服务企业发展潜力测度—中国高技术服务业地位提升影响因素—对策建议"的研究思路,展开对中国高技术服务业的相关问题研究,具体框架如图1-1所示。

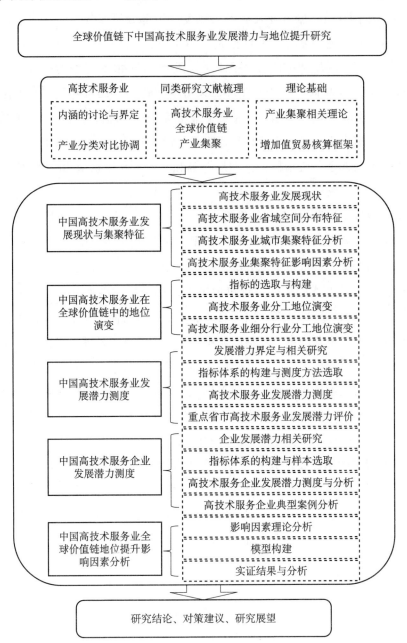

图1-1　研究框架

1.4 研究方法与创新点

1.4.1 研究方法

本书主要用到的研究方法有以下几种。

（1）文献研究法。利用中国知网等平台，查阅国内外高技术服务业和知识密集型服务业的相关文献，以此来初步了解高技术服务业的研究现状与不足；阅读国内外关于全球价值链理论的经典文献及应用该理论的相关文献，梳理文献研究脉络，发现文献研究取得的成果与存在的不足；厘清国内外学者关于产业集聚测度方法与影响因素的研究现状；最后基于上述文献分析提出本书研究的理论贡献。

（2）空间统计方法。利用空间自相关、标准差椭圆、空间基尼系数和地区平均集中率等空间统计方法分别从行业、省域和城市多角度具体分析中国高技术服务业的空间分布与集聚特征，并区分东、中、西三大经济带，观察其分布的变化特征。

（3）增加值贸易核算。本书借用增加值贸易（trade in value added，TiVA）数据库中的国家间投入产出（inter-country input-output，ICIO）表，完善库普曼等（Koopman et al.，2008，2010）全球价值链分割在 m 个国家 n 个行业下的模型，构建"比较优势—参与度—地位"三维评价指标体系，根据高技术服务业分类，分析中国高技术服务业在全球价值链中的地位，并将其与美国、爱尔兰、日本等发达国家和印度等发展中国家的高技术服务业地位进行对比，得出中国高技术服务业的地位演变及其优劣势。

（4）逼近理想解排序（technique for order preference by similarity to ideal solution，TOPSIS）法。该方法依据一定数量的评价对象与理想目标之间的接近程度来排序，是对研究对象进行优劣评价的方法。本书研究过程中，将该方法与主成分分析法、熵值法相结合，构建加权主成分 TOPSIS 法和熵权 TOPSIS 法，分别用来测度中国高技术服务业整体行业与具体企业的发展潜力。

（5）回归模型。研究高技术服务业集聚特征影响因素时，构建面板数据回归模型，分析影响全国和东、中、西三大经济带高技术服务业集聚特征的具体因素；研究高技术服务业全球价值链地位提升影响因素时，分别构建普通线性回归模型、Lasso 回归和岭回归模型，并比对各个模型的拟合效果，选择最优模型具体分析影响该产业地位提升的因素。

1.4.2　创新点

（1）学术思想特色。以高技术服务业创新升级为改革突破点，得出高技术服务业在国内的集聚表现、在国际上的地位演变及其与全球间的差异。基于此，理论上提出高技术服务业发展潜力包括自我成长潜力和外在支撑潜力，实践上给出产业发展潜力评价指标体系，构建发展潜力测度模型，为促进高技术服务业的创新升级改革提供数据支撑。

（2）学术观点创新。一是运用空间统计方法，分析高技术服务业在空间上的相关性与分布情况，清楚地展示中国高技术服务业的发展现状与区域集聚效应；二是将全球价值链理论应用于高技术服务业研究，从宏观角度探讨了中国高技术服务业与全球间存在的差异，丰富了中国高技术服务业的基础研究。

（3）研究方法特色。一是除了选用空间基尼系数，本书将地区平均集中率和地理联系率有效结合，准确直观地呈现出现阶段中国高技术服务业的地区集聚特征及其差异；二是运用 OECD 的 TiVA 数据库中的 ICIO 表数据，基于增加值贸易核算框架，修正显性比较优势指数，分析中国高技术服务业在全球价值链中的分工地位，并与美国、爱尔兰、日本等发达国家和印度等发展中国家进行对比分析；三是基于发展潜力指标体系，采用加权主成分 TOPSIS 方法和熵权 TOPSIS 方法，这样既可以克服层次分析法和模糊评价法的主观性，又可以克服主成分和因子分析法评价值出现正负的情况。

第 2 章

高技术服务业相关概念与理论基础

本章将对高技术服务业的内涵与分类进行讨论，基于此，重点对高技术服务业、全球价值链、产业集聚三方面的国内外研究动态进行较为系统地梳理与总结，并给出产业集聚相关理论、增加值贸易核算框架作为后续章节内容的理论基础。

2.1 高技术服务业的内涵与分类

2.1.1 高技术服务业的内涵

"高技术服务业"一词由中国提出，并在《2004 年度科技型中小企业技术创新基金项目指南》中首次得到正式的表述，其被描述为"人才密集、技术关联性强、附加值高并以直接促进、支撑、服务于产业发展的高技术服务业"。2011 年，国务院印发《关于加快发展高技术服务业的指导意见》，其明确指出：高技术服务业是现代服务业的重要内容和高端环节，具有技术含量和附加值高的特点，且创新性强，发展潜力大，辐射带动作用突出。此外，2013 年和2018 年国家统计局发布的《高技术产业（服务业）分类》中也涉及了高技术服务业的概念，认为高技术服务业是采用高技术手段为社会提供服务活动的集合。

政府高度重视的同时，国内学者们也对高技术服务业的内涵进行了深入探讨。如王仰东等（2007）认为，"高技术服务业是以创新为核心，以中小企业为实施主体，围绕产业集群的发展，旨在促进传统产业升级、产业结构优化调整的进程中采用现代管理经营理念和商业模式，运用信息手段和高新技术，为生产和市场发展提供专业化增值服务的知识密集型新兴产业"。与传统服务业相比，其特点是"创新性、高技术性、专业性、高渗透性、高增值性、强辐射性和高智力性"。王仰东等认为，对于高技术服务业而言，创新是核心驱动力，中小企业集群是成长土壤，高素质人才既是最核心的要素和资源，也是核心竞争力的载体。虽然这是早期研究，但其对高技术服务业的概念、特征及内涵进行了深入细致的解析，对后续研究影响较大。李勇坚和夏杰长（2011）认为，高技术服务业是以高新技术为支撑，以高新技术与服务业深度融合为特征，以通过增值的专业化服务扩散高技术成果为主要服务方式的新兴服务业。姚正海和倪杰（2012）认为，高技术服务业是以网络和信息技术、生物技术等高新技术为支撑，在高研究与试验发展（research and development，R&D）投入和高专利申请活动基础上，以服务为表现形态，采用现代经营管理理念和商业模式，为产品制造和生活消费提供高技术含量和高附加值服务的新兴服务业。申静等（2014）认为，高技术服务业是以信息与通信技术（information and communications technology，ICT）等高技术为支撑，以提供高科技含量和高附加值的技术（或知识）密集型产品或服务为主，兼具高技术产业和知识密集型服务业特征的新兴服务业态。刘贞来（2018）则认为，高技术服务业是以较高科技含量的高新技术和具有较高人力资本的高层次人才资源为主要投入，具有专门科技领域的专业性知识，且具有高互动度、高技术度、高创新度、高附加值、强辐射性等特征的商业性公司或者组织的统称。

国外没有直接针对高技术服务业进行研究的文献，故只能搜索与之类似的KIBS相关文献作为参考。分析文献发现，国外学者和机构对KIBS的概念界定存在一定的差异，如比尔德贝克等（Bilderbeek et al.，1998）从理论层面系统介绍了KIBS的概念、服务模式等，其认为知识密集型服务产业是严重依赖专业知识，即与特定（技术）学科或（技术）功能领域相关的知识或专业知识，以及提供基于知识的中间产品和服务的私营公司或组织；经济合作与发展组织（OECD，2001）认为，KIBS是那些技术及人力资本投入密度较高、附加值大的服务行业；肯皮拉和梅塔宁（Kemppila & Mettanen，2004）指出，KIBS可从3个方面进行界定：知识是服务的重要投入，服务高度依赖于专业知识和能力，服务提供商与客户之间存在高度互动；穆勒和多洛雷斯（Muller & Dolor-eux，2009）认为，KIBS 是以高知识密集度为特征，主要向其他公司和组织提供非常规服务的公司；博哈特基维茨等（Bohatkiewicz et al.，2017）认为，KIBS 是一种通过创造、积累和传播专业知识创造附加值，通过创造和促进创新支持知识经济的发展，并刺激全球价值链的升级进程。而中国国务院发展研究中心（2001）则认为，KIBS 是运用互联网、电子商务等信息化手段的现代知识服务业；魏江等（2007）对 KIBS 的概念进行了梳理，认为该行业具有高知识度、高技术度、高互动度与高创新度四个特点。

综上可以看出，高技术服务业与 KIBS 不论在定义上还是特征上都较为相似，而在分类上两者也有很多重合。事实上，中国现行高技术服务业分类标准在编制时也参考了 KIBS 的分类，这点在国家统计局发布的《高技术产业（服务业）分类》中有明确说明。因此，在进行国际比较时，可以将高技术服务业与国外的 KIBS 对应，后文也将综述国外针对 KIBS 的相关研究作为国内高技术服务业研究的参考。

由此，本节给出高技术服务业的概念界定：高技术服务业是以高新技术为支撑，以创新为核心，为产品制造和生活消费提供高技术含量和高附加值服务，以求直接促进、支撑、服务于产业发展的新型服务业。

2.1.2　高技术服务业的分类

《高技术产业（服务业）分类（2018）》明确给出了高技术服务业的范围及分类，其将高技术服务业分为 9 个大类，25 个中类，97 个小类。其中，小类与《国民经济行业分类》（GB/T 4754—2017）中的小类进行了对照，其中，加"＊"的小类表示该类别仅对应国民经济行业分类小类中的部分活动。具体分类见表 2 – 1。

表 2 – 1　　　　　高技术服务业九大类及其对应行业分类小类代码

大类代码	大类名称	包含的小类代码
1	信息服务	6311、6312、6319、6321、6322、6331、6339、6410、6421、6490、6511、6512、6513、6519、6531、6532、6540、6560、6440、6450、6550、6520、6591、6599、6571、6572、6579、6422、6429、8625、8626、8710＊、8720＊、8740、8890＊

续表

大类代码	大类名称	包含的小类代码
2	电子商务服务	6431、6432、6433、6434、6439、6930＊、7295＊
3	检验检测服务	7451、7452、7453、7454、7455、7459
4	专业技术服务业的高技术服务	7410、7420、7431、7432、7439、7441、7449、7471、7472、7473、7474、7475、7481、7482、7483、7484、7485、7486
5	研发与设计服务	7310、7320、7330、7340、7491、7492
6	科技成果转化服务	7511、7512、7513、7514、7515、7516、7517、7519、7530、7540、7590
7	知识产权及相关法律服务	7520、7231＊、7239＊
8	环境监测及治理服务	7461、7462、7463、7721、7722、7723、7724、7725、7726、7727、7729
9	其他高技术服务	—

注：＊表示该类别仅对应国民经济行业分类小类中的部分活动。
资料来源：根据《高技术产业（服务业）分类（2018）》整理得到。

　　为后续研究方便，在《国民经济行业分类》（GB/T 4754—2017）中寻找高技术服务业所包含的行业分类小类所属的大类与门类，具体见表2－2。

表2－2　　　　　高技术服务业对应的国民经济行业分类和代码

门类	大类	小类代码
I 信息传输、软件和信息技术服务业	63. 电信、广播电视和卫星传输服务	6311、6312、6319、6321、6322、6331、6339
	64. 互联网和相关服务	6410、6421、6422、6429、6431、6432、6433、6434、6439、6440、6450、6490
	65. 软件和信息技术服务业	6511、6512、6513、6519、6520、6531、6532、6540、6550、6560、6571、6572、6579、6591、6599
J 金融业	69. 其他金融业	6930
L 租赁和商务服务业	72. 商务服务业	7231、7239、7295
M 科学研究和技术服务业	73. 研究和试验发展	7310、7320、7330、7340
	74. 专业技术服务业	7410、7420、7431、7432、7439、7441、7449、7451、7452、7453、7454、7455、7459、7461、7462、7463、7471、7472、7473、7474、7475、7481、7482、7483、7484、7485、7486、7491、7492
	75. 科技推广和应用服务业	7511、7512、7513、7514、7515、7516、7517、7519、7520、7530、7540、7590

续表

门类	大类	小类代码
N 水利、环境和公共设施管理业	77. 生态保护和环境治理业	7721、7722、7723、7724、7725、7726、7727、7729
R 文化、体育和娱乐业	86. 新闻和出版业	8625、8626
	87. 广播、电视、电影和录音制作业	8710、8720、8740
	88. 文化艺术业	8890

资料来源：根据《国民经济行业分类》（GB/T 4754—2017）整理得到。

由表 2 - 2 可知，高技术服务业涉及国民经济行业分类中 6 个门类，12 个大类，主要包括：门类 I "信息传输、软件和信息技术服务业" 的所有小类、门类 M "科学研究和技术服务业" 的绝大部分小类（除去 7350、7493、7499）和门类 N "水利、环境和公共设施管理业" 下的中类 772 "环境治理业"。考虑到后续数据搜集的便利性，这些小类数据可以用相应门类和中类数据代替，其余分布在 J、L 和 R 这三个门类下的小类，因统计年鉴中数据不全，其数据收集需依据具体分析而定。

2.2　高技术服务业国内外研究现状

2.2.1　文献选取与描述

2004 年，中国正式提出 "高技术服务业" 这一名词，认为高技术服务业具有人才密集、技术关联性强、附加值高等特点，可以直接促进产业的发展。基于此，本书对 2000 ~ 2021 年国内外学者关于高技术服务业的研究文献进行综述，重点分析学术界对高技术服务业的研究现状与关注点，了解国内外文献的研究差异。

本部分内容将以高技术服务业、KIBS 为关键词，利用 Web of Science、中国知网、IDEAS、SSRN 等全文数据库检索 2000 ~ 2021 年 SCI、CSSCI 收录文献和工作论文，共遴选了 90 篇相关文献。

首先，本书利用在线词云生成工具 Tagxedo 直接对样本文献的题目绘制词云图，如图 2 -1 所示。从图中可以看出，国内学者关于高技术服务业的研究主要集中在该产业与制造业间的关系、产业发展、产业评价与创新等方面。此外，有关产业特征、影响因素研究也颇受关注，而国外学者则非常注重 KIBS 的创新、贡献和效率等方面。

图 2 - 1　　国内外样本文献题目词云图

其次，进一步分析样本文献的研究内容，如表 2 - 3 所示，主要集中在高技术服务业与其他产业间关系和该产业发展影响因素的研究，共 53 篇，占比 58.89%。其中，国内研究主要集中在高技术服务业的发展现状、该产业与其他产业如制造业间的关系等方面，合计 31 篇，占国内文献总数的 65.96%；国外则更多在于对 KIBS 发展过程中的影响因素研究，尤其是围绕创新对 KIBS 的影响方面，文献有 20 篇，占国外文献数量的 46.51%。这点与上述词云图的显示结果是相吻合的。

表 2 - 3　　　　　　　　国内外高技术服务业文献研究内容汇总　　　　　　　单位：篇

高技术服务业/KIBS 的研究内容	国内文献数量	国外文献数量
概念、特征与分类	5	5
发展现状与评价	10	7
发展的影响因素	6	20
与其他产业间关系	21	6
其他	5	5
合计	47	43

此外，从样本文献的时间分布来看，国内外文献研究存在较明显的差异。其中，国内研究集中于 2010 ~ 2021 年，共 45 篇文献，而 2010 年以前的中文文献仅有 2 篇；国外则恰恰相反，多数研究集中在 2000 ~ 2010 年，共 24 篇文献，其中仅 2005 ~ 2010 年就有文献 13 篇，2011 ~ 2021 年研究文献有 19 篇。这也与国外 KIBS 起步早且发展迅猛，而国内高技术服务业发展相对滞后的情

况相符。

2.2.2　国内外研究文献分析

基于检索的文献可知，2000~2021年，学者关于高技术服务业或KIBS的研究主要集中在如表2-3所示的五个方面：（1）概念、特征与分类研究，然而自2013年国家统计局发布《高技术产业（服务业）分类（2013）（试行）》，2018年又发布《高技术产业（服务业）分类（2018）》，有关高技术服务业的分类暂时有了统一的标准，又鉴于前文已对高技术服务业内涵做了具体分析，故下文不再赘述；（2）现状评价与研究；（3）发展影响因素研究；（4）与其他产业间关系的研究；（5）其他方面的研究。为了更加清晰地了解国内外学者对于二者的研究状况，接下来本书将分类梳理相关文献，并加以分析。

2.2.2.1　高技术服务业发展现状与评价研究

国内学者针对高技术服务业发展现状的研究大体可以分为两类：一是发展水平的评估；二是创新能力的评价。

在发展水平评估方面，姚正海等（2014）从发展规模、产业结构、成长能力、创新环境、经济效益等维度选取指标构建评价指标体系，研究发现中国高技术服务业区域发展水平参差不齐。高先务和程惠英（2015）从高技术服务业的八个领域出发，基于指标间重要性、八个高技术服务业领域重要性以及各指标相对于均值差值的重要性递减三个前提假设，选择密切相关的指标集合，对各地区八个行业领域分别作发展水平评估。研究结果显示，各地区高技术服务业发展存在明显的差距，整体上呈现从沿海到中部再到西部的发展梯度差。王正新等（2016）则从基础条件、产业结构、创新投入和创新产出四个维度出发，采用因子分析法，并利用基于加权马氏距离改进的聚类分析方法对中国各省区市的高技术服务业发展水平进行综合评价，认为高技术服务业区域发展不平衡，尤其在产业规模、基础条件与创新环境方面差异明显。

对于高技术服务业来说，创新能力是其核心竞争力，自然就有许多学者围绕高技术服务业的创新能力或创新效率的高低展开评价。韩东林等（2013）构建了高技术服务业研发机构科技创新效率评价指标体系，采用数据包络分析法，并利用理想点模型进行排名。研究显示：中国高技术服务业研发机构的科技创新效率整体较好，但存在较大的行业差异。申静等（2014）则基于创新效用的角度，运用综合指数法和层次分析法，围绕创新投入、产出和环境三个维度构建了中国高技术服务业服务创新能力评价指标体系。

国外学者对 KIBS 本身的创新也进行了深入研究。科罗谢等（Corrocher et al.，2009）基于调查得到的公司数据研究了 KIBS 中的创新模式，发现 KIBS 中存在四种主要的创新模式，分别是互动创新模式、产品创新模式、保守创新模式和技术组织创新模式。希普等（Hipp et al.，2015）利用欧盟统计局第四次创新调查中来自 27 个成员国 9732 家企业数据，评估发现欧洲 KIBS 具有较高的创新水平。大卫等（David et al.，2019）通过对加拿大 385 家 KIBS 公司的原始创新调查数据分析 KIBS 的创新类型和外部知识搜索策略，研究发现从事营销创新的 KIBS 企业比从事其他类型创新的 KIBS 企业具有更高的外部知识来源程度，而进行产品创新的 KIBS 企业比那些更专注于其他类型创新的 KIBS 企业具有更高的外部合作程度。还有学者从全新的视角研究 KIBS 企业的创新与其国际化程度的关系，更是提出了以商标作为度量 KIBS 创新的指标（Doloreux & Laperrière，2014；Gotsch & Hipp，2012）。

从上述研究可以看出，国内学者多是基于静态的指标体系进行评价，而国外学者更多是运用企业调查数据分析行业的发展。鉴于高技术服务业独有的发展特点，部分国内学者认为单纯的静态分析不能很好地满足目前高技术服务业创新能力的评价，故运用探索性案例分析、层次分析、问卷调查、专家审议等多种研究方法，构建了一套体现高技术服务企业创新形态的多样性、开发与传递的不可分离性、商业模式的重要性等特征的评价指标体系，并以浙江省高技术服务企业为样本，对指标体系做了分行业的应用研究（魏江和黄学，2015）。姚正海等（2016）在构建中国高技术服务业创新效率评价指标体系的基础上，运用 DEA 的 BCC 模型和 Malmquist 指数模型，对 2009～2013 年中国高技术服务业 6 个细分行业的创新效率分别进行了静态和动态评价。研究发现，总体创新效率较强，个别细分行业之间创新效率差异较大，中国高技术服务业发展不均衡，三大区域之间以及内部各省市之间的高技术服务业创新效率参差不齐。徐寒和王许亮（2021）运用序列 Malmquist-Luenberger 指数法测算 2004～2016 年中国三大经济圈 9 个省份高技术服务业细分行业的绿色全要素生产率，并与未考虑环境因素的传统 TFP 进行比较分析。结果表明，三大经济圈高技术服务业 TFP 呈现上升态势，且 TFP 增长的主导因素是技术进步，大多数省份高技术服务业的绿色 TFP 增长率平均高于传统 TFP 增长率，环境因素对高技术服务业的增长绩效存在显著影响。

综合上述研究可以看出，众多学者对于高技术服务业现状的评价基本是利用年鉴数据并构建指标体系的方法进行。学者们研究视角不同、研究模式不同、分析方法也各有特色，但研究结果都反映了一点，即中国高技术服务业发展尚不均衡，这种不均衡不仅体现在不同地域发展水平的差异，也体现在高技术服务业内部不同行业发展水平的差异。此外，现有研究大多使用截面数据，不能反映高技术服务业近年来的发展趋势，少数动态研究也未能对中国高技术服务业总体情况做出准确细致的刻画。

2.2.2.2　高技术服务业发展影响因素研究

相较其他方面的研究，国内学者对于高技术服务业发展影响因素的研究有限，一般从发展环境、产业集聚、外部支持等方面考虑。姚正海和张海燕（2013）通过对国内外高技术服务业发展环境影响因素的分析，构建高技术服务业发展环境钻石结构模型和指标体系，发现该产业发展环境良莠不齐。李勇坚和夏杰长（2011）对高技术服务业集聚发展的动因进行了探讨，认为知识共享网络的形成、品牌化运作、基础设施的提升、服务的互补性和专业化劳动力市场的形成是高技术服务业发展的理论基础。张继良和胡健（2014）分别从产业集聚方向和集聚程度视角总结高技术服务业的集聚特征，利用第二次全国经济普查资料，依据新经济地理学理论分析其集聚的影响因素。研究发现，高技术服务业的集聚强度高于传统服务业和制造业，且区域创新能力和人力资本是影响高技术服务业集聚的主要因素。王飞航和王钰森（2021）从 Marshell 集聚视角构建高技术服务业集聚与创新效率的门槛回归模型，研究发现高技术服务业集聚对区域创新效率的影响呈现非线性的"U"型关系。还有学者采用空间基尼系数和区位熵指数研究区域高技术服务业集聚水平，并探究其集聚程度以及导致区域存在差异的因素。上述学者的研究展示了不同的影响因素对中国高技术服务业的作用，从而为制定高技术服务业发展政策提供了依据。

相较之下，国外学者对 KIBS 发展的影响因素研究较多，且认为知识、技术创新和地理位置是影响 KIBS 发展最为重要的因素。一方面，学者普遍认为知识、技术创新是 KIBS 发展最为重要的影响因素，如科赫和施塔莱克（Koch & Stahlecker，2006）通过分析德国不莱梅、慕尼黑等地，认为某一地区的创新体系是该地区 KIBS 的基础；弗里尔（Freel，2006）运用 1161 家小型企业的数据，实证研究 KIBS 发展的影响因素包括知识强度与对创新的支持力度。另一方面，斯蒂芬（Stephan，2013）、加列戈和马罗托（Gallego & Maroto，2015）重点分析了地理位置（即产业集聚）对 KIBS 发展的具体影响，后者利用 2000～2007 年 18 个欧洲国家中的 230 个二级行政区域的 KIBS 区域专业化资料数据，运用空间自回归模型分析了 KIBS 的集聚影响因素，结果显示交通枢纽与传播网络降低了 KIBS 的聚集程度；萨森（Sassen，2001）研究发现 KIBS 多会选择在大都市和都市核心区等经济发达地区集聚，目的是为了接近全球网络；纳库姆和基布尔（Nachum & Keeble，2003）从 KIBS 的作用和发展基础两个角度出发分析了 KIBS 企业集聚分布特征，结果表明 KIBS 企业同样倾向于选择在能提供全球网络机会的大都市集聚；斯蒂芬等（Stephan et al.，2020）认为 KIBS 是技术进步和创新的重要驱动力，并以德国 KIBS 企业为例，分析了地理位置对该类企业创新行为的具体影响；马贾等（Maja et al.，2020）基于位于英国东北部和西米德兰的 342 家 KIBS 中小企业的调查结果，认为外部知识来源和不均匀的地理环境对小型 KIBS 企业服务创新活动的影响显著。这说明地理位置对于 KIBS 产业的发展有着至关重要的作用。

从上述文献可以看出，高技术服务业与 KIBS 二者发展的影响因素存在一定的相似性。但国外学者除了支持创新是 KIBS 发展的重要影响因素之外，早期一些学者如穆勒和曾克拉（Mullere & Zenkera，2001）、西米和施特兰巴赫（Simmie & Strambach，2006）则认为 KIBS 通过促进知识生产、转化和推广等活动对创新起到了重要作用，并对城市创新有所贡献。还有些学者重点研究了产业集聚对企业、经济的影响，如瓜斯特拉和奥尔特（Guastella & Oort，2012）认为 KIBS 集聚对区域创新的贡献巨大，尤其在没有大学的地区，这种贡献更大。

2.2.2.3 高技术服务业与其他产业间的关系

高技术服务业与制造业、高技术产业和第三产业间存在着千丝万缕的联系，因此，学者们纷纷针对高技术服务业与上述行业或产业间的关系展开了多方面的研究。首先是与制造业间的关系研究。华广敏（2015）利用 1993 ~ 2011 年 27 个 OECD 国家的跨国面板数据，通过联立方程计量模型对高技术服务业与制造业之间的关系进行实证研究。结果表明，高技术服务业对制造业效率具有显著的提升作用。华广敏（2019）、华广敏和黄伟（2020）先后基于非竞争型投入产出表分析中美制造业对高技术服务业的效率影响，以及高技术服务业与制造业的融合发展。研究认为，中国高技术服务业与制造业的相互中间投入基本处于上升趋势，中国高技术服务业尚不能有效促进制造业效率提高，而美国高端制造业增加值效率比中国高，中国应借鉴美国高端产业经验，采取加大高端产业的政策支持，促进制造业和高技术服务业融合。田小平（2016）基于共生理论的视角，研究了高技术服务业与制造业的共生单元、共生模式及共生环境，并建立两者共生发展的模型。此外，还有部分学者重点研究了装备制造业与高技术服务业间的融合发展，如傅为忠等（2017）运用耦联评价模型对 2006 ~ 2015 年中国高技术服务业与装备制造业的产业融合度进行测度，结果显示二者的融合度呈现波动上升趋势。高智和鲁志国（2019a，2019b）认为，装备制造业与高技术服务业融合发展对装备制造业创新效率的提升具有显著作用，可通过创新效应、制度效应、配置效应和协同效应四大机制提升装备制造业的创新效率。

关于高技术服务业对制造业的影响，有学者认为 FDI 起到了关键作用。华广敏（2013）引入生产制造成本和创新能力作为中介变量，对中美高技术服务业 FDI 对制造业效率的影响路径进行对比分析。研究显示，美国高技术服务业 FDI 通过降低生产成本和提高创新能力对制造业效率有着显著的正效应，而中国的科学研究、技术服务和地质勘查业 FDI 通过提高创新能力对制造业效率影响显著。荆林波和华广敏（2014）利用中国 2003 ~ 2011 年 28 个省市面板数据分析高技术服务业 FDI 对制造业效率的影响，认为高技术服务业 FDI 并没有提升中国国内制造业效率，相反具有一定的抑制作用。

其次是高技术服务业与高技术产业、第三产业间的关系研究。韩东林等（2013）通过产业集聚度和贡献率分析，认为高技术产业的研发投入对高技术服务业具有明显的拉动效应，贡献较大。陈仕鸿等（2014）研究发现，高技术服务业与高技术产业存在长期均衡关系，且两者存在明显的线性正相关，前者对后者生产总值的带动效应明显。实证结果显示，高技术服务业总产值每增加1元，带动高技术产业总产值增加6.814元。朱月友和韩东林（2017）认为，高技术服务业对高技术产业主营业务收入和专利都具有比较明显的促进作用，高技术服务业有利于高技术产业竞争力水平的提高。曲婉和冯海红（2016）认为，高技术产业对服务业有着显著的技术溢出，能够通过有效改善高技术服务业的生产效率和技术水平，推动服务业实现创新驱动发展。李健和冯会迎（2020）通过构建空间面板模型和面板门槛模型，探究高技术制造业与高技术服务业协同集聚的经济增长效应，认为高技术制造业与高技术服务业协同集聚水平具有显著空间正相关性，二者协同集聚有助于促进区域经济增长。

除此之外，有学者分别从空间外溢和成本收益方面，研究了高技术服务业与工业企业创新间的关系。学者认为，高技术服务业具有较强的空间外溢属性，在促进本地区工业企业创新的同时，还可以通过知识、人力资本等的外部性对其他地区工业企业创新产生影响（张萃，2016）；并将高技术服务业与工业企业合作创新的成本收益分析和高技术服务业的发展阶段相结合，构建出高技术服务业与工业企业创新的综合理论分析框架（张萃，2017）；随后又重点考察了高技术服务业与工业企业内部研发间的关系，分析了两者之间的互补促进和替代挤出关系（张萃，2018）。

在研究KIBS与其他产业的关系方面，国外学者拉什米和比什瓦纳特（Rashmih & Bishwanath，2004）证实了服务业对于制造业产出增长的贡献率为1%~25%不等，并且可以显著提高制造业的全要素生产率。随着KIBS行业的发展，其对制造业的影响也被学者证实，希尔穆尔和多洛雷斯（Shearmur & Doloreux，2013）认为KIBS通过影响制造业创新的途径促进城市制造业发展。

从上述研究可以看出，不论是高技术服务业还是KIBS，它们对其他产业的影响基本是正向的。但这里所研究的其他产业主要包括制造业、高技术产业和第三产业，其中高技术产业事实上可以看作高级的制造业，而第三产业本身也包括了高技术服务业，所以可以说与高技术服务业关系较为紧密的是制造业，且前者对后者的影响主要是提升后者的效率。然而，这种效率提升主要体现在整体上，在一些具体细节上反而会出现负向影响。

2.2.2.4　关于高技术服务业的其他方面研究

除上述各类研究外，还有部分学者分别以浙江省、湖南省、苏州市等省市为例，通过引入具有共同利益、责任和目标的子系统，定量分析当地高技术服务业发展过程中的制约因素，并以此提出促进当地高技术服务业发展的对策建议（苏华和廖文杰，2013）。李晖（2015）以当地高技术服务业发展的现实为基础，借鉴国内外发展经验，确定当地高技术服务业发展的模式。国外学者还针对 KIBS 对经济和就业的影响展开了不同程度的研究，如布伦纳等（Brenner et al.，2018）运用 1999~2012 年德国劳动力市场的数据，分析了 KIBS 的就业增长与当地就业增长间的因果关系，认为 KIBS 的不断发展对各地区的就业和经济总量具有拉动效应。

2.2.3　国内外比较与研究启示

2.2.3.1　国内外研究比较

根据前述文献分析可知，国内外关于高技术服务业或 KIBS 展开了较为丰富的研究。国内文献分别从高技术服务业发展现状、影响因素以及与其他产业间关系展开了不同程度的研究，揭示了该产业的发展现状、内在特点和外部关系；国外文献则重点研究了 KIBS 发展的影响因素，其研究结论在一定程度上佐证了国内对高技术服务业的相关研究，二者研究观点与视角有类似之处，但是也存在较大的差异。接下来将从研究内容、研究方法、研究广度与深度等方面比较国内外文献研究间的差异。

（1）从研究内容来看，国外关于 KIBS 发展过程中的影响因素方面着力较大，尤其是 KIBS 集聚特征及其影响因素的研究较为丰富，包括该产业自身的集聚特征，以及产业集聚对企业、区域经济的影响分析，已成为该类研究文献中的重要领域。而国内针对高技术服务业相关领域的研究薄弱，此类文献偏少。还有国内对于发展现状的研究会评价其创新能力，但在研究影响因素时并没有专门分析创新对产业的影响，这点在国外文献中却是关注的焦点。

（2）从数据与研究方法来看，国外文献更多的是利用企业调查数据或城市数据进行微观分析，如利用统计调查得到的企业数据分析 KIBS 发展的影响因素、创新能力等；相较之下，国内研究多是基于年鉴数据运用指标体系、构建计量模型等方法进行宏观层面的分析，如构建指标体系评价发展现状，运用聚类、面板数据模型等分析影响因素，采用定性方法分析发展环境与政策等。

（3）从研究广度和深度来看，国外文献关于 KIBS 的研究不仅视野开阔，而且更加深入细微，如研究创新对产业的影响、产业对创新的贡献等，并从企业微观角度出发展开研究；而国内文献多集中于国家层面或省域层面，较少涉及城市或企业的研究。此外，国内研究局限于分析现象，并没有通过多地区跨区域的联合研究，总结、提炼出一套完整理论体系，这也从侧面反映了中国高技术服务业发展还不成熟。

2.2.3.2 研究启示

基于前述分析，并结合当前国内高技术服务业的发展和研究现状，未来可以重点关注以下几个方面。

第一，基于城市层面的高技术服务业发展现状研究。通过前述文献分析可知，国内目前关于高技术服务业现状与影响因素的研究多是从省域角度出发，结论普遍认为中国该产业发展不均衡，并未产生明显的集聚效应。分析认为，这可能是受研究范围的影响，高技术服务业的发展与各个城市的重点产业布局、产业政策、基础设施条件等方面关系更为密切，如果立足于城市角度来研究高技术服务业的发展状况，就不会产生因为省内城市间差异而出现产业发展慢的城市拉低产业发展快的城市，使得发展快的城市难以凸显出来从而影响全省排名的现象。因此，建议未来研究可以从地级及以上城市入手，分析该产业的现状、集聚特征以及影响因素，本书的第 3 章内容将对此问题进行重点分析。

第二，中国高技术服务业在国际上的地位研究。目前国内学者关于高技术服务业的研究主要是其在国内的发展状况，"中国制造 2025""德国工业 4.0"等的提出，意味着未来的制造是服务型制造，中国高技术服务业如何更好地服务于制造业并融入国际，非常值得去研究。因此，未来可以立足于国际层面进行产业发展的国内外对比，分析国内高技术服务业在国际上的地位，基于全球价值链的理论基础，构建全球服务链，分析中国高技术服务业在全球服务链中的参与度、地位及其演变趋势，并分析高技术服务业国际地位提升的具体影响因素，从而有助于提升该产业的国际地位，这部分内容将在本书的第 4 章和第 7 章分别进行讨论。

第三，中国高技术服务业发展潜力的测度研究。由前述文献分析可知，国内学者主要关注高技术服务业现状、影响因素等方面研究，对于该产业的发展潜力并未有深入探讨。高技术服务业以信息技术等为依托，具有高知识性、创新性等特点，在产业结构优化升级过程中发挥着举足轻重的作用。因此，如何发展高技术服务业是需要解决的问题，而对其发展潜力的评价研究，正是解决这一问题的基础与前提。本书的第 5 章和第 6 章内容将分别从宏观和微观角度测度高技术服务业及其企业的发展潜力，发现其优势与不足，以更好地促进未来高技术服务业的良好可持续发展。

2.3　全球价值链国内外研究现状

2.3.1　文献综述脉络

当前，如何摆脱低端锁定、攀升全球价值链（global value chain，GVC）地位、深化中国 GVC 分工体系等研究方向成为国内学者们比较感兴趣的重要课题。显然，如何准确测算中国在 GVC 中所处的地位、现状、演变规律是研究上述课题的基础。基于此，本部分内容将从国外、国内两个方向对全球价值链理论及其地位测度研究进行系统概述。

全球价值链概念始于国外，在波特（Poter）、格雷菲（Gereffi）等专家研究下，全球价值链的概念趋于完善，但当时测算方法尚未完善；其后在 21 世纪初，库普曼（Koopman）、王（Wang）等专家结合投入产出对全球价值链测算方法进行系统性的研究，基本完善了测算方法，后续学者大多是基于库普曼、王提出的理论进行实际测算或细化研究。故本节将从全球价值链概念的提出及其演进、投入产出相关概念演进与其在全球价值链的应用、一国整体及产业在全球价值链分工中的地位测算等方面对国外的文献进行梳理；而国内研究则主要从价值链理论及其研究综述、全球价值链地位测算、价值链与产业升级三个角度对文献进行梳理。文献综述脉络如图 2 - 2 所示。

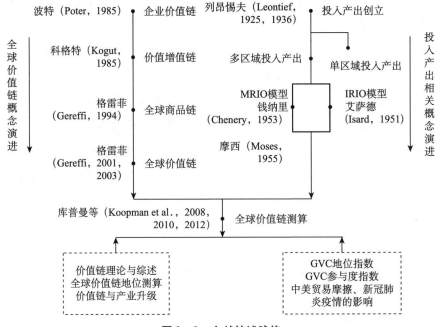

图 2-2　文献综述脉络

2.3.2　国外研究现状

2.3.2.1　全球价值链的提出及其演进过程

全球价值链的演化大致经历了几个阶段，如图 2-3 所示，从起初的企业价值链到价值增值链的提出，随着全球化进程的演变，全球商品链被提出，并进一步演化为现如今的全球价值链。具体来说，波特（Poter，1985）首次定义了企业价值链，并将企业的价值创造过程按企业生产过程清晰分解。波特将企业活动分化成范围很小的近乎独立的企业活动，且将工厂中每一种机器都当作一个单独的活动来对待，从而使得一个工厂产生了潜在的、巨大的活动数量。所有的上述单独的活动，整合起来就代表企业应用价值链的方式。

图 2-3　全球价值链演进过程

企业价值链专注于每个阶段，发挥特定比较优势。科格特（Kogut，1985）提出了价值增值链，即将价值与原材料、劳动力等生产要素结合，将融入的投入品组装形成最终产品，产品进行包装、运输、销售，实现产品价值。克鲁格曼（Krugman，1994）对企业价值链与全球垂直分离进行了研究，将价值链理论与产业转移理论进行结合。弗朗西斯和亚历山大（Francis & Alexander，2001）在对东亚工业企业研究中发现，跨国集团可以通过发展自己的核心技术来提高公司的竞争优势。

而企业价值链、价值增值链并不能很好地解释全球化下产品的生产。基于此，格雷菲和科泽尼奥斯基（Gereffi & Korzeniewica，1994）提出了全球商品链，在解释产品如何在全球商品中提升地位时，从生产者驱动和购买者驱动两个角度进行了研究，并做了案例。格雷菲（Gereffi，1999，2003）将全球商品链的理论具体应用到亚洲服装产业，认为全球服装的购买商即使没有自己直接生产、加工，也可以对全球服装生产、加工产业进行空间分布上的控制。

其后，学者们对全球商品链做了许多扩展。格雷菲和卡普林斯基（Gereffi & Kaplinsky，2001）、格雷菲等（Gereffi et al.，2003）提出了全球价值链替代全球商品链的理论，并提出了全球价值链五种治理模式：市场型、层级型、关系型、模块型和领导型。胡梅尔斯等（Hummels et al.，2001），库普曼等（Koopman et al.，2008，2010，2012，2014）肯定了全球价值链观点，并完善了测度的相关理论，使得全球价值链的研究成为当时的热门课题。其中，胡梅尔斯等（Hummels et al.，2001）指出，垂直贸易是国际生产分散化的结果，并创新性地构建了衡量垂直专业化程度的指数——垂直专业化（vertical spe-cialization，VS）指数，VS 指数衡量一国出口中中间品进口量，且胡梅尔斯基于构建的指数，测算了全球 14 个国家或地区的 VS 指数。显然，VS 和一国出口中国内增加值的和等于一国出口量（刘遵义等，2007）。而库普曼等（Koopman et al.，2010，2012，2014）指出，VS 指数的假设前提难以成立，即国际贸易的中间产品没有回流这一假设前提在 GVC 分工背景下很难成立，并对多国区域间投入—产出模型（interregional input-output model，IRIO）进行 GVC 分解，得到 VBE 矩阵，然后将国家出口分割为五个部分，最后基于投入—产出表及国际贸易流量数据对中国进行了测算。

2.3.2.2 投入产出演进过程及其全球价值链应用

1925 年，读研时期的华西里·列昂惕夫（Wassily W. Leontief）发表了《俄国经济平衡——一个方法论的研究》，这是他第一次阐述投入产出思想的论文。其后半个世纪，列昂惕夫教授一直从事于投入产出框架的完善及推广：列昂惕夫（Leontief，1936）详细介绍了关于美国 1919 年投入产出表的编制过程、理论方法和相关模型；列昂惕夫（Leontief，1966）对投入产出的研究进行总结。为表彰华西里·列昂惕夫在该领域做出的杰出贡献，1973 年第五届诺贝尔经济学奖授予华西里·列昂惕夫教授。

列昂惕夫教授探讨的大多是一区域的投入产出模型，而后续学者又将投入产出表用于多区域的研究，如图 2-4 所示。学者们把地区间投入产出模型分为 IRIO 模型（interregional input-output model）和 MRIO 模型（multiregional input-output model）。著名空间经济学创始人艾萨德（Isard，1951）提出了 IRIO 模型，表 2-4 是两个地区两个部门的 IRIO 模型，该模型的提出很好地完善了投入产出在多区域下的应用。

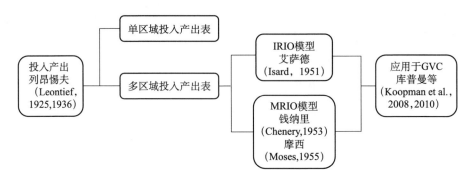

图 2-4　投入产出模型在全球价值链中的应用演化

表 2-4　　　　　　　　　　两个地区两个部门的 **IRIO** 模型

项目			中间需求				最终需求		总产出
			地区 r		地区 s		地区 r	地区 s	
			部门 1	部门 2	部门 1	部门 2			
中间投入	地区 r	部门 1	Z_{11}^{rr}	Z_{12}^{rr}	Z_{11}^{rs}	Z_{12}^{rs}	F_1^{rr}	F_1^{rs}	X_1^r
		部门 2	Z_{21}^{rr}	Z_{22}^{rr}	Z_{21}^{rs}	Z_{22}^{rs}	F_2^{rr}	F_2^{rs}	X_2^r
	地区 s	部门 1	Z_{11}^{sr}	Z_{12}^{sr}	Z_{11}^{ss}	Z_{12}^{ss}	F_1^{sr}	F_1^{ss}	X_1^s
		部门 2	Z_{21}^{sr}	Z_{22}^{sr}	Z_{21}^{ss}	Z_{22}^{ss}	F_2^{sr}	F_2^{ss}	X_2^s

续表

项目	中间需求				最终需求		总产出
	地区 r		地区 s		地区 r	地区 s	
	部门 1	部门 2	部门 1	部门 2			
增加值	V_1^r	V_2^r	V_1^s	V_2^s			
总投入	X_1^r	X_2^r	X_1^s	X_2^s			

IRIO 模型的发展，促进了国际间投入产出表的编制。当前大型国际间组织编制的投入产出表大多以 IRIO 模型为标准式。如 OECD 和 WTO 共同建立的增加值贸易 TiVA 数据库中的 ICIO 表、世界投入产出数据库（world input-output database，WIOD）等。IRIO 模型的编制对基础数据的需求量比较大，往往编制周期比较长，基于上述原因，该模型得到了很好的发展空间。该模型应用最广泛的是钱纳里等（Chenery et al.，1953）与摩西（Moses，1955）先后独立提出的 MRIO 模型。该投入产出表的研制对国际间产品流动链的研究有很大帮助。

在传统贸易分工背景下，产品在一个国家内生产后进行贸易；而在全球价值链分工背景下，产品由多个跨国公司组成设计、生产及销售网络并进行贸易。由此，库普曼等（Koopman et al.，2008，2010）基于多国 IRIO 模型，对全球价值链进行了分割。

2.3.2.3 一国整体及产业在全球价值链分工中的地位

库普曼等（Koopman et al.，2010，2012，2014）采用跨国投入—产出表，从国家视角构建了衡量一国 GVC 分工的指标体系，即"GVC 参与度—GVC 地位指数"指标体系。目前，这些研究已成为经典，后续相关研究者多是对全球价值链模型进行广泛的应用，测算了不同国家不同行业的价值链地位。如法利（Fally，2011）、安特拉斯等（Antràs et al.，2012）针对一国投入—产出表构建上游度、下游度指标，从行业角度对 GVC 分工进行评价；迪特森巴赫（Dietzenbacher，2013）测算了巴西整体全球价值链地位、演变趋势；赵（Zhao，2018）基于全球价值链理论测算了各国制造业的全球价值链地位指数、参与度现状；弗雷德里克（Frederick，2018，2019）测算了巴基斯坦服装业和韩国电子产业在全球价值链所处的地位。库普曼等（Koopman et al.，2014）将国家出口框架分解成了 9 个部分，随后，王（Wang，2018）又将国家出口框架分解成了 16 个部分，并得到广泛应用。

2.3.2.4　中美贸易摩擦、新冠肺炎疫情与全球价值链

2017 年中美贸易摩擦、2020 年新冠肺炎疫情（以下简称"疫情"）的全球大暴发，这些均对全球价值链产生了不小的影响，学者们也纷纷开展了基于前述背景的相关研究。主要集中在三个方面，首先是中美贸易摩擦、疫情对全球价值链的影响。如严（Yan，2019）从经贸现状、结构升级和生产环节转移等角度分析了中美贸易摩擦成因，认为中美间全球价值链地位差距的缩小是中美贸易摩擦的主要原因。早川和木库诺基（Hayakawa & Mukunoki，2019）运用疫情病例和死亡人数作为衡量疫情影响的指标，调查疫情对全球价值链的影响，认为最大的负面影响来自供应链效应，然后是产出效应。泽山（Zeshan，2020）则认为疫情使劳动力受到隔离的限制，也使资本的流动性减弱，并使用 GTAP-VA 模型，模拟了疫情对全球价值链的双重打击。安特拉斯（Antràs，2020）认为疫情加剧了国家间的政策紧张，全球价值链所面临的挑战是制度性和政治性的。

其次是全球价值链与区域价值链的重构问题。科伦和埃克哈特（Curran & Eckhardt，2021）认为，私人公司是全球价值链结构的主要构成，因此疫情下全球价值链不会大规模重组。贝克和杜乔（Baek & DooJoo，2021）分别聚焦于东亚、中欧、东盟、太平洋地区的区域价值链，分析中美贸易摩擦下区域价值链的重构。何塞等（José et al.，2021）描述了疫情下全球价值链区域化配置的影响过程。塞巴斯蒂安（Sebastien，2020）则研究了东亚全球价值链的重组问题。阿亚迪等（Ayadi et al.，2021）以地中海国家为例，研究了疫情冲击通过区域价值链和全球价值链对不同国家需求和供应的影响，认为疫情背景下全球价值链呈现区域化的趋势，安全性成为各个经济体的主要考虑因素，构建安全稳定的区域价值链符合中国的战略利益。

最后是基于全球价值链理论研究贸易摩擦及疫情对全球、地方经济或产业升级的影响。塔姆（Tam，2020）采用全球价值链增强型全球矢量自回归贸易模型，衡量冲击的传播效应，发现贸易保护主义造成国际贸易萎缩、产出下降、投资减少和股价暴跌，不利于世界经济。韩等（Han et al.，2020）针对广东省在全球价值链中所受的影响进行分析，发现中美贸易摩擦使广东被迫提

高对外贸易质量和扩大高质量投资规模。秦等（Qin et al.，2020）特别考虑了疫情背景下中国产能受损对全球价值链的影响，研究表明，与上游国家和行业相比，下游国家和行业受中国生产中断的影响更大，中国在全球价值链中不可或缺。圣克雷乌等（Santacreu et al.，2021）研究了美国在疫情中受到的影响，发现疫情期间美国制造业就业和产出均有不利影响，但是全球价值链缓解了这种负向影响，全球价值链的多样化和重新国有化会减轻疫情对国外冲击的负向效应。孙等（Sun et al.，2021）采用 GDYN 模型来估计疫情的影响，发现低技术制造业受到的冲击更大，且疫情后快速反弹，对中国制造业产业链升级更加有利。弗伦克尔和舒斯勒（Frenkel & Schuessler，2021）、赵和基姆（Zhao & Kim，2021）、卡斯塔达等（Castaeda et al.，2021）均以服装产业为例，分析疫情对该产业全球价值链、全球供应链的影响。

2.3.3　国内研究现状

相较国外，国内对全球价值链的研究较晚，从中国知网上检索 2004～2022 年国内 CSSCI、北大核心来源期刊中篇名包含有"全球价值链"的文献数量有 1762 篇，研究范畴主要包括价值链理论与综述、全球价值链地位测算、价值链与产业升级几个方面，本小节将对其进行具体展开。

2.3.3.1　价值链理论及其研究综述

国内学者主要对重构全球价值链、全球价值链背景下的增加值贸易核算理论进行细致的梳理。国内最早对全球价值链研究进行系统综述且引用量较高的是刘曙光和杨华（2004），该文对全球价值链的定义进行梳理，论述了全球价值链研究的四个维度，并分析了全球价值链与区域产业发展的关系。潘文卿（2015）对全球价值链下增加值贸易核算框架进行了梳理，对胡梅尔斯、石井和易（Hummels，Ishii & Yi，2001）提出的 VS 指数的发展进行概况和归纳，同时对全球价值链下增加值贸易核算与传统总值贸易核算进行了概述与区分。毛蕴诗等（2015）详细论述了重构全球价值链的概念和内涵，分析了国际分工模式的多层次格局、重构全球价值链的驱动因素，并对重构全球价值链的路径进行研究。乔小勇等（2017）概述了以往文献关于全球价值链动力机制、产业升级、全球价值链地位测算等方面的问题。屠年松和易泽华（2018）梳理了价值链重构的理论框架，对价值链重构的动因进行分析，厘清了价值链重构的演进机理。李煜华和周伟（2022）通过文献计量分析国内外关于全球价值链研究的总体特征，研究发现，国内外 GVC 研究热点与关注点存在差异，国外 GVC 研究倾向于公共治理、经济升级和环境升级等人文理论研究，国内 GVC 研究则倾向于升级路径、行业地位测度和价值链重构等本土化应用研究。

此外，近几年部分学者从中美贸易摩擦、疫情入手，总结了全球价值链的研究进展。如杨翠红等（2020）介绍了全球价值链概念的形成及其理论研究，总结了全球价值链的定量核算研究，综述了全球价值链对产业经济发展和环境责任核算的影响，随后总结了不同文献研究全球化分工对中美就业和福利影响的不同结论，最后分别从全球收入链、全球价值链面临的挑战、变化新趋势及我国的应对策略等方面提出了一些研究展望。徐清军和徐正则（2020）则评估了全球价值链的研究进展，包括疫情影响、全球价值链理论和贸易增加值核算方法的演进情况等。

2.3.3.2 全球价值链地位的测算

国内学者分别利用投入产出模型、附加值贸易法、GVC 地位指数等方法测度中国部分行业参与分工的程度，重点对制造业的国际地位及演变进行了深入研究。如周升起等（2014）测算了中国制造业及其内部在全球价值链中的分工地位与演变。程大中（2015，2017）评估了中国参与全球价值链程度及演变趋势，测算了中国与其他主要经济体的服务贸易增加。刘琳（2015）从 GVC 视角，基于 WIOD 数据库测算了中国整体及三类技术制造业出口的附加值，以及 GVC 参与度和地位指数。马风涛（2015）对 1995~2011 年中国制造业的全球价值链长度、上游度水平进行计算，证明中国制造业全球价值链长度变长了，上游水平得到提升。乔小勇等（2017a，2017b）基于全球价值链中的增加值贸易，参考库普曼等（Koopman et al.，2008，2010）提出的全球价值链测度算法，利用 WTO 和 OECD 共同构建的 TiVA 数据库，测算了中国服务业及其分行业在全球价值链中的现状、趋势等。李焱等（2018）以全球价值链相关理论为基础，基于 WIOD 数据库的投入产出表，测算了中国汽车产业在全球价值链中的参与度、地位指数、价值链长度，并与世界其他国家进行对比。屠年松等（2019a，2019b）基于 WIOD 数据库，测算了知识产权和服务业全球价值链地位的关系，以及中国制造业地位演变与贸易自由化的关系。林斐婷（2019）基于全球价值链核算方法研究发现，中国高技术制造业参与全球价值链中低端环节的分工，贸易利得低。

随着中美贸易摩擦的不断加剧，部分学者从全球价值链分工视角分析了中美贸易摩擦产生的原因。如黎峰（2019）认为，中国在全球价值链体系中竞争力和参与度不断提升，导致美国希望通过边缘化中国来遏制中国发展。张二震等（2020）同样从该视角分析了美国发起贸易战的原因。董虹蔚和孔庆峰（2019）则通过 WWZ 方法分解中美双边贸易利益结构解释了中美贸易摩擦，认为中国在全球价值链中的位置落后于美国，导致了贸易顺差在中国而结构性收益在美国。

同时，部分学者通过测度全球价值链地位，研究中美贸易摩擦、疫情对中国及其相关产业参与 GVC 分工的影响。其中，中美贸易摩擦方面：如蔡礼辉等（2020）对 2000～2014 年中美两国制造业参与 GVC 分工程度及分工地位进行了对比分析，研究发现，中国制造业参与 GVC 分工地位指数总体小于美国同期值，且与美国相比，中国在全球价值链分工中不具竞争优势，中美贸易摩擦对双方 GVC 分工都有着不同程度的影响。李宏等（2020）定量检验了中美贸易摩擦对中国制造业在全球价值链分工中比较优势地位的影响，结果表明，中美贸易摩擦不仅在总体上显著抑制了中国制造业的比较优势地位，而且对中国制造业的影响还存在显著的行业和时期差异。马晶梅和丁一兵（2019）考察了中美两国高技术产业的分工地位，得出中国对美国高技术产业出口拥有一定市场优势，但是在全球价值链上和双边贸易分工中处于劣势。丁一兵和张弘媛（2019）认为，中美贸易摩擦会抑制中国制造业在全球生产网络中间接出口的国内增加值率，同时也会使基于后向联系的生产长度相对更快地缩短，从而引致生产线位置相对向上游移动，最终提高中国制造业在全球价值链中的地位。尹伟华（2020）利用最新版 WIOD 数据、WWZ 模型以及扩展引力模型分析中美高技术制造业的双边贸易，认为中国高技术制造业位于全球价值链相对下游位置，且参与环节较少，分工程度较低，两国间还存在较大合作潜力，但是疫情严重影响了双边贸易合作潜力的进一步释放。疫情影响方面：周玲玲和张恪渝（2021）、孟祺（2020）基于该视角进行了研究，发现疫情导致了全球价值链的本土化，降低了中国参与全球价值链的程度，冲击了全球价值链的长度。郑建明等（2021）研究了中国在全球价值链中的变化情况，认为疫情阻碍了中国在全球价值链中地位的提升，加速了中低端产业外流，但随着中国产业的发展，中低端产业的外流对中国全球价值链地位的影响作用有限。陈勇和柏喆（2021）从全球价值链分工视角，分析疫情对中国制造业全球价值链带来的影响，随着中国疫情全面可控，疫情对中国的影响正逐渐减弱。然而，随着疫情在全球的大规模蔓延，短期内会从产业链上游和下游端对全球价值链造成前所未有的冲击，而且疫情是继中美贸易摩擦之后，中国制造业全球价值链面临的重大机遇与挑战。

2.3.3.3　价值链与产业升级

众多学者基于全球价值链背景深入研究中国制造业、高技术产业、战略性新兴产业、装备制造业、生产性服务业等产业与产业集群升级问题，并探讨其影响因素。如张向阳和朱有为（2005）对当时最新的产业升级研究领域进行论述，对全球价值链治理与产业升级的关系进行研究，论述了发展中国家产业升级的战略选择。罗勇和曹丽莉（2008）研究了中国制造业集群目前的全球价值链位置，提出了制造业集群升级路径。刘志彪等（2009a，2009b，2015）提出，中国需构建以本国市场需求为基础的国家价值链，从而打破全球价值链的低端锁定，目前中国以底部身份融入全球价值链会阻碍中国发展的主动性。刘仕国等（2015）认为，全球价值链是市场经济全球化基本规律的新体现，应利用全球价值链促进中国的产业升级，并充分发挥区域价值链在产业发展中的作用。容金霞和顾浩（2016）、林玲和容金霞（2016）对一国 GVC 地位影响因素进行探究，发现物资资本、人力资本、金融信贷规模、创新能力对一国 GVC 地位分工有促进作用。魏龙和王磊（2017）基于 WIOD 数据库和库普曼等提出的 KPWW 方法，研究归纳了全球价值链体系下制造业转型升级的路径。陈启斐等（2018）分析了融入全球价值链对中国产业集群的影响。黄灿和林桂军（2017）用面板数据和固定效应模型，发现研发投入、外商直接投资和自然资源丰裕度对制造业 GVC 分工地位有显著提升，而制度则是通过利用自然资源促进分工地位提升。黄琼和李娜娜（2019）研究发现，人力资本、技术创新、制度环境、政府公共服务水平对制造业 GVC 分工地位攀升起到显著促进作用。窦大鹏和匡增杰（2022）利用匹配的中国工业企业数据库和中国海关贸易数据库数据，实证分析了制造业企业服务化对制造业企业全球价值链位置的影响。研究认为，制造业企业的服务化显著促进了企业全球价值链位置的提升，而制造业企业通过与互联网的深度融合，可以有效提升企业的全球价值链位置。

2.3.4　文献述评

综上，学者对全球价值链理论的研究成果丰硕，主要可以概括为三点：一是全球价值链理论最早由国外学者提出并演化与应用，理论发展较为成熟，国内对全球价值链理论的研究主要基于国外学者的研究成果；二是库普曼等创新性提出增加值贸易分解，建立了 GVC 分工评价指标体系，后续部分学者的研究是基于库普曼等的研究成果，对具体行业进行应用研究，使得库普曼等（2008，2014）论文成为经典论文；三是国内学者主要将该理论应用于整体产业、制造业等相关行业的分工地位和影响因素研究，但鲜有对高技术服务业领域的应用研究。因为高技术服务业在国外尚未有明确定义，而国内对高技术服务业的分类界定是在 2018 年，故少有文献将高技术服务业和全球价值链进行结合研究，而这点恰恰是本书要研究并解决的重点问题之一。

2.4　产业集聚国内外研究现状

2.4.1　产业集聚测度方法研究

产业的集聚特征通常利用产业集聚度来进行研究，其测度方法有多种。目前，国内已经有一大批学者通过采用不同的测度方法测算产业集聚度来了解产业的聚集特征，具体情况如下。

2.4.1.1　空间基尼系数、区位熵指数、熵指数及 Hoover 系数

邵晖（2008）选定北京市的信息咨询服务业、计算机服务业和金融服务业作为研究对象，利用空间基尼系数、经济计量模型分析等方法对三大类生产性服务业在城市中尤其是在中心城区和近郊区的集聚状况进行分析。结果显示，生产性服务业具有明显的集聚特征，但其向郊区扩散的趋势并不明显。

黄繁华等（2011）基于长三角地区有关数据，利用空间基尼系数和区位熵指数分别研究生产性服务业各行业的集聚水平与生产性服务业的主要分布城市。结果显示，样本期间，长三角地区生产性服务业集聚现象明显，且其集聚水平高于全国平均水平。杨永亮（2012）以长三角地区作为研究对象，基于2003~2010年的城市单位从业人口数据，运用空间基尼系数和Hoover系数两种测度方法开展实证研究。研究发现，长三角地区生产性服务业及其大部分子行业均呈现集聚程度上升的趋势，并且发现居民服务、科研服务等行业集聚程度相对较高。郑晓燕（2012）重点探讨了成都市服务业的聚集特征，其基于成都市第一次、第二次经济普查数据，采用熵指数和区位基尼系数两种测度方法，综合研究了服务业的空间和产业聚集特征。研究发现，成都市绝大部分服务业尚未形成集聚发展态势，尤其是生产性服务业的发展尚处于自发状态。李佳洺等（2014）同样采用区位基尼系数测算服务业聚集度，并且运用空间自相关性分析方法进一步分析了我国生产性服务业的集聚水平。结果发现，生产性服务业在空间分布上呈现显著的聚集性，整体呈现点状集中的模式。

2.4.1.2　莫兰指数

吉亚辉和杨应德（2012）采用空间统计莫兰指数分析方法对生产性服务业的聚集特征进行了研究。结果表明，生产性服务业集聚特征明显，东部沿海省份形成高值集聚区，而西部地区各省份形成低值集聚区。魏和清、李颖（2016）基于第三次全国经济普查数据，同样利用莫兰指数研究产业空间分布特征，其对我国文化产业分布特征进行了空间自相关分析。研究结果显示，我国文化产业区域间存在明显的弱正向空间自相关性。

2.4.1.3　空间统计标准差椭圆方法

赵璐和赵作权（2014）基于空间统计标准差椭圆方法，通过自定义的空间聚集度从大规模聚集角度研究了2004~2008年中国制造业总体的空间聚集特征及变化，以及主要子行业的空间聚集差异及模式。常瑞祥和安树伟（2016）也采用了空间统计标准差椭圆方法，以我国285个城市的区位空间为足迹空间，对生产性服务业及其细分行业的空间聚集程度和变化趋势进行了计算和分析。结果表明，中国生产性服务业在空间分布上并没有呈现显著的聚集性，没有形成"中心—外围"结构。陈红霞（2018）以北京市第二次和第三次经济普查数据为基础，利用标准差椭圆、核密度和地理联系率等方法，分析了北京市生产性服务业空间集聚特征与发展规律。结果显示，北京市生产性服务业集聚具有空间分异性、行业分异性和行业间空间一致性等特征。

2.4.1.4　其他方法

薛东前等（2011）以西安市为例，根据相关资料，采用定性与定量、静态与动态分析相结合的方法，借助 ArcGIS 软件，通过 E – G 指数的测算，对西安市生产性服务业发展水平及其空间布局特征与集聚模式进行研究。研究发现，生产性服务业具有一定专业化水平，集聚特征明显，产值和从业人数占第三产业的比重呈上升趋势，但仍处于较低水平。滕丽等（2012）以广州市中心区——天河区为研究区域，基于两次经济普查数据，同样利用 GIS 技术探讨了大城市中心区的服务业聚集特征，发现以街道为空间单元的高端服务业在两次经济普查期间的聚集程度下降，以 1 平方千米为空间单元的高端服务业聚集呈现四种不同类型的聚集区，分别是综合型、普通型、人力资源密集型和资产密集型。李佳洺等（2016）应用基于距离的微观数据分析方法，以杭州企业工商登记数据为基础，对杭州市区不同产业集聚状况进行对比分析。研究发现，高科技制造业和生产性服务业集聚趋势较为明显，而传统的制造业和零售业尚未形成集聚。

国外对产业集聚的研究起步较早。科菲和谢默尔（Coffey & Shearmur，2002）探讨了 1981～1996 年蒙特利尔大都市区高阶服务业的聚集特征。研究发现，中央商务区呈现相对而非绝对的减少，由此产生的分散明显地呈现多中心的形式而不是广义的分散。格里姆斯等（Grimes et al.，2007）基于美国郡级层面数据，利用区位熵这一测度指标对 1990～1997 年美国计算机服务业集聚进行了研究。科尔科（Kolko，2010）则对美国整个服务业的集聚水平和城镇化水平进行了研究，其利用 E – G 指数进行集聚水平的测算，结论表明，服务业集聚水平低于制造业，而服务业城镇化水平高于制造业。

2.4.2　产业集聚影响因素研究

现阶段，国内学者对产业集聚特征影响因素的实证研究主要集中于制造业和服务业两大产业，且实证研究范围主要分局部地区和全国两大层面。

2.4.2.1 局部地区层面

逯建和杨昌海（2011）通过对江苏省与四川省 2000～2008 年各城市的生产性服务业发展状况与外商直接投资、知识溢出、信息化程度、城市规模、政府规模的回归分析，发现外商直接投资、知识溢出、城市规模对生产性服务业的集聚有促进作用，信息化程度对江苏省有促进作用，对四川省是抑制作用，政府规模对两省均为负作用。陈志明（2012）运用空间计量方法对珠三角地区生产性服务业集聚影响因素进行了实证研究。研究发现，政府规模、创新水平、信息技术、城市规模和知识溢出等因素对生产性服务业集聚均具有显著影响，其中创新水平、城市规模和知识溢出为正向影响，而政府规模和信息技术为负向影响，对生产性服务业集聚起着抑制作用。金飞和陈晓峰（2015）以我国东部地区 10 个省市 2001～2012 年的面板数据为例，运用单位根检验、协整检验及回归估计等方法，实证分析了外商投资、人力资本、政府支持政策、信息化水平、技术创新以及制造业水平对东部地区生产性服务业集聚的影响。结果发现，外商投资、人力资本、政府支持政策、信息化水平和技术创新对生产性服务业集聚均具有正向影响，而制造业水平对生产性服务业集聚的影响与预期的结果不一致。罗芳和杨良良（2013）以长三角城市群 16 市为例，利用 2007～2011 年的城市面板数据，使用知识密集度、实际使用外资、工业发展程度、信息技术、人口规模、政府规模指标对生产性服务业集聚影响因素进行了分行业实证研究。王俊松（2014）则对长三角地区 2000 年以来制造业的空间格局变化及影响因素进行了研究。结果表明，制造业分布存在典型的空间溢出效应，控制空间溢出效应以后，长三角地区制造业布局主要受到上海市区的距离、到机场的距离、市场规模、是否沿江沿海、是否是市辖区等因素的影响。雷翼丞等（2018）同样对制造业的集聚影响因素展开研究，其以青海省为例，通过构建多元线性回归模型进行实证分析。分析结果表明，青海省制造业集聚主要受市场需求、配套服务、知识溢出、自然资源禀赋、企业组织能力这五个因素影响。

2.4.2.2 全国层面

张勇和杨阳（2012）从全国层面定性分析了知识溢出、城市化水平、信息技术发展、产业关联度、制度环境五方面因素对生产性服务业集聚的影响。

盛龙和陆根尧（2013）综合考虑了定性和定量两个方面，其先从行业和地区两个层面提出了生产性服务业集聚影响因素的理论假说，然后采用2003～2010年中国地级市数据进行了实证检验。尹希果和刘培森（2013）则采用2000～2010年省际面板数据对制造业集聚的影响因素展开实证研究。结果表明，城镇规模、知识密集度、交通运输及固定资产投资对制造业集聚的促进作用依次递减，提高信息化水平会降低制造业集聚程度。

国外学者也对产业集聚特征影响因素进行了研究，如丹尼尔斯（Daniels，1993）对服务业集聚影响因素进行了研究，结果发现，不同服务业类型间的互补为影响服务业集聚的主要因素。斯坦（Stein，2002）针对生产性服务业集聚效应的成因进行了探讨，证实了其与企业文化、资本存量因素积累的相关性。科尔科（Kolko，2007）着眼于协同集聚来评估产业聚集的原因，由此提供了一种更丰富的方式来解释制造业和服务业的区位模式。分析表明，一些因素，包括靠近供应商和客户的需求，促成了服务业的联合聚集。

2.4.3　文献述评

依据上述关于产业集聚的国内外研究文献分析，总结归纳出以下两点。

（1）在探讨产业集聚特征的方法选择上，现有研究较多利用空间基尼系数、区位熵指数、Hoover系数等测度方法从静态角度对产业及其细分行业集聚程度进行测算，这些方法忽略了空间区位、距离和尺度对度量空间聚集的影响；有少部分学者考虑到上述测度方法的局限性，故运用莫兰指数等空间统计学方法将距离、位置、地理等空间因素纳入对集聚程度的测算中；还有部分学者使用空间统计标准差椭圆方法，该方法充分考虑了空间结构、空间区位和地理范围等对空间聚集性的影响，不受空间尺度及空间分割的影响，能够从全局和空间两个角度精确描述产业大规模聚集的水平和变化趋势，但其对数据的获取性要求较高。因此，在对高技术服务业的集聚特征进行研究时，需要综合考虑各方法的优劣，挑选出最合适的研究方法。

（2）关于产业尤其是生产性服务业集聚特征影响因素方面的研究，在内容和方法上都对高技术服务业具有重要的借鉴意义。内容上，依据国内研究，总结出影响生产性服务业集聚的因素主要有：制造业集聚、知识溢出、城市与人口规模、城市化水平、技术创新、人力资本水平、信息化水平、政府规模、产业关联度、外商投资、交通基础设施和政府政策。结合高技术服务业研究中所提到的高技术服务业集聚影响因素以及国外相关研究，可以发现生产性服务业集聚影响因素对研究高技术服务业集聚影响因素具有较好的借鉴作用。方法上，在已有研究产业集聚影响因素的文献中，大多基于面板数据，通过构建计量模型进行集聚影响因素的分析，这也为高技术服务业的研究提供了重要的参考。

综上所述，关于高技术服务业产业集聚方面的研究相对较少，国内外已有研究对进一步开展中国高技术服务业集聚特征及其影响因素的研究具有良好的参考价值。基于此，本书将在第3章分别以各省份、各地级及以上城市为研究对象，从高技术服务业集聚程度的测定、计量模型的构建等方面开展对中国高技术服务业集聚特征及其影响因素的研究。

2.5　理论基础

本书接下来将对中国高技术服务业在国内的集聚分布特征与全球价值链的分工地位进行分析和测度，其中主要涉及产业集聚理论和增加值贸易核算框架理论模型。鉴于此，本小节将重点描述这两方面的理论基础与架构。

2.5.1　产业集聚相关理论

2.5.1.1　产业集聚概念界定

产业集聚是指某产业高度聚集在特定的地理区域内，而产业相关要素在空间范围内持续汇集的过程。具体而言，产业集聚是指某一核心产业或几种产业领域内相关联的企业及其支撑体系在一个适当大的区域范围内高密度地集聚在一起，从而形成产业优势的发展过程。

2.5.1.2　产业集聚理论

（1）产业区理论。马歇尔（1890）是最早关注工业集聚现象的经济学家，他将工业集聚的特定区域称为"产业区"，并给出了具体的描述：一些具有相互密切联系并且可以提供专业化产品服务的中小企业集聚的区域。在马歇尔看来，这些企业之所以能够在产业区内集聚，最根本的原因在于获取外部规模经济。马歇尔还详细阐述了企业集聚的三个主要原因：第一，企业集中在同一区域能促进专业化供应商队伍的形成；第二，企业的地理集中分布有利于劳动力市场共享；第三，企业的地理集中有助于知识外溢。马歇尔只是重点讨论了同一产业企业的集聚问题，并没有将同一集聚区内不同产业企业的集聚状况纳入研究中。

（2）工业区位论。韦伯（1909）则从企业角度出发，深入探讨了工业企业区位集聚的问题。其认为，实现生产和运输成本最小化是任何一个理想的工业区位需要满足的条件。借助于该思想，通过对当时的德国鲁尔区进行全面系统的研究，韦伯得出了工业区位理论的核心内容——区位因子决定生产区位。同时，他还提出了三大区位法则：一是运输区位法则；二是劳动区位法则；三是集聚（分散）区位法则。韦伯的工业区位论在实际应用中存在很大局限性，并不能很好地解释高技术服务业集聚，但作为区域科学和工业布局的基本理论，其理论价值仍然存在，即运用传统的运输成本解释产业集聚现象时，引入信息化水平进行综合分析。

（3）中心地理论。克里斯塔勒（1933）系统地阐明了中心地的数量、规模和分布模式，建立起了中心地理论。其认为，有三个条件或原则支配中心地体系的形成，分别是：第一，市场原则。适用于发达地区和城市内部中心地布局，是中心地理论的核心，其出于商品和服务供给范围需达到最大的角度考虑，确立了 K = 3 的中心地系统模式。第二，交通原则。主要适用于有重要交通线通过或新开发地区中心地布局，其出于中心地间空间距离需达到最短的角度考虑，确立了 K = 4 的中心地系统模式。第三，行政原则。适用于自给自足的地区中心地布局，出于尽量保持低级行政区域完整性的角度考虑，最终确立了 K = 7 的中心地系统模式。

（4）新经济地理学。以克鲁格曼为代表的西方经济学家利用 Dixit – Stiglitz 垄断竞争模型，基于边际收益递增、不完全竞争与路径依赖，并结合运输成本，通过构造空间经济模型，以及分析向心力与离心力，解释经济活动的空间集聚与全球化等经济现象，由此开创了"新经济地理学"。该理论主要围绕经济活动的空间集聚和区域增长集聚的动力两方面展开讨论，其中，在对后者进行论述时提到资本外部性的相对规模（市场作用的范围）、劳动力的可移动性和交通成本将决定经济活动和财富在空间配置上的区域整合程度。此外，克鲁格曼在其研究中明确提出规模收益递增、生产要素流动和运输成本是影响产业集聚的重要因素，这为本书研究提供了重要的理论支撑，高技术服务业同样具有报酬递增的特征，部分行业如电子商务服务行业对运输成本的依赖性较强，生产要素的自由流动尤其是人力资本的自由流动，往往可以成为信息技术咨询服务等发展的关键要素。因此，可以初步推断高技术服务业可能具有集聚性。

2.5.2 增加值贸易核算框架

在传统贸易分工背景下，产品在一个国家内生产后进行贸易。巴拉萨（Balassa，1965）基于大卫·李嘉图的比较优势理论和 H-O 要素禀赋理论（即赫克歇尔—俄林理论）提出显性比较优势（revealed comparative advantage，RCA）指数，计算公式为：

$$RCA_{i,j} = \frac{X_{ij}}{X_{wj}} \bigg/ \frac{X_{it}}{X_{wt}} \qquad (2-1)$$

其中，X_{ij} 为国家 i 行业 j 的出口额，X_{wj} 为世界行业 j 的出口额；X_{it} 为国家 i 所有行业的出口总额，X_{wt} 为世界所有行业的出口总额。当 $RCA_{i,j} > 1$，表明国家 i 行业 j 具有显性比较优势，数值越大，优势越大；当 $RCA_{i,j} < 1$，表明国家 i 行业 j 不具有显性比较优势。

在全球价值链分工背景下，产品由多个跨国公司组成设计、生产及销售网络并进行贸易。为方便全球价值链多国多产业模型分解，本书简化 TiVA 数据库中的国家间投入产出表（inter-country input-output tables，ICIO 表），见表 2－5。

表 2－5　　　　　　　　　TiVA 数据库中 ICIO 表简化版

项目		中间使用							最终需求			总产出
		国家 1				国家 2		...		国家 1	国家 2	...	
		行业 1	行业 2	...	行业 n	行业 1	行业 2	...	...				
国家 1	行业 1	Z_{11}^{11}	Z_{12}^{11}	...	Z_{1n}^{11}	Z_{11}^{12}	Z_{12}^{12}	...	...	F_1^{11}	F_1^{12}	...	X_1^1
	行业 2	Z_{21}^{11}	Z_{22}^{11}	...	Z_{2n}^{11}	Z_{21}^{12}	Z_{22}^{12}	...	...	F_2^{11}	F_2^{12}	...	X_2^1
	...	...	...	...	...	...	...	...	...	...	...	...	...
	行业 n	Z_{n1}^{11}	Z_{n2}^{11}	...	Z_{nn}^{11}	Z_{n1}^{12}	Z_{n2}^{12}	...	...	F_n^{11}	F_n^{12}	...	X_n^1

续表

项目		中间使用								最终需求			总产出
		国家 1				国家 2			...	国家 1	国家 2	...	
		行业 1	行业 2	...	行业 n	行业 1	行业 2	...	...				
国家 2	行业 1	Z_{11}^{21}	Z_{12}^{21}	...	Z_{1n}^{21}	Z_{11}^{22}	Z_{12}^{22}	...	...	F_1^{21}	F_1^{22}	...	X_1^2
	行业 2	Z_{21}^{21}	Z_{22}^{21}	...	Z_{2n}^{21}	Z_{21}^{22}	Z_{22}^{22}	...	...	F_2^{21}	F_2^{22}	...	X_2^2
	...	...	...	...	...	...	...	...	...	...	...	...	...
	行业 n	Z_{n1}^{21}	Z_{n2}^{21}	...	Z_{nn}^{21}	Z_{n1}^{22}	Z_{n2}^{22}	...	...	F_n^{21}	F_n^{22}	...	X_n^2
...													
国家 m	行业 1	Z_{11}^{m1}	Z_{12}^{m1}	...	Z_{1n}^{m1}	Z_{11}^{m2}	Z_{12}^{m2}	...	...	F_1^{m1}	F_1^{m2}	...	X_1^m
	行业 2	Z_{21}^{m1}	Z_{22}^{m1}	...	Z_{2n}^{m1}	Z_{21}^{m2}	Z_{22}^{m2}	...	...	F_2^{m1}	F_2^{m2}	...	X_2^m
	行业 n	Z_{n1}^{m1}	Z_{n2}^{m1}	...	Z_{nn}^{m1}	Z_{n1}^{m2}	Z_{n2}^{m2}	...	...	F_n^{m1}	F_n^{m2}	...	X_n^m
增加值		V_1^1	V_2^1	...	V_n^1	V_1^2	V_2^2	...	...				
总投入		X_1^1	X_2^1	...	X_n^1	X_1^2	X_2^2	...					

资料来源：依据 OECD 的 TiVA 数据库中 ICIO 表简化整理得到（m 个国家 n 个行业）。

表 2-5 中，Z_{xy}^{ij} 为国家 i 行业 x 投入给国家 j 行业 y 的交易流量，F_x^{ij} 为国家 i 行业 x 出口给国家 j 作为最终需求的交易流量，X_n^m 为国家 m 行业 n 的总产出。

胡梅尔斯（Hummels，2001）构建 VS 指数，测算了日本、加拿大等 14 个国家或地区的 VS 指数为：

$$VS = \left(\frac{EX}{GO}\right) \cdot II \tag{2-2}$$

其中，EX 为一国家出口产品量，GO 为一国家的总产出，II 为一国家的进口中间品量。基于投入产出表，国家 1 的 VS 指数为：

$$VS^1 = \sum_s u \cdot A^{s1} \cdot (1 - A^{11})^{-1} \cdot E^{1s} \tag{2-3}$$

其中，u 为 $1 \times n$ 的单位向量，A^{s1} 为国家 1 从国家 s 进口的直接消耗系数矩阵，$A^{s1} \cdot (1 - A^{11})^{-1}$ 为国家 1 从国家 s 进口的完全消耗系数矩阵，E^{1s} 为国家 1 出口给国家 s 的商品流量矩阵，VS^1 指数度量国家 1 出口给国家 s 带来的增加值。同理，各国 VS 指数为：

$$VS = \begin{bmatrix} \sum_s u \cdot A^{s1} \cdot (1 - A^{11})^{-1} \cdot E^{1s} \\ \sum_s u \cdot A^{s2} \cdot (1 - A^{22})^{-1} \cdot E^{2s} \\ \vdots \\ \sum_s u \cdot A^{sm} \cdot (1 - A^{mm})^{-1} \cdot E^{ms} \end{bmatrix} \tag{2-4}$$

式（2-4）中各字母含义同上，此外，VS 指数有一个前提假设是，国际贸易的中间产品没有回流，即若 $A^{rs}(r \neq s) \neq 0$，则 $A^{sr} = 0$。而这种假设在全球价值链国际分工背景下难以成立。库普曼等（Koopman et al.，2010，2014）基于多国 IRIO 模型，对全球价值链进行分割，具体如下。

如表 2-5 所示，对于国家 1，行平衡为：

$$X^1 = A^{11}X^1 + A^{12}X^2 + \cdots + A^{1m}X^m + F^{11} + F^{12} + \cdots + F^{1m} \qquad (2-5)$$

其中，X^m 为国家 m 的总产出，A^{1m} 为国家 m 对国家 1 的直接消耗系数矩阵（A^{1m} 为 $n \times n$ 的矩阵），F^{1m} 为国家 1 对国家 m 用于最终消费的直接出口矩阵流量（F^{1m} 为 $n \times 1$ 的矩阵），$A^{11}X^1 + F^{11}$ 为国家 1 生产自用流量矩阵；$X^1 - (A^{11}X^1 + F^{11})$ 为国家 1 生产出口流量矩阵。

同理，对于国家 r，行平衡为：

$$X^r = A^{r1}X^1 + A^{r2}X^2 + \cdots + A^{rm}X^m + F^{r1} + F^{r2} + \cdots + F^{rm} \qquad (2-6)$$

整理式（2-6），得到 ICIO 表使用方向（行方向）存在以下平衡：

$$\begin{bmatrix} X^1 \\ X^2 \\ \vdots \\ X^m \end{bmatrix} = \begin{bmatrix} A^{11} & A^{12} & \cdots & A^{1m} \\ A^{21} & A^{22} & \cdots & A^{2m} \\ \vdots & \vdots & \ddots & \vdots \\ A^{m1} & A^{m2} & \cdots & A^{mm} \end{bmatrix} \cdot \begin{bmatrix} X^1 \\ X^2 \\ \vdots \\ X^m \end{bmatrix} + \begin{bmatrix} F^1 \\ F^2 \\ \vdots \\ F^m \end{bmatrix} \qquad (2-7)$$

$$\Rightarrow \begin{bmatrix} X^1 \\ X^2 \\ \vdots \\ X^m \end{bmatrix} = \begin{bmatrix} 1-A^{11} & -A^{12} & \cdots & -A^{1m} \\ -A^{21} & 1-A^{22} & \cdots & -A^{2m} \\ \vdots & \vdots & \ddots & \vdots \\ -A^{m1} & -A^{m2} & \cdots & 1-A^{mm} \end{bmatrix}^{-1} \cdot \begin{bmatrix} F^1 \\ F^2 \\ \vdots \\ F^m \end{bmatrix} = \begin{bmatrix} B^{11} & B^{12} & \cdots & B^{1m} \\ B^{21} & B^{22} & \cdots & B^{2m} \\ \vdots & \vdots & \ddots & \vdots \\ B^{m1} & B^{m2} & \cdots & B^{mm} \end{bmatrix} \cdot \begin{bmatrix} F^1 \\ F^2 \\ \vdots \\ F^m \end{bmatrix}$$

$$(2-8)$$

整理式（2-8），得到经典的列昂惕夫公式：

$$X = (1-A)^{-1}F = B \cdot F \qquad (2-9)$$

且 ICIO 表的列方向存在以下平衡：

$$V^r = u\left(1 - \sum_s A^{sr}\right) \qquad (2-10)$$

式（2-10）中，u 为 $1 \times m$ 的单位向量，V^r 为国家 r 生产单位产品对本国的直接增加值。同时，基于列昂惕夫逆矩阵与直接增加值系数矩阵，定义国家间完全增加值系数矩阵为：

$$VB = \begin{bmatrix} V^1 B^{11} & V^1 B^{12} & \cdots & V^1 B^{1m} \\ V^2 B^{21} & V^2 B^{22} & \cdots & V^2 B^{2m} \\ \vdots & \vdots & \ddots & \vdots \\ V^m B^{m1} & V^m B^{m2} & \cdots & V^m B^{mm} \end{bmatrix} \qquad (2-11)$$

另外，定义 E^{rs} 为国家 r 出口到国家 s 的流量矩阵，可得 E^{rs} 存在以下平衡：

$$E^{rs} = A^{rs} X^s + F^{rs} \qquad (2-12)$$

而国家 r 总出口可以表示成以下形式：

$$E^r = \sum_s E^{rs} (r \neq s) \qquad (2-13)$$

由式（2 – 11）和式（2 – 13），定义出口带动国家间完全增加值（附加值）系数矩阵为：

$$VBE = \begin{bmatrix} V^1 B^{11} E^1 & V^1 B^{12} E^2 & \cdots & V^1 B^{1m} E^m \\ V^2 B^{21} E^1 & V^2 B^{22} E^2 & \cdots & V^2 B^{2m} E^m \\ \vdots & \vdots & \ddots & \vdots \\ V^m B^{m1} E^1 & V^m B^{m2} E^2 & \cdots & V^m B^{mm} E^m \end{bmatrix} \qquad (2-14)$$

在 VBE 矩阵中，r 国出口带给其他国的完全增加值 FV^r 矩阵和 r 国出口带给本国的完全增加值 DV^r 矩阵如式（2 – 15）和式（2 – 16）所示：

$$FV^r = \sum_{s \neq r} V^s B^{sr} E^r \qquad (2-15)$$

$$DV^r = V^r B^{rr} E^r \qquad (2-16)$$

而国家 r 出口带给其他国的完全增加值与国家 r 出口带给本国的完全增加值二者加总等于国家 r 出口。

$$FV^r + DV^r = E^r \qquad (2-17)$$

在 VBE 矩阵中，其他国家出口带给 r 国的完全增加值 IV^r 矩阵为：

$$IV^r = \sum_{s \neq t} V^r B^{rs} E^{st} \qquad (2-18)$$

基于上述推理，库普曼等（Koopman et al.，2010，2014）将国家 r 出口分割为以下五个部分：

$$E^r = FV^r + DV^r = FV^r + V^r B^{rr} \sum_{s \neq r} \left(F^{rs} + A^{rs} E^{ss} + A^{rs} E^{sr} + A^{rs} \sum_{t \neq s, t \neq r} E^{st} \right)$$

$$= FV^r + V^r B^{rr} \sum_{s \neq r} F^{rs} + V^r B^{rr} \sum_{s \neq r} A^{rs} E^{ss} + V^r B^{rr} \sum_{s \neq r} A^{rs} E^{sr}$$

$$+ V^r B^{rr} \sum_{s \neq r} A^{rs} \sum_{t \neq s, t \neq r} E^{st} \qquad (2-19)$$

国家 r 出口框架如表 2-6 所示，本书将沿用库普曼等（Koopman et al.，2010，2014）出口框架测算高技术服务业全球价值链地位等指数。

表 2-6　　　　　　　　　　国家 r 出口框架分解表

国家 r 出口（E^r）	国家 r 出口带给国外完全增加值（FV^r）	
	国家 r 出口带给国内完全增加值（DV^r）	国家 r 出口给另一国，另一国用于消费，从而带给国家 r 的增加值（$V^r B^{rr} \sum_{s \neq r} F^{rs}$）
		国家 r 出口给另一国，另一国用于生产后本国消费，从而带给国家 r 的增加值（$V^r B^{rr} \sum_{s \neq r} A^{rs} E^{ss}$）
		国家 r 出口给另一国，另一国用于生产后出口给国家 r，从而带给国家 r 的增加值（$V^r B^{rr} \sum_{s \neq r} A^{rs} E^{sr}$）
		国家 r 出口给另一国，另一国用于生产后出口给第三国，从而带给国家 r 的增加值（$V^r B^{rr} \sum_{s \neq r} A^{rs} \sum_{t \neq s, t \neq r} E^{st}$）

2.6　本章小结

本章作为后续章节的基础，首先对高技术服务业的内涵与分类进行了详细讨论，结合国民经济行业分类标准，将高技术服务业分类与国民经济行业分类中的门类、大类和小类逐一对应，最终得出本书高技术服务业所包含的行业范畴；其次是分别对近些年国内外学者关于高技术服务业、全球价值链、产业集聚方面的研究文献进行了较为细致的梳理，通过文献研究，总结目前学者所取得的成果，以及研究中尚存在的一些不足，这些也将成为本书的研究重点；最后本章对后续研究将要用到的理论基础进行了具体阐述，包括产业集聚理论和增加值贸易核算理论框架。其中，在增加值贸易核算框架中，首先介绍了在传统贸易分工背景下产品的生产流程，并给出了 RCA 指数的具体含义与计算方法，然后借用 TiVA 数据库中的 ICIO 表，指出 VS 指数在全球价值链背景下存在的问题，并完善库普曼等（Koopman et al.，2008，2010）全球价值链分割在 m 个国家 n 个行业下的模型，为高技术服务业全球价值链地位的测算做准备。

第 3 章

中国高技术服务业发展现状与集聚特征

3.1　中国高技术服务业发展现状

基于 2004 年、2008 年、2013 年和 2018 年的全国四次经济普查数据，从资产总计、营业收入、从业人员三个方面对中国高技术服务业的发展水平进行描述性分析。关于高技术服务业行业分类需要说明的一点是，根据前述 2.1.2 小节对高技术服务业分类的讨论，并结合四次经济普查年鉴对于具体行业的划分，本部分高技术服务业行业分类以《中国经济普查年鉴 2018》为基准，主要包括门类 I "信息传输、软件和信息技术服务业"①、门类 M "科学研究和技术服务业"② 和门类 N "水利、环境和公共设施管理业" 中的中类 "环境治理业"。

3.1.1　资产总计发展状况

如表 3-1 所示，中国高技术服务业资产总计整体呈增长态势，各子行业的资产总计也表现为上升趋势。2018 年中国高技术服务业资产总计达到 311241.70 亿元，比 2013 年增长了 1.12 倍，比 2004 年更是增长了 9.18 倍，高技术服务业增势迅猛。分行业来看，信息传输、软件和信息技术服务业四年的资产总计高于另外两个行业。其中，信息传输、软件和信息技术服务业与科

---

① 在 2004 年和 2008 年经济普查年鉴中是门类 G "信息传输、计算机服务和软件业"。
② 在 2004 年和 2008 年经济普查年鉴中是门类 M "科学研究、技术服务和地质勘查业"。

学研究和技术服务业二者间的差距在逐渐缩小，2018 年后者赶超前者，科学研究和技术服务业展现出巨大的发展潜力。而由于环境治理业仅是一个中类，所以资产总计数值相比前两个行业较小，但是增速明显，2018 年比 2013 年增长了 2.99 倍，比 2004 年更是增长了 24.8 倍。

表3－1　　　　　　　　中国高技术服务业及分行业资产总计　　　　　　单位：亿元

行业	2004 年	2008 年	2013 年	2018 年
高技术服务业	30585.30	66610.40	147003.70	311241.70
其中：信息传输、软件和信息技术服务业	22896.40	33763.10	77774.60	152025.50
科学研究和技术服务业	7413.97	32047.60	67452.90	152124.00
环境治理业	274.93	799.70	1776.20	7092.20

资料来源：历年《中国经济普查年鉴》。

分析中国高技术服务业各子行业的资产总计占比情况，由图 3－1 可以看出，信息传输、软件和信息技术服务资产总计占比由 2004 年的 74.86% 大幅下降至 2008 年的 50.69%，之后些许回升至 2013 年的 52.91%，2018 年又降至 48.84%；与之对应的科学研究和技术服务业资产总计占比则由 2004 年的 24.24% 大幅上升至 2008 年的 48.11%，之后微微下降至 2013 年的 45.89%，2018 年又有小幅上升至 48.88%。此外，环境治理业资产总计占比一直处于小幅上升，2004 年占比 0.9%，2018 年升至 2.28%。整体来看，前两大行业资产总计占比由一开始的差距悬殊逐渐向均衡方向发展。

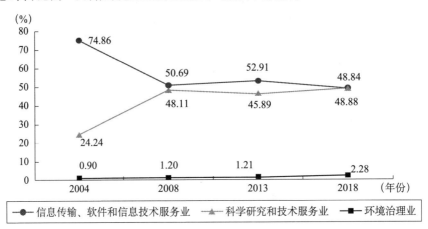

图3－1　高技术服务业各子行业的资产总计占比变化

资料来源：历年《中国经济普查年鉴》。

3.1.2　营业收入发展状况

由图3-2可以看出，中国高技术服务业及其子行业的营业收入均呈现上升的趋势，且信息传输、软件与信息技术服务业在四个经济普查年的营业收入均高于其他两个行业。具体而言，2018年中国高技术服务业营业收入为115774亿元，较2013年增长1.10倍，年均增速为15.96%，较2008年增长3.83倍，年均增速为17.05%，较2004年增长9.73倍，年均增速为18.47%，由此展现出中国高技术服务业良好的发展势头。观察三个子行业的数据发现，信息传输、软件与信息技术服务业和科学研究与技术服务业的营业收入差距在逐渐扩大，而前者的年均增速为17.03%，明显低于后者的年均增速（21.32%）。另外，环境治理业2018年营业收入为1000.2亿元，绝对数值明显小于前述两大子行业，但是其年均增速为22.85%，发展速度快于两大子行业。

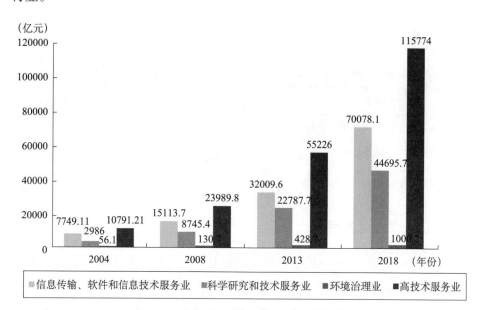

图3-2　中国高技术服务业营业收入发展趋势

资料来源：历年《中国经济普查年鉴》。

由图3-3可以看出，信息传输、软件和信息技术服务业的营业收入占比从2004年的71.81%持续下降至2013年的57.96%，直到2018年才有所回升至60.53%；与之对应的科学研究和技术服务业的营业收入占比则从2004年的27.67%持续上升至2013年的41.26%，到2018年些微下降至38.61%，两者之间的差距在逐渐缩小，渐渐趋于均衡。相比前两个行业，环境治理业的营业收入在高技术服务业中占比微乎其微，但一直处于稳步上升阶段，从2004年的0.52%缓慢上升至2018年0.86%。

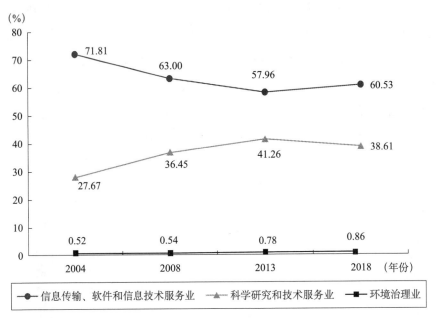

图3-3　高技术服务业各子行业的营业收入占比变化

资料来源：历年《中国经济普查年鉴》。

3.1.3　从业人员发展状况

由图3-4可知，中国从事高技术服务业的人员数量在快速增长，从2004年的349.76万人增加至2018年的2002.1万人，增长率高达472.42%。分行业来看，2004年和2008年信息传输、软件和信息技术服务业从业人员数量大于科学研究和技术服务业的从业人员数量，但2013年开始局势发生扭转，更多的人选择从事科学研究和技术服务业。不难发现，2008~2018年这10年间，科学研究和技术服务业发展迅速，对人员的需求量剧增，吸纳就业的能力迅速增强，从业人员年均增速达到14.4%，而信息传输、软件和信息技术服务业的从业人员年均增速仅为12.07%。相较之下，环境治理业从业人员数则是有增有减，从2004年的7.7万人增至2008年的16.4万人，年均增速为20.81%，而2013年又减少至9.7万人，2018年回升至18万人，年均增速为13.16%，比2004～2008年均增速有所放缓。

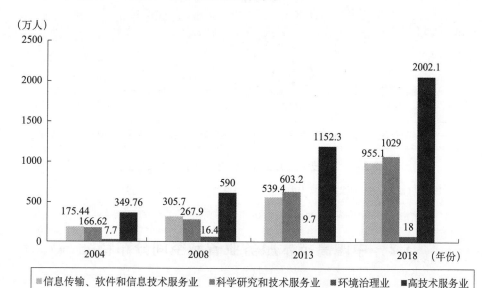

图3－4　中国高技术服务业从业人员发展趋势

资料来源：历年《中国经济普查年鉴》。

由图3－5可以看出，信息传输、软件和信息技术服务业的从业人员占比从2004年的50.16%上升至2008年的51.81%，之后下降至2013年的46.81%，2018年又有些微回升至47.7%；科学研究和技术服务业的从业人员占比则从2004年的47.64%下降至2008年的45.41%，之后上升至2013年的52.35%，2018年又降至51.4%。整体而言，高技术服务业两大子行业的从业人员占比一直保持均衡状态。而环境治理业从业人员占比在近些年有所减少，2008年占比最大为2.78%，随后该行业从业人员占比明显下降，2013年和2018年分别占比0.84%和0.9%。

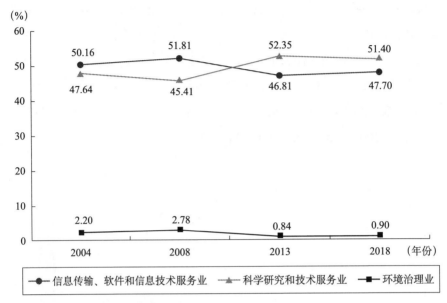

图3-5　高技术服务业各子行业的从业人员占比变化

资料来源：历年《中国经济普查年鉴》。

3.2　中国高技术服务业省域空间分布特征

前述可知，学者们从多个角度分析了高技术服务业的全貌及其在不同地区的分布现状与特征，研究发现中国高技术服务业在地域上发展并不均衡，但对此少有基于空间统计方法的针对性研究。因此，考虑到空间分布特征对制定高技术服务业宏观发展战略和地区发展政策具有重要意义，本部分将利用全局和局部莫兰指数（Moran's I）以及标准差椭圆，研究中国高技术服务业在省域层面的空间聚集性，并引入经济密度概念，对其分布特征及其形成机理进行深入研究。

3.2.1　研究对象与数据来源

3.2.1.1　研究对象

本部分内容将主要依据各省份高技术服务业增加值，来分析中国高技术服务业省域空间分布特征。一地区某产业增加值是该产业发展情况最直观的反映，且统计口径一致，便于地区间比较。由于高技术服务业暂时没有直接的统计数据，故按照 2.1.2 小节所述高技术服务业分类对应的国民经济行业，主要包括门类 I "信息传输、软件和信息技术服务业" 和门类 M "科学研究和技术服务业" 的全部，以及门类 L "租赁和商务服务业" 中的小类 "知识产权服务" 和 "法律服务"①、门类 N "水利、环境和公共设施管理业" 中的中类 "环境治理业"。基于此，将上述行业分类在年鉴中对应的类目进行汇总，得到高技术服务业增加值数据。

此外，为了弥补总量数据的缺点，即不能比较当总量较小但影响区域较大的情况，本部分引入了经济密度这一概念。经济密度包括人口经济密度和土地经济密度，后者是经济发展水平指标与土地面积的对比，衡量单位土地面积上的经济发展水平与经济集中程度，而根据经济指标的不同，可以分为产业（产业增加值）密度、投资（固定资产投资）密度、就业（就业人数）密度等（沈体雁等，2012）。由于本书研究对象为高技术服务业，故选取各省份的高技术服务业增加值与其土地面积对比，即得到每个省份的产业密度，作为高技术服务业空间分布格局的补充分析。

3.2.1.2　数据来源

本部分数据主要是中国 31 个省份（不包括港、澳、台地区，下同）2016 年高技术服务业增加值和土地面积，数据来源为 2017 年各省份统计年鉴。另外，GIS 图形数据取自国家基础地理信息中心 1∶4000000 数据库。

3.2.2　空间统计方法

为了研究中国各省份高技术服务业空间关联性与空间分布特征，接下来将应用空间统计方法，主要包括基于 Moran's I 的空间自相关分析和标准差椭圆分析，具体如下。

3.2.2.1　空间自相关分析

空间自相关是用来测度空间内某点与其邻近点是否存在相关性的一种方

---

① 由于知识产权服务和法律服务的数据难以获取，且在高技术服务业中占比较小，故接下来高技术服务业增加值中不包括此部分。

法，最常用的空间自相关统计量是 Moran's I，可以分为全局和局部指标。其中，全局 Moran's I 的计算公式为：

$$I = \frac{\sum_{i=1}^{n} \sum_{j=1}^{n} W_{ij}(X_i - \bar{X})(X_j - \bar{X})}{S^2 \sum_{i=1}^{n} \sum_{j=1}^{n} W_{ij}} \quad (3-1)$$

式（3-1）中，$S^2 = \frac{1}{n}\sum_{i=1}^{n}(X_i - \bar{X})^2$，$\bar{X} = \frac{1}{n}\sum_{i=1}^{n}X_i$，$n$ 为研究的单元数；X_i、X_j 为不同空间单元 i、j 的属性值；W_{ij} 为空间权重矩阵。Moran's I 的取值范围为 $[-1,1]$，大于 0，表明存在空间正相关；小于 0，表明存在空间负相关；等于 0，表明不存在空间相关性。

局部 Moran's I 是全局 Moran's I 修正后的统计量，其计算公式为：

$$I_i = \frac{(X_i - \bar{X})}{S^2}\sum_i W_{ij}(X_j - \bar{X}) \quad (3-2)$$

显著性检验统计量为：

$$Z(I_i) = \frac{I_i - E(I_i)}{\sqrt{VAR(I_i)}} \quad (3-3)$$

式（3-2）中各变量含义与式（3-1）相同。局部 Moran's I 为正值，表示该区域单元与其周围具有同样高或同样低的发展水平，呈现出聚集的特征；若为负值，则表示该区域与其周围具有不同的发展水平，可能存在空间差异性。

此外，Moran 散点图将变量与其空间滞后变量间的相关关系用散点图的形式来表示。该散点图常用于研究局部的空间不稳定性，共分为 4 个象限，分别对应于区域单元与其邻近单元间的 4 种局部空间关联形式，其对应关系见表 3-2。

表 3-2   Moran 散点图各象限含义

象限	类型	含义
第一象限	高—高	高值聚类
第二象限	低—高	低值被高值包围
第三象限	低—低	低值聚类
第四象限	高—低	高值被低值包围

3.2.2.2 标准差椭圆分析

标准差椭圆分析，又称 SDE 分析，可以度量一组数据的方向和分布。生成椭圆主要有 4 个关键参数：圆心、旋转角度、X 轴与 Y 轴长度。其计算公式如下：

$$\tan\theta = \frac{\left(\sum_{i=1}^{n}\tilde{X}_i^2 - \sum_{i=1}^{n}\tilde{Y}_i^2\right) + \sqrt{\left(\sum_{i=1}^{n}\tilde{X}_i^2 - \sum_{i=1}^{n}\tilde{Y}_i^2\right)^2 + 4\left(\sum_{i=1}^{n}\tilde{X}_i\tilde{Y}_i\right)^2}}{2\sum_{i=1}^{n}\tilde{X}_i\tilde{Y}_i}$$

(3−4)

$$\sigma_X = \sqrt{\frac{\sum_{i=1}^{n}\left(\tilde{X}_i\cos\theta - \tilde{Y}_i\sin\theta\right)^2}{n}}$$

(3−5)

$$\sigma_Y = \sqrt{\frac{\sum_{i=1}^{n}\left(\tilde{X}_i\sin\theta - \tilde{Y}_i\cos\theta\right)^2}{n}}$$

(3−6)

$$\left(\frac{x}{\sigma_X}\right)^2 + \left(\frac{y}{\sigma_Y}\right)^2 = s$$

(3−7)

式（3−4）是转角 θ 的公式，式（3−5）和式（3−6）是 X 轴和 Y 轴的标准差，式（3−7）是椭圆方程。其中，$\tilde{X}_i$ 和 $\tilde{Y}_i$ 是平均中心与 XY 坐标的差，s 是置信度的值，可以根据数据量查询卡方概率表得到。椭圆长半轴代表数据分布的方向，短半轴代表数据分布的范围。长短半轴间数值差距越大（即扁率越大），说明数据的方向性越明显；短半轴越短，则说明数据呈现的向心力越明显，而中心点则代表整个数据的中心位置。

3.2.3 高技术服务业空间分布特征及其形成机理

3.2.3.1 高技术服务业空间分布格局

基于上述高技术服务业对应的国民经济行业分类，得到 2016 年中国 31 个省份高技术服务业增加值，可知全国各省份高技术服务业平均增加值为 1203.94 亿元。为了说明中国高技术服务业空间分布特征，将各省份高技术服务业增加值从低到高分为 5 级，得出中国 31 个省份 2016 年高技术服务业增加值空间分布情况。结果显示：排名前六的依次为北京、江苏、广东、浙江、上海和山东，其增加值均超过 2000 亿元，排名最后的为贵州、宁夏、海南、新疆、青海和西藏，其增加值低于 200 亿元。此外，高技术服务业在空间上集中在东部与中部地区，发展最好的省份集中在沿海地区。

同样的方法，得到高技术服务业产业密度分布情况。结果显示：上海、北京和天津三个直辖市的高技术服务业产业密度遥遥领先，其次是江苏、浙江、广东、重庆和山东 5 个省市。此外，高技术服务业产业密度在空间上集中趋势较为明显，产业密度较高的地区连成一片，主要集中在华东和华南地区，以及华北的北京、天津、河北等地区。

3.2.3.2 高技术服务业空间自相关分析

（1）全局自相关分析。利用 ArcGIS10.5 软件，计算出 2016 年中国高技术服务业增加值与产业密度的全局 Moran's I。结果显示：前者全局 Moran's I 为 0.0486，P 值为 0.3163，该值远大于 0.05，说明不具有统计显著性，即中国高技术服务业在整体上不存在显著的空间聚集现象，这点与中国现阶段区域高技术服务业的发展状况相吻合。而尽管高技术服务业产业密度在空间上似乎存在聚集效应，但 Moran's I 的结果显示：全局 Moran's I 为 0.0234，P 值为 0.3798，同理可认为产业密度在整体上空间聚集性不显著，但其离散程度比高技术服务业增加值要小，这与分布图①上的直观结果相一致。

（2）局部自相关分析。利用软件得到 2016 年中国高技术服务业增加值与产业密度的 Moran 散点图，如图 3 - 6 所示。图 3 - 6（a）为增加值的 Moran 散点图，可以看出位于第三象限的点最多，第一象限有 4 个点；图 3 - 6（b）为产业密度的 Moran 散点图，点相对集中，大部分点集中在第三象限的原点附近，位于第一象限的点只有 2 个，第四象限则没有点。散点图中，第一象限的点所代表的省份属于高值聚类，表示区域自身与周边地区的高技术服务业发展水平均较高，二者空间差异性较小，且存在较强的空间正相关，即为热点区；而第三象限代表的省份属于低值聚类，表明该区域与周边的高技术服务业发展水平均较低，二者空间差异性较小，为盲点区；第二、第四象限则表明该区域与周边地区的空间差异性较大，存在空间负相关，异质性突出。

为了更好地比较高技术服务业增加值与产业密度的空间相关性，基于式

---

① 考虑出版规范要求，书中对空间分布图未做具体展示。

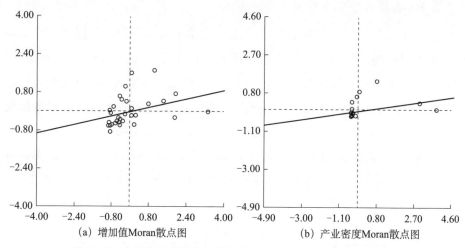

(a) 增加值Moran散点图　　　　(b) 产业密度Moran散点图

图 3 - 6　中国高技术服务业增加值与产业密度的 Moran 散点图

(3 - 2) 和式 (3 - 3) 分别计算两者的局部 Moran's I 及其检验统计量，并根据前述介绍的方法进行判别，其通过显著性检验的区域聚类结果见表 3 - 3 和表 3 - 4。

表 3 - 3　　　　**2016 年高技术服务业增加值区域空间相关性的聚类结果**

象限	类型	省份
第一象限	高—高	上海、山东、江苏、浙江
第二象限	低—高	福建、安徽、河北
第三象限	低—低	新疆、青海、甘肃、西藏
第四象限	高—低	四川、广东、重庆

表 3 - 4　　　　**2016 年高技术服务业产业密度区域空间相关性的聚类结果**

象限	类型	省份
第一象限	高—高	北京、天津
第二象限	低—高	河北、江苏、浙江
第三象限	低—低	新疆、青海、西藏、四川、甘肃
第四象限	高—低	无

表 3 - 3 显示高技术服务业增加值的高—高值区域集中在东部沿海，包括上海、山东、江苏和浙江，低—低值区域则为西北的 4 个省份。表 3 - 4 显示了产业密度的高—高值区域只有北京和天津，低—低值区域则包括新疆、青海、西藏、四川和甘肃。

3.2.3.3　高技术服务业空间方向分布

基于 ArcGIS10.5 软件对 2016 年高技术服务业增加值与产业密度数据构建标准差椭圆模型。其中，增加值的标准差椭圆覆盖了全国 30% 以上的面积，主要集中在中国的东部与南部地区。值得注意的是，增加值的标准差椭圆包括了绝大部分产业密度较高的省份，而产业密度的标准差椭圆面积远小于增加值的椭圆，其包括除广东、重庆外产业密度排名靠前的所有省份。

增加值的标准差椭圆的中心位于（115.4568°E，33.1432°N），即安徽省阜阳市西北部；而产业密度的标准差椭圆的中心位于（118.3910°E，34.8789°N），即山东省临沂市南部。椭圆的具体信息见表 3－5。

表 3－5　　　　　　　　　　　　标准差椭圆信息

标准差椭圆	中心点坐标	沿 X 轴标准差	沿 Y 轴标准差	转角
增加值	（115.4568°E，33.1432°N）	7.0119	9.7478	42.3004°
产业密度	（118.3910°E，34.8789°N）	4.5816	7.1435	161.3161°

增加值的标准差椭圆长轴指向东北，而产业密度的椭圆长轴指向北，微偏西。从两者沿 X 轴、Y 轴标准差可以看出，后者更"扁"一点，即数据方向性更强。对比两椭圆的信息可以得出：产业密度的标准差椭圆更能代表中国高技术服务业的方向分布，发展最好的省份基本处于其长轴上。

3.2.3.4　高技术服务业空间分布形成机理

回顾早期的区位论、增长极理论以及由克鲁格曼提出的新经济地理学等产业集聚理论，这些理论基础不仅适用于制造业，同样适用于服务业，因此，本书所研究的高技术服务业作为一种经济形态，其空间分布特征在绝大程度上与经典经济理论的核心思想相吻合，但也一定存在因为时代和环境变化而不适用的方面，这正是以技术创新驱动为主要要素的经济形态所具有的特点。

通过上述分析，发现中国高技术服务业空间分布在形成的时候表现出两个显著的特性，分别是产业极限突破特性和无边界服务特性，正是这两个特性对于地方经济转型升级与增量发展显示出特有的吸引力。首先，虽然高技术服务业的"高技术"特征对于地方存在突破的门槛，但是突破后带来的领先优势、增量空间都使得地方有较高的积极性。其次，随着技术的进一步发展，特别是如今数字经济逐渐成为高技术服务业的发展焦点，"数字生态"所形成的共生、互生,乃至再生的价值循环体系,以及跨越地域、行业、系统、组织、层级的社会化协同平台等,这种无边界服务的特性,使得地方可以不受地理位置的局限,让经济发展有更多的想象力。而且无边界服务是双向性的,除了在提供服务的时候无边界,合作伙伴生态也具有无边界特性。

因此,抓住产业极限突破、无边界服务两个特性,再来分析高技术服务业空间聚集的形成机理就比较明确了。一是在经济、科技发达地区,高技术服务业的发展会形成外溢效应,这在上述空间分布特征中有明显体现,如以北京、上海等为核心的周边区域的高技术服务业发展呈现出了规律性,分析原因正是由于核心区域的外溢效应带来了周边地区的快速发展。二是一些具有高技术服务业发展意愿和洞察力的区域,如安徽、福建等地,能够契合高技术服务业发展的两个特性,紧抓领军人才,搭配合适的环境,形成技术和模式上的极限突破,又由于无边界服务特性,当地高技术服务业的发展慢慢会形成一种气候环境。

3.2.4　研究结论

基于空间统计方法,本节内容主要从增加值与产业密度两个维度研究中国高技术服务业空间集聚性及方向趋势,并分析其形成机理,得到以下主要结论。

第一,高技术服务业发展较好的地区主要集中在东部及沿海地区,包括北京、江苏、浙江、上海等地,这些地区在增加值与产业密度方面都排在前列。而西部地区,包括新疆、青海、西藏、甘肃等省份则发展相对落后。值得注意的是,中部省份,包括湖北、湖南等地,其高技术服务业增加值较高,但产业密度较低,仍应算作发展水平较低省份。故高技术服务业发展不均衡,尚未形成明显的东、中、西阶梯式分布格局。

第二,高技术服务业在全局区域不存在空间集聚现象,但产业密度的离散程度要低于增加值的离散程度。而其在局部的区域空间相关性上表现为部分显著,其聚类结果主要包括:增加值的高—高值区域主要为上海、山东、江苏和浙江,低—低值区域则包括新疆、青海、甘肃和西藏;产业密度的高—高值区域只有北京和天津,低—低值区域则包括新疆、青海、西藏、四川和甘肃。

第三，中国高技术服务业分布以南北方向为主，微偏东西，数据向心力较为明显。高技术服务业中心集中在山东省临沂市南部，正处于发展最好的北京、上海两地之间。由于高技术服务业的高技术性、强辐射性等特点，以及该产业聚集过程中表现出的产业极限突破特性和无边界服务特性，可以预见未来沿海与部分内陆省份将是高技术服务业发展的重心与中心，其发展速度也将加快。

3.3　中国高技术服务业城市集聚特征

为进一步分析中国高技术服务业在各个城市的集聚特征及其变化，本部分将打破传统基于省份、区域层面进行研究的局限性，基于 2007 ~ 2019 年各地级及以上城市数据，采用空间基尼系数、地区平均集中率等测度方法研究高技术服务业在各个城市的集聚特征。

3.3.1　测度方法

本部分将采用空间基尼系数和地区平均集中率两种测度方法来研究中国高技术服务业的集聚特征，具体介绍如下。

3.3.1.1　空间基尼系数

空间基尼系数是测算产业空间集聚程度的一种测度方法，该方法应用较为广泛，其公式为：

$$G = \sum_{i=1}^{n} (S_i - P_i)^2 \qquad (3-8)$$

其中，G 为空间基尼系数；S_i 为 i 地区某产业的相关指标（产值、就业人数等）占全国该产业相关指标的比重；P_i 为 i 地区相关指标（产值、就业人数等）占全国相关指标的比重；n 为全国地区的数量。G 的值介于 0 ~ 1，其值越大，表明该产业在地理上的集聚程度越高，即产业在地理上愈加集中。

3.3.1.2　地区平均集中率

地区平均集中率适合测算大类行业的集聚程度，可以很好地衡量某一地区各类行业在全国的平均占有率，其公式为：

$$V_i = \sum_{k=1}^{d} \frac{S_{ik}}{d} \qquad (3-9)$$

其中，V_i 为 i 地区高技术服务业的平均集中率；S_{ik} 为 i 地区 k 行业的就业人数占全国 k 行业的总就业人数的比重；d 为行业的个数。V_i 的值介于 $0 \sim 1$，该值越大，表示 i 地区高技术服务业的集聚程度越大。

3.3.2　数据来源与处理

3.3.2.1　数据来源

考虑到两种测度方法搜集数据的统一性，又由于本部分对于城市的数据取自 $2008 \sim 2020$ 年《中国城市统计年鉴》，故选用从业人员数这一指标分别计算 $2007 \sim 2019$ 年中国高技术服务业及其子行业的空间基尼系数，以及全国地级及以上城市的高技术服务业平均集中率，定量研究中国高技术服务业的城市集聚水平。

3.3.2.2　数据处理

通过整理 $2007 \sim 2019$ 年 299 个地级及以上城市高技术服务业从业人员数据，发现由于行政区划变动，部分城市存在不同程度的数据缺失情况，主要包括巢湖、毕节、铜仁、海东、儋州、吐鲁番市和哈密市 7 个城市，以及西藏自治区下辖的 6 个地级市。另外，存在完全没有高技术服务业从业人员数据的城市，即三沙市，基于年份之间的可比性以及数据的可获取性，对于上述 14 个城市进行直接删除。综上，最终确定本部分所研究的全国地级及以上城市的个数为 285 个。

其中，$2017 \sim 2019$ 年，存在个别城市高技术服务业一个或两个行业的从业人员数据缺失，具体包括宿州市、遵义市、中卫市、莱芜市和朔州市，以及莱芜市、遵义市的总就业人员存在缺失，对于上述缺失均采用邻近年份的数据进行填补。

3.3.3　高技术服务业及其子行业的空间基尼系数

根据式（3-8），基于历年《中国城市统计年鉴》中的从业人员数据计算出高技术服务业及其子行业①的空间基尼系数，如表 3 - 6 所示，并据此绘制了空间基尼系数变化趋势图，如图 3 - 7 所示。

表 3 - 6   2007 ~ 2019 年高技术服务业及其子行业的空间基尼系数

年份	高技术服务业	信息传输、计算机服务和软件业	科学研究、技术服务和地质勘查业
2007	0.0174	0.0250	0.0148
2008	0.0201	0.0293	0.0169
2009	0.0208	0.0286	0.0182
2010	0.0217	0.0335	0.0173
2011	0.0253	0.0373	0.0189
2012	0.0234	0.0338	0.0181
2013	0.0190	0.0252	0.0172
2014	0.0179	0.0229	0.0157
2015	0.0186	0.0256	0.0147
2016	0.0207	0.0265	0.0176
2017	0.0225	0.0276	0.0195
2018	0.0231	0.0285	0.0194
2019	0.0208	0.0275	0.0157

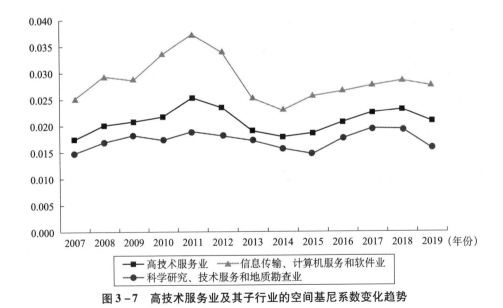

图 3 - 7   高技术服务业及其子行业的空间基尼系数变化趋势

① 由于《中国城市统计年鉴》中关于行业分类的数据是以 2002 年行业分类标准为数据采集的基准，经过 2002 年和 2017 年标准的对比，本部分最终确定高技术服务业包括 2002 标准中的门类 G "信息传输、计算机服务和软件业" 与门类 M "科学研究、技术服务和地质勘查业"。

从表 3 - 6 和图 3 - 7 可以看出，2007 ~ 2011 年中国高技术服务业在全国 285 个地级及以上城市的集聚程度越来越高，但从 2012 年开始集聚程度持续下降，直到 2015 年重新呈现出上升的趋势，而 2019 年集聚程度又表现为下降。不难发现，2011 年中国高技术服务业的集聚程度最高，空间基尼系数为 0.0253；2007 年高技术服务业集聚程度最低，空间基尼系数为 0.0174。

就两大子行业而言，可以看出，信息传输、计算机服务和软件业在全国 285 个地级及以上城市的集聚程度始终高于科学研究、技术服务和地质勘查业，但两者的集聚程度变化趋势大致相同，均表现为上升—下降—上升—下降的过程。具体来看，信息传输、计算机服务和软件业的集聚程度在 2011 年最高，2014 年最低；科学研究、技术服务和地质勘查业的集聚程度在 2017 年最高，2015 年最低，且两大行业集聚程度的差距在 2011 年最大，2014 年最小。并且可以发现，2007 ~ 2019 年这 13 年间，信息传输、计算机服务和软件业的集聚程度波动较大，而科学研究、技术服务和地质勘查业的集聚程度较为稳定，但是 2018 ~ 2019 年表现出较为快速的下降。

3.3.4 高技术服务业地区平均集中率的测算

3.3.4.1 基于城市角度的测算结果分析

根据式（3 - 9）计算出 2007 ~ 2019 年中国 285 个地级及以上城市的高技术服务业平均集中率，限于篇幅，计算结果见附录中的附表 1。基于此，进一步计算出各个城市 13 年间地区平均集中率均值，并据此进行排序发现：仅有北京和上海的高技术服务业平均集中率均值超过 5%，其中北京市的高技术服务业集聚程度较其他城市而言具有明显的优势；高技术服务业平均集中率均值分布在 1% ~ 5% 这一区间的城市有 17 个，仅占城市总数的 5.96%；以福州市为首的 14 个城市的高技术服务业平均集中率均值分布在 0.5% ~ 1% 这一区间；分布在 0.1% ~ 0.5% 这一区间的城市数量最多，达 154 个，占比 54.04%；其余 98 个城市的高技术服务业平均集中率均值低于 0.1%，可认为基本不存在集聚现象。

此外，按年份对各城市的高技术服务业平均集中率进行排序，综合考虑 13 年的排序结果，整理出高技术服务业平均集中率排名前 20 的城市，并按东、中、西三大经济带①进行划分，具体见表3-7。

表3-7 2007~2019年高技术服务业平均集中率排名前20的城市分布　　　单位:%

经济地带	城市	2007年	2008年	2009年	2010年	2011年	2012年	2013年	2014年	2015年	2016年	2017年	2018年	2019年	排名
东部经济带	北京	17.80	18.99	19.20	19.72	20.84	19.79	15.51	16.35	16.67	17.54	18.04	18.31	17.25	1
	上海	5.18	5.51	5.96	6.01	4.17	3.76	9.14	7.04	6.97	6.36	6.71	7.33	8.70	2
	广州	2.89	2.77	2.73	2.84	2.89	2.57	3.08	3.38	3.51	3.39	3.70	4.24	4.44	4
	深圳	2.12	2.21	2.14	2.41	2.24	2.08	2.67	2.90	2.93	3.58	3.59	4.60	4.94	5
	杭州	2.23	2.53	2.66	3.32	3.43	3.42	2.42	2.63	2.66	3.10	3.34	2.90	3.07	6
	南京	1.18	1.10	1.11	1.45	1.58	1.61	2.83	3.06	3.01	2.87	2.81	3.09	2.99	9
	天津	2.08	2.21	1.87	1.78	1.44	2.00	1.89	1.90	1.99	2.03	2.10	2.05	1.98	10
	济南	1.10	0.96	0.93	0.93	1.01	1.00	1.59	1.58	1.54	1.48	1.48	1.49	1.48	12
	沈阳	1.25	1.17	1.16	1.24	1.43	1.35	1.19	1.17	1.12	0.91	0.82	0.79	0.81	15
	大连	0.83	0.99	0.93	0.95	1.08	1.05	1.01	1.13	1.12	1.08	1.07	1.01	1.06	18
	均值	3.67	3.84	3.87	4.07	4.01	3.86	4.13	4.11	4.15	4.23	4.37	4.58	4.67	—
中部经济带	武汉	1.66	1.67	1.76	1.64	1.57	1.43	1.23	1.35	1.41	1.47	1.63	2.21	2.18	11
	哈尔滨	1.46	1.43	1.29	1.40	1.39	1.28	1.84	1.07	1.04	1.04	0.84	0.91	0.91	13
	长春	1.33	1.41	1.36	1.31	1.29	1.21	1.04	1.03	1.03	1.01	0.98	0.93	0.93	14
	郑州	0.96	0.93	0.93	0.81	0.84	0.89	0.95	1.09	1.17	1.25	1.29	1.28	1.70	16
	长沙	0.90	0.98	1.04	1.15	1.17	1.14	0.97	1.00	0.88	0.91	0.84	1.03	0.93	19
	福州	0.78	0.78	0.78	0.88	0.95	0.88	0.73	0.77	0.92	0.87	0.88	1.03	0.95	20
	均值	1.24	1.28	1.26	1.23	1.22	1.14	1.13	1.04	1.03	1.05	1.11	1.20	1.29	—
西部经济带	成都	1.68	1.69	1.64	1.59	1.73	1.74	3.51	2.94	4.12	6.25	6.00	6.06	5.07	3
	西安	2.32	2.24	2.92	2.99	3.07	3.51	3.81	2.72	2.68	2.73	2.83	2.72	2.55	7
	重庆	1.98	1.95	1.79	1.67	1.48	3.97	3.10	3.47	3.55	1.59	1.58	1.56	1.38	8
	昆明	1.32	1.30	1.26	1.12	0.99	0.97	1.08	1.01	0.95	0.96	0.94	0.92	0.82	17
	均值	1.83	1.80	1.90	1.84	1.82	2.55	2.88	2.54	2.83	2.88	2.84	2.82	2.46	—

由表3-7可知，2007~2019年高技术服务业平均集中率排名前20的城市中，位于东部经济带的城市数量最多，共有10个城市；其次是中部经济带有6个城市；最后是西部经济带有4个城市。但就20个城市的高技术服务业平均集中率数值而言，最高当属东部经济带，其次是西部经济带，最后是中部经济带。并且可以发现，东部经济带中高技术服务业平均集中率排名前10的城

---

① 东、中、西三大经济带划分依据:《国民经济和社会发展第七个五年计划》，近期文献仍沿用此划分标准。

市有 7 个、排名前 5 的城市有 4 个；西部经济带中排名前 10 的城市有 3 个、排名前 5 的城市有 1 个；而中部经济带中没有高技术服务业平均集中率排名前 10 的城市。从上述分析可以看出，东部经济发达城市的高技术服务业集聚程度明显高于中、西部的内陆城市。具体来看，高技术服务业平均集中率排名前 10 的城市由北京、上海、广州、深圳四大一线城市和成都、杭州、西安、重庆、南京、天津六个新一线城市组成。

3.3.4.2　基于年份角度的集聚发展趋势分析

为进一步分析 2007～2019 年东、中、西三大经济带高技术服务业平均集中率变化趋势，本小节基于各经济带的平均集中率均值绘制了折线图，如图 3 - 8 所示。

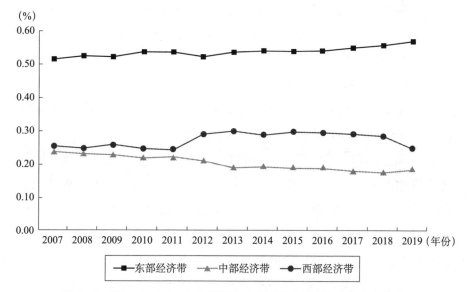

图 3 - 8　东、中、西三大经济带高技术服务业平均集中率变化趋势

由图 3 - 8 可知，2007～2019 年东部经济带高技术服务业平均集中率整体呈小幅上升趋势；西部经济带高技术服务业平均集中率也呈现上升的趋势，并且可以发现，2011 年以后的高技术服务业平均集中率较之前有显著的提升，直至 2019 年又降回至 2011 年之前的水平；而中部经济带高技术服务业平均集中率呈下降趋势，尽管下降幅度不大。总体来看，2007～2019 年东、中、西三大经济带高技术服务业集聚水平始终保持东部经济带最高、中部经济带最低的状态。

在此基础上，对城市层面的集聚趋势进行分析。首先将各地级及以上城市高技术服务业平均集中率按照5个等级进行划分，具体等级从低到高分别是0.1%以下、0.1%～0.5%、0.5%～1%、1%～5%和5%以上，其次利用ArcGIS软件绘制出2007～2019年中国285个地级及以上城市高技术服务业平均集中率空间分布图，限于篇幅，此处仅分析2007年、2011年、2015年和2019年的空间分布图。① 分析可知，2007～2011年、2015～2019年，高技术服务业平均集中率分布在0.1%～0.5%这一区间的城市数量逐渐减少，而分布在0.1%以下的城市数量逐渐增多，且后8年城市数量减少（增加）的速率明显高于前4年，这说明13年间中国高技术服务业呈现向个别城市集聚的趋势，一大批城市实现了高技术服务业产业转移，并且近几年高技术服务业发展迅速，集聚进程加快。就具体的集聚区而言，从表3-7可以看出，高技术服务业平均集中率排名前10的城市中有7个城市的高技术服务业平均集中率总体上呈现出上升的趋势，分别是上海、广州、深圳、杭州、南京、成都和西安，其中成都的上升幅度最大。其余三个城市的高技术服务业平均集中率呈下降趋势，而重庆的下降幅度最大。

综上所述，2007～2019年中国高技术服务业的集聚呈现向东、西部经济带集聚的特征：（1）区域中心城市②，对周边多个省份具有辐射能力，有雄厚的教育资源、深厚的文化积淀和便利的交通，如南京、西安、成都等；（2）东部经济发达地区省会城市，有良好的经济基础、便利的交通和独特的城市魅力，如杭州；（3）沿海开放城市③，拥有雄厚的经济基础和庞大的中产阶层人群，国家金融、科技创新中心，如上海、广州。这些城市的区位、资本、人才、科技创新等要素对高技术服务业具有极大的吸引力，使得其余城市的相关产业不断向其转移，从而形成现有的中国高技术服务业空间分布格局。

---

① 考虑出版规范要求，此处亦对空间分布图进行了省略。

② 根据2010年2月发布的《全国城镇体系规划（2010—2020年）》，南京、成都、西安等6个城市被定为国家区域中心城市。

③ 上海、广州等14个城市为全国第一批沿海开放城市。

3.3.5　高技术服务业空间集聚一致性判别

3.3.5.1　判别方法

为了研究高技术服务业内部两两行业之间的地理联系状况，进一步应用地理联系率分析各细分行业空间集聚的一致性。地理联系率是反映两个经济要素或行业在地理分布上联系情况的指标，公式如下：

$$L = 100 - \frac{1}{2} \sum_{i=1}^{n} |S_i - Q_i| \qquad (3-10)$$

其中，L 为地理联系率，S_i 为 i 地区第一行业就业人数占全国相应行业总就业人数的百分比，Q_i 为第二行业就业人数占全国相应行业总就业人数的百分比，n 为全国地区的数量。当 S_i 与 Q_i 在地理上的分布较为一致时，即 L 较大，表明两个经济要素或行业的地理联系较高，在空间分布上较为均匀；反之，当 S_i 与 Q_i 在地理上的分布差异较大时，即 L 较小，表明两个经济要素或行业地理联系不够紧密，在地理空间上分布不均。为便于分析，借鉴邱灵和方创琳（2013）对 L 值的界定，同时考虑公式实际含义，认为 L 值取值范围应在 50 ~ 100，因此，若 L 值越接近于 50，表明两个经济要素或行业越倾向于高度不一致；若 L 值越接近于 100，则表明两个经济要素或行业越倾向于高度一致。

3.3.5.2　高技术服务业子行业的地理联系率

根据式（3-10），基于 285 个地级及以上城市高技术服务业及其子行业的从业人员数据，计算出中国高技术服务业两大子行业的地理联系率，结果见表 3-8。

表 3-8　　　2007 ~ 2019 年中国高技术服务业两大子行业的地理联系率

年份	2007	2008	2009	2010	2011	2012	2013	2014	2015	2016	2017	2018	2019
地理联系率	99.77	99.76	99.77	99.77	99.79	99.78	99.76	99.78	99.78	99.79	99.79	99.80	99.82

由表 3-8 可知，2007 ~ 2019 年中国高技术服务业两大子行业（信息传输、计算机服务和软件业与科学研究、技术服务和地质勘查业）的地理联系率始终保持在 99.75 ~ 99.85，这说明 13 年两大行业的空间集聚一致性始终呈现高度一致的状态。此结果为 3.3.3 小节中两大行业空间基尼系数变化趋势的一致性提供了重要的数据支撑，同时也从侧面证实了 3.3.4 小节中有关高技术服务业集聚特征的结论同样适用于两大子行业。

3.3.6 研究结论

本部分选择了空间基尼系数和地区平均集中率两种测度方法，从行业和城市两个层面对中国高技术服务业的集聚水平进行测算分析。研究发现：中国高技术服务业集聚趋势明显，围绕（新）一线城市形成集聚区。具体来说，就行业层面而言，2007～2019 年信息传输、计算机服务和软件业在全国 285 个地级及以上城市的集聚程度始终高于科学研究、技术服务和地质勘查业，但两者的集聚程度变化趋势大致相同，均为上升—下降—上升—下降的过程；就地区层面而言，观察分析高技术服务业平均集中率排名前 20 的城市，发现一半的城市分布在东部经济带，可见东部经济发达城市的高技术服务业集聚程度明显高于中、西部的内陆城市。

此外，观察东、中、西三大经济带 13 年间的高技术服务业平均集中率变化趋势和全国高技术服务业平均集中率空间分布，并结合高技术服务业平均集中率排名前 10 的城市及其对应的平均集中率变化趋势得出，2007～2019 年中国高技术服务业逐渐向区域中心城市、东部经济发达地区省会城市和沿海开放城市集聚。

同时，通过测算 2007～2019 年高技术服务业两大子行业的地理联系率，发现 13 年间两大行业的空间集聚一致性始终呈现高度一致的状态，这表明有关高技术服务业集聚特征的结论同样适用于两大子行业。

3.4 中国高技术服务业集聚特征影响因素分析

为了深入分析中国高技术服务业呈现区域性差异的原因，本部分将在 3.3 节的基础上，通过构建面板数据回归模型进一步研究影响高技术服务业集聚特征的具体因素。

3.4.1 面板数据回归模型介绍

3.4.1.1 面板数据的定义

面板数据也称时间序列截面数据或混合数据，是同时在时间和截面空间上取得的二维数据。面板数据从横截面上看，是由若干个体在某一时刻构成的截面观测值，从纵剖面上看是一个时间序列。

面板数据用双下标变量表示。例如：

$$y_{it}\ i = 1,2,\cdots,N; t = 1,2,\cdots,T$$

其中，N 表示面板数据中含有 N 个个体；T 表示时间序列的最大长度。

3.4.1.2　面板数据模型介绍

面板数据模型通常有三种，分别是混合横截面模型、固定效应模型和随机效应模型。

首先是混合横截面模型。如果认为一个面板数据在时间和截面个体之间均无显著性差异，那么就可以直接把面板数据混合在一起用普通最小二乘法估计参数，这样的模型就是混合横截面模型。公式如下：

$$y_{it} = \alpha + \beta_1 x_{it} + \varepsilon_{it} \tag{3 - 11}$$

式（3 - 11）中，$i = 1, 2, \cdots, N$；$t = 1, 2, \cdots, T$；α、β_1 不随 i，t 变化。

其次是固定效应模型。在面板数据散点图中，如果对于不同的截面或不同的时间序列，模型的截距是不同的，则可以采用在模型中加虚拟变量的方法估计回归参数，称此种模型为固定效应模型。

固定效应模型分为三类，即个体固定效应模型、时点固定效应模型和时点个体固定效应模型。

（1）如果对于不同的时间序列（个体）截距是不同的，但是对于不同的横截面，模型的截距没有显著性变化，那么就应该建立个体固定效应模型，公式如下：

$$y_{it} = \beta_1 x_{it} + \gamma_i W_i + \varepsilon_{it} \tag{3 - 12}$$

式（3 - 12）中，$i = 1, 2, \cdots, N$；$t = 1, 2, \cdots, T$；$W_i = \begin{cases} 1, i = 1, 2, \cdots, N \\ 0, 其他 \end{cases}$。

（2）如果对于不同的截面（时刻点）模型的截距显著不同，但是对于不同的时间序列（个体）截距是相同的，那么就应该建立时点固定效应模型，公式如下：

$$y_{it} = \beta_1 x_{it} + \alpha_1 + \alpha_t D_t + \varepsilon_{it} \tag{3 - 13}$$

式（3-13）中，$i = 1, 2, \cdots, N$；$t = 1, 2, \cdots, T$；$D_t = \begin{cases} 1, t = 2, \cdots, T \\ 0, \text{其他} \end{cases}$。

（3）如果对于不同的截面（时刻点）、不同的时间序列（个体），模型的截距均显著不同，那么就应该建立时点个体固定效应模型，公式如下：

$$y_{it} = \beta_1 x_{it} + \alpha_1 + \alpha_t D_t + \gamma_i W_i + \varepsilon_{it} \qquad (3-14)$$

式（3-14）中，$i = 1, 2, \cdots, N$；$t = 1, 2, \cdots, T$；$D_t = \begin{cases} 1, t = 2, \cdots, T \\ 0, \text{其他} \end{cases}$；

$W_i = \begin{cases} 1, i = 1, 2, \cdots, N \\ 0, \text{其他} \end{cases}$。

最后是随机效应模型。在固定效应模型中采用虚拟变量的原因是解释被解释变量的信息不够完整，也可以通过对误差项的分解来描述这种信息的缺失。其中，式（3-11）中的误差项在时间上和截面上都是相关的，用3个分量表示如下：

$$\varepsilon_{it} = \mu_i + v_t + w_{it} \qquad (3-15)$$

式（3-15）中，$\mu_i \sim N(0, \sigma_\mu^2)$ 表示截面随机误差分量；$v_t \sim N(0, \sigma_v^2)$ 表示时间随机误差分量；$w_{it} \sim N(0, \sigma_w^2)$ 表示混和随机误差分量。同时还假定 μ_i、v_t、w_{it} 之间互不相关，各自分别不存在截面自相关、时间自相关和混和自相关。上述模型称为随机效应模型。

3.4.2 影响因素理论分析

通过2.4节对产业集聚国内外研究现状的分析，发现关于生产性服务业集聚特征影响因素的研究，在因素选取方面对高技术服务业具有重要的借鉴意义。由前述2.4.2小节可知，生产性服务业集聚影响因素具体包括制造业集聚、知识溢出、城市与人口规模、城市化水平、技术创新、人力资本水平、信息化水平、政府规模、产业关联度、外商投资、交通基础设施和政府政策。基于此，结合国外研究并对照国内高技术服务业研究所提及的集聚影响因素，以及考虑数据的可获取性，最终确定中国高技术服务业集聚特征的主要影响因素如下。

（1）人力资本水平。高技术服务业的发展离不开高专业技术、高素质的人才，因此，一个地区的人力资本对该地区高技术服务业的发展具有重要意义。高水平的人力资本对专业知识与技能的承载能力更强，为客户提供的服务质量更高，从而为高技术服务业创造的财富就更多。人力资本水平越高，整个高技术服务业的创新能力和竞争力就越强，对科技成果转化和技术扩散越有促进作用。从长久看，提高人力资本水平是高技术服务业集聚发展的关键。

（2）信息化水平。高技术服务业的产生依托于网络和信息技术，其发展离不开信息化的推动和支撑，信息化水平是高技术服务业发展的基础。信息技术一方面提升了高技术服务业的生产效率，拓宽了高技术服务业的发展空间；另一方面提升了高技术服务产品的竞争力，降低了企业的运输成本。不难发现，信息化水平较高的地区，其高技术服务业的服务半径较大，信息传输成本较低。因此，信息化水平的提高能够促进高技术服务业集聚发展。

（3）城市化水平。城市是服务业的集聚地，也是高技术服务业发展的主要载体，故高技术服务业的发展离不开城市的发展。具体而言，高技术服务业的发展依赖于城市良好的公共设施、人才集聚等基础条件。回顾世界经济发展历程可以发现，城市化水平的提高有助于城市产业结构优化升级，从而为高附加值的高技术服务业发展创造大量需求，进而推动其在中心地区集聚。由此可见，城市化水平的提高对高技术服务业集聚发展具有一定的促进作用。

（4）政府支持力度。政府支持力度是高技术服务业发展的外部导向要素。高技术服务业作为新型服务业，亟须政府的财政科技投入与政策支持。政府加大财政科技投入力度，全面支持科技创新，有利于提升科技进步对高技术服务业经济增长的贡献率。此外，财政科技投入有助于发展高新技术，从而为高技术服务业提供重要技术支撑。因此，加大政府支持力度有利于推动高技术服务业集聚发展。

（5）制造业集聚。高技术服务业是在经济发展过程中，高技术产业与现代服务业融合发展的产物，是高技术产业延伸所形成的新业态。换句话说，高技术服务业服务于高技术产业（制造业）。相关研究表明，高技术服务业是高技术产业增长的重要动力。反过来，高技术产业的发展能够扩大对高技术服务业的需求，从而促进高技术服务业的发展。由此可得，高技术产业（制造业）集聚水平对高技术服务业集聚有较大的影响。

（6）经济发展水平。经济发展水平是产业发展的源动力，决定了区域产业的产生和发展。任何产业的发展都会受社会经济发展水平影响，高技术服务业也不例外。随着社会经济的发展，服务业增加值比重逐渐增大，服务业中的高技术服务业产值比重也随之增大。纵观国外大城市的发展历程可以发现，人均生产总值的高低与高技术服务业的发展密切相关，大都市的高技术服务业发展水平往往较高。因此，经济发展水平是高技术服务业集聚发展的影响因素之一。

3.4.3　变量说明和数据来源

3.4.3.1　变量说明

基于上述影响因素理论分析，本部分将重点研究人力资本水平、信息化水平、城市化水平、政府支持力度、制造业集聚①和经济发展水平六个因素对高技术服务业集聚的具体影响。此外，考虑到高技术服务业集聚水平是一个动态变化的过程，前期集聚水平会对现期集聚水平产生一定的影响，故在模型中引入集聚水平一阶滞后变量。具体被解释变量、解释变量及相应的测度方法见表 3 - 9。

表 3 - 9　　　　　　　　　　　变量说明及其测度方法

变量名称	简称	测度方法
高技术服务业集聚水平	V	地区平均集中率
人力资本水平	HUM	地区每万人拥有高校在校学生数
信息化水平	INF	地区每万人互联网用户数占全国均值的比重
城市化水平	URB	地区城镇从业人员数占年末单位从业人员总数的比重
政府支持力度	GOV	地区政府财政科学支出占地区生产总值的比重
制造业集聚	MAN	地区制造业从业人员数占全国制造业从业人员数的比重
经济发展水平	GDP	地区人均 GDP
高技术服务业前期集聚水平	V_{-1}	前期地区平均集中率

3.4.3.2　数据来源与处理

基于 3.3 节对城市集聚特征的分析结果，本部分将仍以 2007～2019 年全

---

　　① 基于前述理论分析，应采用高技术制造业集聚指标，但是限于城市数据无法获取，故采用整个制造业集聚指标代替。

国地级及以上城市的面板数据（包括地区平均集中率和七大变量）作为研究对象分析全国和东、中、西三大经济带高技术服务业集聚特征的影响因素，各变量测度所需数据均来源于 2008～2020 年《中国城市统计年鉴》或根据年鉴数据计算得到。

依据前述 285 个地级及以上城市，整理 2007～2019 年各个城市的七大变量数据发现，9 个城市（朔州市、防城港市、贵港市、巴中市、资阳市、金昌市、白银市、中卫市和肇庆市）的变量数据缺失严重。出于数据的可获取性考虑，选择直接删除的方式进行处理，最终确定本部分城市研究数量为 276 个。此外，对于变量数据缺失较少的个别城市，采用均值填补法对数据进行填补，以保证数据的完整性。

3.4.4　模型选择与构建

3.4.4.1　模型选择

首先，利用模型设定的 F 检验和 LR 检验，来确定需要建立混合横截面模型还是固定效应模型。F 检验和 LR 检验的原假设为：相对于固定效应模型，混合横截面模型更加有效。检验统计量如下：

$$F = \frac{(R_{ur}^2 - R_r^2)/(N - 1)}{n - N - k} \tag{3-16}$$

$$LR = 2(LR_{ur} - LR_r) \tag{3-17}$$

其中，R_{ur}^2、R_r^2 和 LR_{ur}、LR_r 分别为固定效应模型和混合横截面模型的拟合优度和对数似然函数值，n 为观测值数量，N 为截面成员数量，k 为待估计参数数量。利用软件对面板数据进行 F 检验和 LR 检验，检验结果见表 3 – 10。

表 3 – 10　　　　　　　　　　　　F 检验和 LR 检验结果

检验方法	全国		东部		中部		西部	
	统计量值	P 值	统计量值	P 值	统计量值	P 值	统计量值	P 值
F 检验	4.3701	0.0000	5.9341	0.0000	3.7950	0.0000	7.9774	0.0000
LR 检验	386.8025	0.0000	436.6472	0.0000	216.0432	0.0000	138.6196	0.0000

检验结果显示，不论是全国还是分区域数据，F 检验和 LR 检验的 P 值均

为 0.0000，故应建立固定效应模型。

其次，运用 Hausman 检验来确定选择个体固定效应模型还是个体随机效应模型，其原假设为：个体效应与解释变量无关（真实模型为个体随机效应模型）；备择假设为：个体效应与解释变量相关（真实模型为个体固定效应模型）。检验结果见表 3 – 11。

表 3 – 11　　　　　　　　　　　Hausman 检验结果

全国/经济带	检验	统计量值	自由度	P 值
全国	横截面随机	1118.6803	7	0.0000
东部经济带		475.3615	7	0.0000
中部经济带		324.6870	7	0.0000
西部经济带		427.7560	7	0.0000

表 3 – 11 检验结果显示拒绝原假设，即全国和分区域数据均应建立个体固定效应模型。

3.4.4.2　模型构建

依据上述检验结果，最终确定构建个体固定效应模型，具体如式（3 – 18）所示。

$$V_{it} = \alpha_i + \beta_1 HUM_{it} + \beta_2 INF_{it} + \beta_3 URB_{it} + \beta_4 GOV_{it}$$
$$+ \beta_5 MAN_{it} + \beta_6 GDP_{it} + \beta_7 V_{it-1} + u_{it} \qquad (3-18)$$

其中，β_1、β_2、β_3、β_4、β_5、β_6、β_7 为待估参数，α_i 表示无法观测且不随时间变化的个体效应，u_{it} 为随机误差项。

3.4.5　实证结果分析

基于 2007～2019 年全国 276 个地级及以上城市的面板数据，从全国和区域角度进行实证分析，估计结果及模型整体估计量见表 3 – 12。

表 3 – 12　　　　　　　　　　　中国与分区域参数估计结果

自变量	全国		东部		中部		西部	
	系数	P 值	系数	P 值	系数	P 值	系数	P 值
常数项	– 0.0001	0.2813	– 0.0063 ***	0.0000	– 0.0018 **	0.0140	– 0.0007	0.6969
HUM	– 4.73E – 07	0.4163	8.26E – 06 *	0.0668	1.52E – 06	0.1899	– 1.35E – 06	0.1235
INF	4.82E – 06 *	0.0854	– 0.0005	0.1267	0.0011 ***	0.0000	– 8.36E – 07	0.9410

续表

自变量	全国		东部		中部		西部	
	系数	P 值	系数	P 值	系数	P 值	系数	P 值
URB	0.5548 ***	0.0000	4.6151 ***	0.0000	1.0757 ***	0.00	0.6290 ***	0.0000
GOV	0.0332 **	0.0227	1.2857 *	0.0700	−0.3205	0.1210	0.0102	0.6421
MAN	−1.19E−05 ***	0.0005	−1.9767 ***	0.0000	0.0608	0.3765	7.57E−06 **	0.0251
GDP	6.53E−12	0.9788	8.71E−09	0.3493	2.17E−08 ***	0.0000	−1.99E−11	0.9250
V_{it-1}	0.4886 ***	0.0000	0.0366 ***	0.0000	0.0691 ***	0.0000	0.4754 ***	0.0000
调整 R^2	0.9854	—	0.9931	—	0.9006	—	0.9626	—
F 统计量	790.9250 ***	0.0000	292.6300 ***	0.0000	784.1700 ***	0.0000	279.5500 ***	0.0000

注：* 、** 和 *** 分别表示在 10%、5% 和 1% 的显著性水平上显著。

从全国整体情况来看，由表 3 - 12 可知，信息化水平（INF）、城市化水平（URB）和政府支持力度（GOV）对高技术服务业集聚水平具有显著的正向影响，且城市化水平对产业集聚的促进作用最大，其次是政府支持力度。这说明城市化使得生产要素向城市集聚，城市规模扩大、非农人口比重上升以及城市数量增加均为高技术服务业的发展带来大量需求，并且城市化带来的就业结构转变和居民收入增加对高技术服务业的发展起到促进作用，进而推动其在中心地区集聚；而地方财政对高技术服务业科技创新的投入与大力支持，可以有效促进当地高技术服务业的发展。制造业集聚（MAN）对高技术服务业集聚水平产生显著负向影响，出于数据获取上的局限性，选择各个城市整个制造业从业人员数占全国制造业从业人员数比重来衡量制造业集聚，而高技术制造业从业人员数占整个制造业人员数的比重很小，故制造业集聚值较好地反映了传统制造业的集聚情况，其值越大说明传统制造业发展越好，而且其发展过程中会抢占高端制造业的部分资源，从而会对高技术制造业发展产生抑制作用，进而抑制了高技术服务业的发展。

从东、中、西三大经济带来看，城市化水平（URB）对高技术服务业集聚具有显著正向影响且促进作用最大，这点与全国整体情况相符，而其他影响因素表现各异。具体而言，城市化水平（URB）对东部经济带的促进作用最大，其系数为 4.6151，明显大于中、西部经济带。相较之下，西部经济带城市化水平对高技术服务业集聚水平的促进作用最小，分析原因认为是西部经济带城市化发展相对缓慢，现有发展水平无法显著促进城市产业结构优化升级，进而为高技术服务业的发展带来大量需求，最终推动其集聚发展；制造业集聚（*MAN*）对东、西部经济带高技术服务业集聚具有显著影响，其中，制造业集聚对东部经济带产业集聚具有显著负向影响，这点与全国情况类似，而对西部经济带产业集聚具有显著正向影响，分析原因认为现阶段西部经济带非高技术制造业的发展相对较慢，与高技术制造业处于良性竞争状态，因此，适当推动其发展会对高技术制造业的发展起到促进作用，从而有利于西部经济带高技术服务业的发展。另外，政府支持力度（*GOV*）仅对东部经济带产业集聚水平具有显著正向影响，其系数为 1.2857，东部城市经济较为发达，地方财政实力雄厚，并且注重对高技术产业的投入，从而有效地促进高技术服务业的集聚；信息化水平（*INF*）对中部高技术服务业集聚具有显著的正向影响，其系数为0.0011，认为其对产业集聚水平具有一定的影响作用，而对东、西部集聚水平并未产生显著的影响；人力资本水平（*HUM*）对东部经济带产业集聚产生显著正向影响，对中、西部影响不显著，说明东部经济带高校数量众多，高端人才资源丰富，在一定程度上可以促进高技术服务业的产业集聚；经济发展水平（*GDP*）仅对中部经济带产业集聚产生显著正向影响，但是系数较小，基本可忽略不计，故认为经济发展水平不是影响中部高技术服务业集聚水平的主要因素。

除此之外，由表 3 - 12 可以发现，不论是全国还是区域，前期集聚水平 V_{it-1} 对当期 V_{it} 均呈现出显著的正向影响，这说明高技术服务业集聚水平会受到前期产业专业化累积循环关系的影响，并且前期形成的集聚经济会对中国高技术服务业发展起到促进作用。

3.4.6 研究结论

本部分运用面板数据回归模型探究影响中国和东、中、西三大经济带区域高技术服务业集聚水平的主要因素。结果表明，全国和分区域集聚影响因素基本一致。城市化水平对高技术服务业集聚水平的促进作用最大；制造业集聚对全国和东部经济带高技术服务业集聚水平有显著抑制作用，对西部则有一定的显著促进作用；政府支持力度对全国和东部经济带高技术服务业集聚有显著促进作用；信息化水平对全国和中部经济带高技术服务业的集聚有显著促进作用；人力资本水平和经济发展水平分别对东部与中部经济带高技术服务业集聚水平有一定的促进作用。此外，滞后一期的集聚水平与高技术服务业集聚水平呈显著正向关系，说明前期集聚经济对中国高技术服务业的发展具有促进作用，表明高技术服务业倾向于在已具备一定集聚条件的地区发展。

3.5　本章小结

本章主要从国内角度研究中国高技术服务业的发展现状以及分布情况，首先运用四次经济普查数据对高技术服务业和分行业的部分经济指标进行了分析，了解高技术服务业的过去与现在；其次是从省域角度分析高技术服务业的空间分布特征，发现该产业各个省份的聚集特征表现并不明显；再次考虑从城市层面并结合历年数据分析高技术服务业 2007～2019 年的集聚特征以及变化趋势，结论显示高技术服务业在中国围绕（新）一线城市形成明显的集聚趋势与集聚区；最后通过构建面板数据回归模型进一步分析影响中国和东、中、西三大经济带高技术服务业集聚的主要因素，以此来探究高技术服务业在国内发展的机遇与挑战。结果显示，城市化水平对高技术服务业集聚水平影响作用最大，其次是政府支持力度，再次是信息化水平、人力资本水平和经济发展水平。而制造业集聚对全国和东部产业集聚存在显著的负向影响，对西部则是正向影响；另前期集聚水平对产业集聚也有显著的正向影响。

第 4 章

中国高技术服务业在全球价值链中的地位演变

4.1 引言

当前全球经济增长疲软，但深化全球价值链分工仍被认为是能促进各国经济发展的重要渠道，参与全球价值链带来的收益是广泛的、共享的、可持续性的（World Bank，2020）。因此，全球一体化仍是主线，开放、协作仍将深化。目前，德国的工业4.0，美国的制造回归，以及"中国制造2025"都预示着未来的制造是一种服务型制造，技术也将是服务型技术，由此显得高技术服务业在产业中的重要位置，而构建全球服务价值链将有助于提升中国服务业在国际上的地位。那么，中国高技术服务业在全球价值链中所处的位置是怎样的，它具有怎样的特征，以及中国高技术服务业参与全球价值链分工并谋求关键位置，目前是否具备这样的机会等问题亟待解决。由此，在上一章对高技术服务业国内发展状况探讨的基础上，本章将从国际层面出发，基于2.5.2小节介绍的全球价值链增加值贸易核算框架，利用 TiVA 统计数据库，分析中国高技术服务业整体和细分行业在全球价值链中的地位与特征，了解中国高技术服务业在全球价值链中所扮演的角色，为未来在全球价值链中的地位提升、行业转型升级提供决策支持。

本章的边际贡献在于，首次将全球价值链和高技术服务业二者结合，系统研究高技术服务业在全球价值链中的地位；完善库普曼等（Koopman et al.,

2008，2010）全球价值链分割在 m 个国家 n 个行业下的模型；并用增加值替代贸易流量修正显性比较优势指数来衡量中国高技术服务业显性比较优势。

4.2　指标选取与数据来源

4.2.1　指标选取与构建

基于 2.5.2 小节的多国全球价值链分解框架，本部分将从高技术服务业出口能力、嵌入价值链程度及地位三个角度进行分析，选用基于完全增加值的显性比较优势指数、前向参与度指数、后向参与度指数、GVC_Participation 指数和 GVC_Position 指数五个指数衡量中国高技术服务业在全球中所处的地位演变。

4.2.1.1　基于完全增加值的显性比较优势

为了衡量一国行业出口带给一国该行业增加值的大小，本部分用国家 i 行业 j 出口带给国家 i 行业 j 的完全增加值替代国家 i 行业 j 出口贸易流量，对前面式（2 - 1）显性比较优势进行修正，得到高技术服务业修正显性比较优势（news revealed comparative advantage，NRCA）指数：

$$NRCA_{i,j} = \frac{VBE_{jj}^{i} \Big/ \sum_{i} VBE_{jj}^{i}}{\sum_{j} VBE_{jj}^{i} \Big/ \sum_{i} \sum_{j} VBE_{jj}^{i}} \qquad (4-1)$$

其中，VBE_{jj}^{i} 为国家 i 行业 j 出口对国家 i 产生的完全增加值，显然 NRCA 指数值域大于等于 0。若 NRCA 指数大于 1，表明该国该行业具有显性比较优势，数值越大，显性比较优势越大，且该国该行业出口对本国的完全增加值越大；反之，若 NRCA 指数小于 1，则表明该国该行业不具有显性比较优势，且数值越小，该国该行业出口对本国的完全增加值越小。

4.2.1.2　全球价值链参与度指数

库普曼等（Koopman et al.，2010）提出全球价值链参与度（GVC_Participation）指数：

$$GVC\_Participation\ (Pact) = \frac{IV_i^r}{E^r} + \frac{FV_i^r}{E^r} \qquad (4-2)$$

其中，IV_i^r 为国家 r 产业 i 的中间产品经直接进口国加工后又出口给第三方国家从而转化给国家 r 产业 i 的完全增加值，FV_i^r 为国家 r 产业 i 出口从而转化给其他国家的完全增加值。若一国一产业的全球价值链参与度指数越高，说明该国该产业在全球价值链中参与度越高，在全球价值链中也更为重要；反之，则说明该国该产业在全球价值链中的参与度越低。全球价值链参与度由全球价值链前向参与度和后向参与度相加得到，其中，前向参与度指数为：

$$EVA_i^r = \frac{IV_i^r}{E^r} \qquad (4-3)$$

前向参与度指数用于衡量国家 r 产业 i 出口中被其他国家用于生产再出口的程度。前向参与度越大，说明该国该产业越处于全球价值链上游，该国该产业生产出口后被其他国家用于再生产的程度越大；前向参与度越小，说明该国该产业越处于全球价值链下游，该国该产业出口后其他国家用于再生产的程度越小。

后向参与度指数为：

$$FVA_i^r = \frac{FV_i^r}{E^r} \qquad (4-4)$$

后向参与度指数用于衡量国家 r 产业 i 出口中带给其他国家完全增加值的程度。后向参与度越大，表明该国该产业越处于价值链下游，说明该国该产业出口转化给其他国家的完全增加值越大；后向参与度越小，表明该国该产业越处于价值链上游，说明该国该产业出口转化给其他国家的完全增加值越小。

4.2.1.3 全球价值链地位指数

库普曼等（Koopman et al.，2010）提出全球价值链地位（GVC_Position）指数：

$$GVC\_Position\ (Pos_i)\ = \ln\left(1 + \frac{IV_i^r}{E^r}\right) - \ln\left(1 + \frac{FV_i^r}{E^r}\right) \qquad (4-5)$$

全球价值链地位指数主要用于衡量一国某产业在全球价值链的地位，该指数越大，该国该产业越处于全球价值链上游，说明该国该产业在国际市场的主要角色是中间产品出口国，通过出口中间产品融入全球价值链；反之，则该国该产业越处于全球价值链下游，说明该国该产业往往通过进口中间产品来生产。

4.2.2 数据来源

本章分析高技术服务业全球价值链地位，主要用到 ICIO 表。目前，该表主要来源于四大数据库，分别是 OECD 的 TiVA 数据库、WIOD 数据、全球贸易分析（GTAP）数据库和尚未开通的 Eora 数据库。因为数据收集繁杂、各国统计口径差异等问题，往往需要投入多年时间编制 ICIO 表。不同来源的世界 ICIO 表的具体情况见表 4 – 1。

表 4 –1 世界 ICIO 表

数据库	研究时间	国家或地区（个）	部门（个）
OECD – ICIO2021	1995 ~ 2018 年	66	45
WIOD2013	1995 ~ 2011 年	40	35
WIOD2016	2000 ~ 2014 年	43	56
GTAP – ICIO	2004 年、2007 年、2011 年、2014 年	121	65
Eora（未开通）	1990 ~ 2015 年	189	26

如表 4 – 1 所示，OECD – ICIO2021 数据库的 ICIO 表研究时间为 1995 ~ 2018 年，涵盖 66 个国家或地区的 45 个部门；WIOD2013 版数据库的 ICIO 表研究时间为 1995 ~ 2011 年，涵盖 40 个国家或地区的 35 个部门；WIOD2016 版数据库的 ICIO 表研究时间为 2000 ~ 2014 年，涵盖 43 个国家或地区的 56 个部门；GTAP – ICIO 数据库的 ICIO 表研究时间为 2004 年、2007 年、2011 年和 2014 年，涵盖 121 个国家或地区的 65 个部门。考虑到数据的全面性和时效性，以及中国高技术服务业在 2004 年 3 月被首次提出，最终确定选用 OECD – ICIO2021（2005 ~ 2018 年）作为本章研究的原始投入产出表。

在高技术服务业部门选取方面，参照《高技术产业（服务业）分类（2018）》、《国民经济行业分类》（GB/T 4754—2017）和联合国《所有经济活动的国际标准产业分类》（ISIC Rev. 4），并将其对应于 OECD – ICIO2021 数据库中的行业分类，最终得到本章高技术服务业的研究范围，具体包括：一是 D58T60 出版、视听和广播等活动；二是 D61 电信；三是 D62T63 IT 和其他信息服务；四是 D69T82 其他商业部门服务。基于此，本章将主要选取 2018 年高技术服务业出口前 10 的国家（美国、英国、印度、德国、法国、爱尔兰、荷兰、日本、新加坡、比利时）及中国，分别对高技术服务业整体和具体行业进行地位测算与分析。

4.3 全球价值链视角下高技术服务业整体地位演变

本节将基于前述指标与增加值贸易核算框架，重点分析高技术服务业整个行业的比较优势、参与度与地位指数演变及其形成原因。

4.3.1 基于完全增加值的修正显性比较优势情况

首先，基于理论框架，利用式（4－1）测算得到 11 个国家 2005～2018 年高技术服务业的 NRCA 指数及排名，结果见表 4－2。

总体来看，2005～2018 年各个国家对高技术服务业的发展及其出口越来越重视。从数值来看，所选 11 个国家中，仅中国和日本的 NRCA 指数小于 1，说明两国高技术服务业不具有显性比较优势，而其余 9 个国家的 NRCA 指数均大于 1，说明这些国家的高技术服务业具有显性比较优势；从排名来看，中国高技术服务业 NRCA 指数排名靠后，欧美等发达国家高技术服务业 NRCA 指数排名较为靠前。

具体分析，一方面，中国高技术服务业出口能力较弱，该产业出口转化为本国的完全增加值较小。中国高技术服务业 NRCA 指数数值小但总体呈增长趋势，从 2005 年的 0.4121 增长至 2018 年的 0.5245，排名则从第 60 名提升至第 52 名。2006～2009 年，中国高技术服务业 NRCA 指数一直处于下降态势，其间经历 2008 年金融危机，使得该指数在 2009 年降至最低点 0.3442，而后该指数开始逐渐反弹。主要原因如下：一是 2008 年全球金融危机，对中国经济产生了影响，使得中国高技术服务业 NRCA 指数在 2008～2009 年处于历史低位；二是 2010 年以前中国对高技术服务业的扶持力度较小，2010 年国家发展改革委下发《关于当前推进高技术服务业发展有关工作的通知》，同年将北京、上海、天津等地设为国家高技术服务业产业基地，中国高技术服务业开始迈入发展新阶段；三是中国经济发展还是比较偏重工业，高技术服务业出口产生的国内增益相对其他行业来讲，在经济增长中所占比重不大，因此，中国高技术服

表 4-2　2005～2018 年 11 个国家高技术服务业的 NRCA 指数及排名

国家	2005年		2006年		2007年		2008年		2009年		2010年		2011年	
	NRCA	排名	NRCA	排名	NRCA	排名	NRCA	排名	NRCA	排名	NRCA	排名	NRCA	排名
美国	1.5872	6	1.6045	5	1.6211	5	1.6946	6	1.6651	4	1.7063	4	1.7294	5
英国	1.8253	2	1.8375	2	1.8348	1	1.8430	2	1.8191	2	1.9202	1	1.9288	2
印度	1.6950	3	1.7439	3	1.7015	3	1.8029	3	1.6404	5	1.5468	7	1.5080	10
德国	1.1852	14	1.1728	15	1.1686	15	1.1887	17	1.1481	17	1.1436	20	1.1550	21
中国	0.4121	60	0.3955	60	0.3797	60	0.3671	60	0.3442	60	0.3597	60	0.4152	60
法国	1.4112	8	1.4242	8	1.4294	8	1.4183	11	1.3596	5	1.3986	11	1.4371	11
爱尔兰	1.3352	9	1.3171	10	1.3332	10	1.4722	10	1.4241	10	1.6505	5	1.7995	3
荷兰	1.5892	5	1.5912	6	1.6166	6	1.7017	5	1.7195	3	1.7583	3	1.7680	4
日本	0.5814	50	0.6751	47	0.7310	44	0.7887	45	0.8059	44	0.7880	45	0.8434	41
新加坡	1.1199	17	1.1293	17	1.1207	19	1.1478	19	1.0821	23	1.1304	21	1.2825	14
比利时	1.4181	7	1.4318	7	1.4379	7	1.4773	7	1.5152	7	1.6460	6	1.6643	6

国家	2012年		2013年		2014年		2015年		2016年		2017年		2018年	
	NRCA	排名	NRCA	排名	NRCA	排名	NRCA	排名	NRCA	排名	NRCA	排名	NRCA	排名
美国	1.7195	5	1.6760	7	1.5983	8	1.6088	7	1.6192	5	1.6413	6	1.6050	7
英国	1.9856	2	1.9922	2	2.0061	2	2.0003	2	2.0079	2	2.0347	2	2.0705	2
印度	1.5658	10	1.5654	9	1.5648	9	1.6012	8	1.5853	8	1.6397	7	1.6418	6
德国	1.1823	20	1.1934	18	1.1876	18	1.1103	20	1.0854	22	1.1092	22	1.1223	22
中国	0.4062	60	0.4347	60	0.4543	58	0.4628	58	0.4729	55	0.4799	55	0.5245	52
法国	1.4466	11	1.4154	11	1.4327	10	1.4059	11	1.3971	12	1.4021	13	1.4239	13
爱尔兰	1.7477	4	1.8772	3	1.8485	3	1.4483	9	1.4837	9	1.6817	3	1.7722	3
荷兰	1.7499	3	1.7125	5	1.7314	5	1.6862	4	1.6294	4	1.6539	4	1.6788	4
日本	0.8283	43	0.8420	42	0.8947	37	0.8716	37	0.8762	35	0.8547	38	0.8385	38
新加坡	1.2954	14	1.2758	15	1.2788	16	1.1996	17	1.2194	16	1.2275	17	1.2223	18
比利时	1.7101	6	1.7431	4	1.7705	4	1.6956	3	1.6387	3	1.6456	5	1.6454	5

务业 NRCA 指数排名虽有提升但一直处在比较靠后的位置。相比中国，同为发展中国家的印度则对高技术服务业的发展较为重视，且对该产业的出口较为注重。2005 ~ 2018 年，印度高技术服务业 NRCA 指数均排在 10 名以内，高技术服务业出口能力强，产品受到国际市场的青睐。这些年，印度为促进高技术服务业发展采取了一系列措施，如提供针对性的税收优惠，以减轻高技术服务业创业型企业的负担；把握本国 IT 行业的发展机遇，使得印度 IT 服务外包行业成为全球产业链中重要的一环。

另一方面，发达国家的高技术服务业出口能力强，且占据国家重要出口增益。如英国、荷兰、美国、比利时、爱尔兰五个国家长期占据高技术服务业 NRCA 指数排名前 10 名，说明发达国家高技术服务业出口能力强，其对本国的完全增加值相对其他行业比重较大，且高技术服务业出口能力较为稳定。其他发达国家，如法国等国家高技术服务业 NRCA 指数也较大，且在 14 年间该指数在波动中增长，排名处在中上游位置。由此可以看出，发达国家普遍对高技术服务业的发展比较重视，出口具有明显比较优势。分析原因主要有以下几点：一是发达国家的基础研究完善，使得其在高技术服务业产品研发中具有先发优势，并以此占据了市场；二是发达国家拥有"卡脖子"技术，并依靠技术壁垒产生高附加值；三是发达国家的跨国企业多年来推行全球化经营理念，使得这些国家的服务产品在全球范围内实现了较好的流通。

4.3.2　全球价值链参与程度和地位情况

本部分内容将借助式（4 - 2）~ 式（4 - 5）对 11 个国家 2005 ~ 2018 年高技术服务业的 GVC 参与度指数和地位指数进行测算，结果见表 4 - 3。

整体来看，2005 ~ 2018 年，在所选 11 个国家中，中国高技术服务业全球价值链前向参与度和地位指数表现为上升趋势，所处位置由前期靠后演变为后期中等水平，美、欧、日等发达国家高技术服务业前向参与度、参与度处于领先位置，大部分国家高技术服务业 GVC 参与度呈现略为上升的趋势。同时，通过分析各国数值发现，高技术服务业 GVC 地位指数和参与度指数之间并不存在较强的线性相关关系，如荷兰的 GVC 地位指数处于中下游位置，但是其参与度指数却较高；如果一国高技术服务业拥有较高的前向参与度和相对较低

表 4－3　2005～2018 年 11 个国家高技术服务业 GVC 参与度和地位指数

国家	2005 年				2006 年				2007 年			
	EVA	FVA	GVC_Part	GVC_Posi	EVA	FVA	GVC_Part	GVC_Posi	EVA	FVA	GVC_Part	GVC_Posi
美国	0.3105	0.0357	0.3462	0.2354	0.3209	0.0376	0.3585	0.2414	0.3275	0.0386	0.3661	0.2454
英国	0.2506	0.0827	0.3333	0.1441	0.2599	0.0863	0.3463	0.1482	0.2746	0.0823	0.3569	0.1636
印度	0.1519	0.0722	0.2241	0.0716	0.1575	0.0824	0.2398	0.0671	0.1652	0.0749	0.2400	0.0807
德国	0.3820	0.0767	0.4587	0.2496	0.4046	0.0801	0.4846	0.2627	0.4204	0.0798	0.5002	0.2742
中国	0.1847	0.1896	0.3743	-0.0042	0.1975	0.1698	0.3672	0.0234	0.1844	0.1527	0.3371	0.0271
法国	0.3159	0.0883	0.4042	0.1899	0.3337	0.0913	0.4250	0.2006	0.3340	0.0912	0.4252	0.2008
爱尔兰	0.1224	0.3593	0.4817	-0.1915	0.1243	0.3714	0.4957	-0.1987	0.1293	0.3697	0.4990	-0.1929
荷兰	0.2627	0.1515	0.4142	0.0922	0.2926	0.1483	0.4409	0.1184	0.2914	0.1547	0.4461	0.1119
日本	0.3878	0.0415	0.4293	0.2871	0.4689	0.0472	0.5160	0.3384	0.4664	0.0511	0.5174	0.3330
新加坡	0.1883	0.3345	0.5228	-0.1161	0.1772	0.3511	0.5283	-0.1378	0.1831	0.3412	0.5243	-0.1254
比利时	0.2682	0.1785	0.4467	0.0733	0.2859	0.1795	0.4653	0.0864	0.2894	0.1884	0.4778	0.0815

国家	2008 年				2009 年				2010 年			
	EVA	FVA	GVC_Part	GVC_Posi	EVA	FVA	GVC_Part	GVC_Posi	EVA	FVA	GVC_Part	GVC_Posi
美国	0.3510	0.0388	0.3897	0.2628	0.2973	0.0329	0.3302	0.2280	0.3256	0.0383	0.3639	0.2442
英国	0.2840	0.0877	0.3717	0.1659	0.2469	0.0888	0.3357	0.1356	0.2560	0.0937	0.3497	0.1384
印度	0.1680	0.0867	0.2547	0.0721	0.1426	0.0819	0.2245	0.0546	0.1379	0.1022	0.2401	0.0318
德国	0.4118	0.0839	0.4957	0.2643	0.3160	0.0801	0.3961	0.1976	0.3569	0.0922	0.4491	0.2170
中国	0.1944	0.1566	0.3510	0.0322	0.1624	0.1162	0.2785	0.0406	0.1645	0.1269	0.2914	0.0328
法国	0.3484	0.0909	0.4393	0.2119	0.2799	0.0877	0.3676	0.1627	0.3167	0.0987	0.4154	0.1810
爱尔兰	0.1266	0.4044	0.5310	-0.2204	0.1041	0.4031	0.5072	-0.2397	0.1175	0.4239	0.5414	-0.2423
荷兰	0.3096	0.1469	0.4565	0.1326	0.2644	0.1460	0.4104	0.0984	0.2843	0.1548	0.4391	0.1063

续表

国家	2008年 EVA	FVA	GVC_Part	GVC_Posi	2009年 EVA	FVA	GVC_Part	GVC_Posi	2010年 EVA	FVA	GVC_Part	GVC_Posi
日本	0.4838	0.0520	0.5359	0.3439	0.3990	0.0404	0.4394	0.2962	0.4623	0.0457	0.5079	0.3353
新加坡	0.1789	0.3699	0.5488	-0.1501	0.1662	0.3415	0.5077	-0.1401	0.1805	0.3486	0.5292	-0.1331
比利时	0.2746	0.2070	0.4816	0.0545	0.2124	0.1956	0.4079	0.0140	0.2446	0.1985	0.4431	0.0377

国家	2011年 EVA	FVA	GVC_Part	GVC_Posi	2012年 EVA	FVA	GVC_Part	GVC_Posi	2013年 EVA	FVA	GVC_Part	GVC_Posi
美国	0.3413	0.0419	0.3831	0.2526	0.3389	0.0407	0.3796	0.2520	0.3442	0.0389	0.3830	0.2576
英国	0.2752	0.0945	0.3696	0.1528	0.2761	0.0950	0.3711	0.1531	0.2757	0.0941	0.3698	0.1536
印度	0.1405	0.1071	0.2476	0.0298	0.1437	0.1072	0.2509	0.0325	0.1399	0.0984	0.2383	0.0371
德国	0.3835	0.0963	0.4798	0.2326	0.3867	0.0964	0.4831	0.2350	0.3879	0.0941	0.4820	0.2378
中国	0.1723	0.1335	0.3058	0.0336	0.2021	0.1215	0.3236	0.0694	0.2216	0.1171	0.3387	0.0894
法国	0.3347	0.1035	0.4382	0.1902	0.3272	0.1073	0.4346	0.1812	0.3249	0.1084	0.4333	0.1784
爱尔兰	0.1324	0.4242	0.5566	-0.2293	0.1167	0.4851	0.6019	-0.2851	0.1224	0.4748	0.5972	-0.2730
荷兰	0.2955	0.1677	0.4632	0.1038	0.2937	0.1768	0.4705	0.0947	0.2843	0.1834	0.4678	0.0818
日本	0.5108	0.0495	0.5604	0.3643	0.5148	0.0509	0.5657	0.3657	0.4932	0.0571	0.5503	0.3455
新加坡	0.1973	0.3660	0.5634	-0.1318	0.1876	0.3735	0.5611	-0.1455	0.1728	0.3812	0.5540	-0.1636
比利时	0.2611	0.2038	0.4649	0.0464	0.2553	0.2107	0.4660	0.0361	0.2493	0.2116	0.4609	0.0306

国家	2014年 EVA	FVA	GVC_Part	GVC_Posi	2015年 EVA	FVA	GVC_Part	GVC_Posi	2016年 EVA	FVA	GVC_Part	GVC_Posi
美国	0.3461	0.0407	0.3868	0.2574	0.3454	0.0367	0.3822	0.2607	0.3320	0.0358	0.3679	0.2515
英国	0.2782	0.0896	0.3678	0.1596	0.2744	0.0879	0.3623	0.1582	0.2618	0.0894	0.3512	0.1470
印度	0.1406	0.0957	0.2364	0.0402	0.1394	0.0831	0.2225	0.0507	0.1385	0.0827	0.2211	0.0502

续表

国家	2014 年				2015 年				2016 年			
	EVA	FVA	GVC_Part	GVC_Posi	EVA	FVA	GVC_Part	GVC_Posi	EVA	FVA	GVC_Part	GVC_Posi
德国	0.3724	0.0930	0.4654	0.2277	0.3551	0.1030	0.4582	0.2058	0.3414	0.1046	0.4460	0.1942
中国	0.2309	0.1121	0.3430	0.1014	0.2418	0.0986	0.3404	0.1225	0.2438	0.0829	0.3268	0.1385
法国	0.3119	0.1126	0.4245	0.1648	0.3050	0.1177	0.4227	0.1550	0.3034	0.1166	0.4200	0.1546
爱尔兰	0.1212	0.4901	0.6113	−0.2844	0.1235	0.4845	0.6080	−0.2787	0.1276	0.4517	0.5793	−0.2527
荷兰	0.2753	0.1855	0.4608	0.0731	0.2667	0.2245	0.4912	0.0338	0.2635	0.2002	0.4637	0.0514
日本	0.4360	0.0650	0.5009	0.2989	0.4096	0.0623	0.4719	0.2829	0.3930	0.0552	0.4483	0.2777
新加坡	0.1517	0.4026	0.5543	−0.1971	0.1492	0.3760	0.5252	−0.1801	0.1528	0.3688	0.5217	−0.1718
比利时	0.2478	0.2131	0.4609	0.0282	0.2514	0.2206	0.4720	0.0250	0.2441	0.2218	0.4658	0.0181

国家	2017 年				2018 年			
	EVA	FVA	GVC_Part	GVC_Posi	EVA	FVA	GVC_Part	GVC_Posi
美国	0.3458	0.0380	0.3838	0.2597	0.3590	0.0383	0.3973	0.2692
英国	0.2667	0.0963	0.3630	0.1445	0.2692	0.1030	0.3722	0.1404
印度	0.1408	0.0860	0.2268	0.0492	0.1451	0.0908	0.2358	0.0486
德国	0.3521	0.1057	0.4578	0.2012	0.3655	0.1061	0.4715	0.2107
中国	0.2687	0.0783	0.3470	0.1627	0.2830	0.0760	0.3590	0.1760
法国	0.3218	0.1161	0.4378	0.1691	0.3297	0.1185	0.4482	0.1729
爱尔兰	0.1444	0.4232	0.5676	−0.2180	0.1531	0.4039	0.5569	−0.1968
荷兰	0.2762	0.2155	0.4917	0.0488	0.2774	0.2210	0.4985	0.0451
日本	0.4112	0.0601	0.4714	0.2861	0.4337	0.0732	0.5070	0.2896
新加坡	0.1506	0.3848	0.5354	−0.1853	0.1476	0.3889	0.5365	−0.1909
比利时	0.2621	0.2229	0.4850	0.0315	0.2703	0.2212	0.4914	0.0394

注：表中各数值是对原始计算结果直接四舍五入后列出的，由此，表中部分 GVC 参与度值与其前向参与度和后向参与度的加总值可能会存在细小差异。为了保留原始结果的实际情况，此处未做处理。下同。

的后向参与度，则该国 GVC 地位指数往往较高，如美国、日本；如果一国高技术服务业的 GVC 地位指数处于下游位置，则该国普遍具有较高的后向参与度或较低的前向参与度，如爱尔兰、新加坡。

如表 4-3 所示，从横向来看，中国高技术服务业在 GVC 分工中的参与度一直较为落后，且有些微下降。其中，中国高技术服务业 GVC 前向参与度适中，2018 年其前向参与度指数为 0.2830，列所选 11 个国家的第 5 位，说明其他国家出口转化给中国高技术服务业的完全增加值比例适中；中国高技术服务业 GVC 后向参与度低，2018 年其后向参与度指数为 0.0760，列所选 11 个国家倒数第 3 位，表明中国高技术服务业相关产业链的完善使得出口大多数转化为了本国国内的完全增加值，转化给其他国家的完全增加值比例较少。这得益于中国强大的工业体系，据国家统计局数据显示，2015 年中国全部工业增加值 22.90 万亿元，占全球比重为 22.5%；2018 年中国全部工业增加值突破 30 万亿元，达到 30.52 万亿元[1]，稳居全球第一。2018 年，中国高技术服务业 GVC 地位指数为 0.1760，列所选 11 个国家第 4 位、全球 66 个国家第 19 位，说明中国高技术服务业 GVC 分工处于上游位置。

发达国家高技术服务业 GVC 参与度处于中高水平，前向参与度、后向参与度、地位指数每个发达国家之间情况各异。接下来，本部分将以高技术服务业 GVC 参与度排名稳居前二的爱尔兰和一直视中国为未来主要竞争对手的美国为例进行重点阐述。2005~2018 年，爱尔兰高技术服务业的前向参与度、后向参与度和地位指数均呈现出上升趋势；美国的情况类似，只是波动更加频繁。其中，2018 年，爱尔兰高技术服务业 GVC 分工前向、后向参与度和地位指数分别为 0.1531、0.4039 和 -0.1968，美国分别为 0.3590、0.0383 和 0.2692，说明其他国家出口带给爱尔兰高技术服务业的完全增加值小于带给美国的，而爱尔兰高技术服务业出口转化给其他国家完全增加值的比例远大于美国，爱尔兰高技术服务业 GVC 分工地位远小于美国。分析原因认为是：作为当前世界上唯一超级大国，美国地大物博、资源丰富、人口数量少，国内整体工业体系完善，工业中间品、原材料自供率高，国内高技术服务业基础配套产

---

① 数据来源于国家统计局网站发布的《2015 年国民经济和社会发展统计公报》和《2018 年国民经济和社会发展统计公报》。

业完善，完善度高于中国、比利时等国；而爱尔兰作为一个经济发达资本主义"小国"代表，经济高度对外依赖，据该国中央统计局数据显示，长期以来出口贸易额占该国 GDP 的比重一直保持在 45% 以上，商品出口和服务进口在 2018 年增势迅猛。同时，爱尔兰吸引了众多美国和世界五百强企业到当地投资，涵盖信息技术、互联网等产业。虽然科技创新企业位列欧洲前列，但中间产品高度依赖进口，高技术服务业配套基础产业不够完善，使得高技术服务业 GVC 分工后向参与度远高于其他国家。

从纵向来看，如图 4 - 1 和表 4 - 3 所示，2005 ~ 2018 年，中国高技术服务业 GVC 地位指数呈现上升趋势，GVC 参与度存在小幅下降，但是与地位指数类似，参与度在后期也表现出了上升趋势。

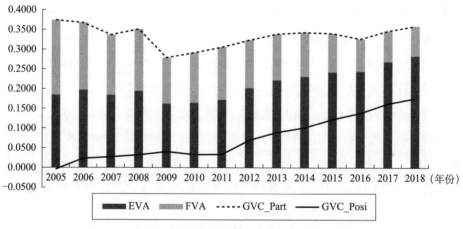

图 4 - 1　2005 ~ 2018 年中国高技术服务业 GVC 分工情况

具体来说，（1）中国高技术服务业 GVC 前向参与度从 2005 年的 0.1847 上升到 2008 年的 0.1944，后下降到 2009 年的 0.1624，然后又上升至 2018 年的 0.2830，总体呈上升的态势，说明中国越来越成为高技术服务业上游产业输出国家。虽然 2008 年金融危机使中国高技术服务业 GVC 前向参与度在 2009 年出现明显下跌，但长期来看前向参与度仍呈上升趋势。（2）中国高技术服务业后向参与度整体表现为下降趋势，从 2005 年的 0.1896，下降至 2018 年的 0.0760，说明中国高技术服务业出口带给其他国家的完全增加值呈下降趋势。这得益于中国 2005 ~ 2018 年对工业持续不断的完善，使得高技术服务业基础配套产业得到完善，从而降低了高技术服务业出口转化给其他国家的完全增加值。（3）中国高技术服务业 GVC 参与度表现为小幅度的下降，其数值从 2005 年的 0.3743 降至 2018 年的 0.3590，参与度排名处于下游。其间由于 2008 年金融危机使得高技术服务业 GVC 参与度在 2009 年出现断崖式下跌，但后期表现为上升趋势。说明中国高技术服务业也在积极地参与到全球价值链的分工体系中。（4）中国高技术服务业 GVC 地位指数从 2005 年的 - 0.0042 上升至 2018 年的 0.1760，其间经历了 2005 ~ 2009 年的小幅上升，2010 ~ 2011 年的小幅下降，以及 2011 年以后的迅速提升，说明中国自 2011 年以来出台各项政策大力发展高技术服务业，重视与其他经济体的高技术服务业贸易往来，日益占据全球价值链的上游位置。

相较之下，欧美等国家的 GVC 参与度、地位指数变化趋势不明显。仍以美国为例进行说明，美国高技术服务业 GVC 参与度、地位指数在 2005 ~ 2018 年表现较为平稳，变化不明显。如图 4 - 2 和表 4 - 3 所示，美国高技术服务业 GVC 前向参与度在 2005 年为 0.3105，2018 年为 0.3590，14 年间有小幅度提升，但变化不大；后向参与度在 2005 年为 0.0357，2018 年为 0.0383，也有极小幅度的提升；类似地，GVC 地位指数 2005 年为 0.2354，2018 年增为 0.2692，也表现为极小幅度的提升。美国在 20 世纪已完成第三次工业革命，21 世纪初，产业链也已经打造得相对完善，高技术服务业配套基础产业也相当完善，美国跨国公司构建的全球化商贸渠道较为稳定，从而高技术服务业 GVC 前向、后向参与度指数相对稳定。

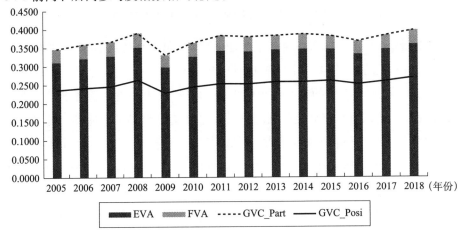

图 4 - 2　2005 ~ 2018 年美国高技术服务业 GVC 分工情况

4.3.3 研究结论

通过对高技术服务业整个行业的比较优势和参与度、地位指数进行分析，主要得到以下结论。

（1）中国高技术服务业出口能力弱。中国高技术服务业 NRCA 指数小，虽然在 2005～2018 年呈增长趋势，但增长的幅度不大，仍居于 66 个国家的第52 位。同为发展中国家的印度高技术服务业出口能力较强，这要归因于印度对高技术服务业提供了一系列税收优惠政策，抓住了 IT 行业发展机遇，使得该国高技术服务业整体技术水平高，在国际市场受到青睐。

（2）中国高技术服务业配套产业不断完善。由前述分析可知，相较前向参与度，中国高技术服务业后向参与度偏低，说明中国高技术服务业配套产业较为完善，从而中国高技术服务业出口转化给其他国家的完全增加值较低。

（3）中国高技术服务业正积极参与全球价值链分工。在改革开放、加入WTO 后，中国积极拥抱世界经济，不断加强与世界的联系。2005～2018 年，中国高技术服务业在 GVC 分工中的参与度小幅下降，但是整体表现出上升趋势，参与度全球排名有待提升。

（4）中国高技术服务业快速向产业链上游移动。2005～2018 年，中国高技术服务业地位指数不断提升，尤其是 2011 年以后地位指数快速提升，且排名靠前，表明该产业正在向全球价值链上游移动，并在全球价值链中具有举足轻重的地位。

4.4 全球价值链视角下高技术服务业细分行业地位演变

本节将采用和上述相同的指标与测算方法，主要对高技术服务业所包含的出版、视听和广播活动，电信，IT 和其他信息服务三个细分行业进行分析。

4.4.1 出版、视听和广播活动行业分析

4.4.1.1 基于完全增加值的修正显性比较优势情况

首先对 D58T60 – 出版、视听和广播等活动（以下简称"视听"）进行研究，经测算，2005～2018 年 11 个国家视听行业 NRCA 指数及排名见表 4 – 4。

表4-4

2005~2018年11个国家视听行业NRCA指数及排名

国家	2005年 NRCA	排名	2006年 NRCA	排名	2007年 NRCA	排名	2008年 NRCA	排名	2009年 NRCA	排名	2010年 NRCA	排名	2011年 NRCA	排名
美国	2.6310	1	2.6945	1	2.7381	1	2.7401	1	2.7138	1	2.7199	1	2.8196	2
英国	2.3708	2	2.3443	2	2.2921	2	2.3651	2	2.3332	2	2.4490	2	2.4694	3
印度	1.3649	7	1.4761	7	1.3885	7	1.8310	3	1.3791	7	1.2664	12	1.2178	13
德国	0.8258	26	0.7801	27	0.8116	24	0.7468	31	0.6845	31	0.7236	27	0.7428	28
中国	0.3207	55	0.3258	55	0.3604	54	0.3663	55	0.3664	55	0.4660	47	0.5375	46
法国	1.2367	10	1.2148	11	1.2433	11	1.3818	8	1.3154	10	1.3037	10	1.2618	10
爱尔兰	1.2359	11	1.2887	9	1.3449	9	1.8155	4	1.6397	4	2.0354	3	3.4801	1
荷兰	0.7892	27	0.7674	30	0.7543	28	0.7887	22	0.7814	22	0.7753	25	0.7743	26
日本	0.4643	47	0.4876	47	0.4841	46	0.5781	44	0.5746	41	0.5173	45	0.5492	44
新加坡	1.4530	6	1.5055	17	1.1854	12	1.3418	10	1.2378	14	1.2754	11	1.2209	12
比利时	1.0855	14	1.0735	16	1.0663	16	0.9578	18	1.1294	15	1.4204	9	1.4397	8

国家	2012年 NRCA	排名	2013年 NRCA	排名	2014年 NRCA	排名	2015年 NRCA	排名	2016年 NRCA	排名	2017年 NRCA	排名	2018年 NRCA	排名
美国	2.8359	2	2.7246	2	2.6065	3	2.5056	1	2.5260	1	2.5368	1	2.4828	2
英国	2.4987	3	2.5075	3	2.4861	4	2.3814	3	2.4393	2	2.5232	2	2.5135	1
印度	1.2257	13	1.2638	10	1.1936	12	1.2515	9	1.2312	10	1.2896	9	1.3289	9
德国	0.8930	23	0.9605	21	0.9534	18	0.9108	18	0.9370	16	1.0238	16	1.0384	17
中国	0.3752	55	0.4357	51	0.3578	56	0.3233	56	0.3260	56	0.3529	55	0.3855	53
法国	1.2636	12	1.1661	12	1.2123	11	1.2099	11	1.1725	11	1.1807	12	1.2178	12
爱尔兰	3.1223	1	2.7867	1	2.7041	2	2.1676	2	2.0648	4	2.1516	4	2.4180	3
荷兰	0.7737	29	0.7550	29	0.8042	26	0.6970	30	0.8277	22	0.8730	21	0.8832	21
日本	0.5508	45	0.5492	43	0.7063	33	0.7923	24	0.7727	25	0.6956	29	0.5723	39
新加坡	1.1896	14	1.1377	14	1.1071	13	0.8711	19	0.8224	23	0.7949	24	0.8117	24
比利时	1.4242	8	1.4698	8	1.4928	7	1.4410	8	1.3450	8	1.2609	11	1.2693	10

如表 4 - 4 所示，总的来说，美国、英国等发达国家视听行业 NRCA 指数值远高于中国、印度等发展中国家，说明其显性比较优势大，且文化输出远高于中国、印度等国。具体分析如下。

中国文化输出能力不强。2018 年中国视听行业 NCRA 指数为 0.3855，处于偏低水平，说明中国视听行业出口能力不强，不具有显性比较优势；中国视听行业 NCRA 指数从 2005 年的 0.3207（排名第 55 位）增长至 2018 年的 0.3855（排名第 53 位），中国视听行业 NRCA 指数整体呈增长趋势。主要原因如下：一是中国与其他国家之间背景文化存在差异，中国视听行业产出不被其他国家文化所理解，视听产业出口存在先天劣势；二是中国文化产业类型单一，如电影、电视剧行业主要产出战争、古装、武侠等类型片，现实题材、纪录片等类型片较少；三是其他国家地区因为产业保护等原因，会对进口国的数量、题材等进行限制，从而影响中国视听行业出口。

发达国家视听行业出口能力整体强劲。以美国为例，2005 ~ 2018 年该国视听行业 NRCA 指数一直在 2.4 以上，远大于 1，说明该国视听行业显性比较优势较大，且在 14 年间该指数排名长期位居前三，其中 2005 ~ 2010 年和 2015 ~ 2017 年稳居第一，远高于中国、日本、印度等亚洲文化圈代表国的 NRCA 指数。分析原因有：一是通用性。美国文化的通用性高于中国、日本等亚洲国家，美国因历史短暂，创造的短文化面向大众，而日本、中国等国文化产业出口还需进行翻译，这无形中降低了世界民众对其的了解欲望，所以中国、日本等国视听行业出口能力弱。但是随着日本动漫文化的输出，带动了其视听行业的发展，自 2014 年以来，日本视听行业的 NRCA 指数值与排名均大幅提升。二是版权。美国极度重视版权，侵犯版权后需支付的版权费是一般民众和公司难以支付的，这对视听产业的扶持极为重要，提高了美国视听行业的发展积极性，从而提升了美国视听行业的国际竞争力。三是实用性。美国本身就是一个实用主义国家，其政府机构从很大程度上是由高净资产群体把控，他们更在意市场接受程度，由此，该国视听行业商业化相当完善。

4.4.1.2　全球价值链参与程度和地位情况

经测算，11 国视听行业 GVC 参与度和地位指数见表 4 - 5。

表4—5 2005~2018年11个国家视听行业GVC参与度和地位指数

国家	2005年 EVA	FVA	GVC_Part	GVC_Posi	2006年 EVA	FVA	GVC_Part	GVC_Posi	2007年 EVA	FVA	GVC_Part	GVC_Posi
美国	0.1754	0.0395	0.2149	0.1229	0.1651	0.0439	0.2091	0.1098	0.1879	0.0370	0.2248	0.1358
英国	0.1191	0.1149	0.2340	0.0038	0.1244	0.1208	0.2451	0.0032	0.1318	0.1088	0.2406	0.0205
印度	0.1488	0.1037	0.2526	0.0401	0.1270	0.1283	0.2553	-0.0011	0.1067	0.1370	0.2437	-0.0271
德国	0.1722	0.0977	0.2699	0.0657	0.1672	0.1070	0.2742	0.0530	0.1702	0.1039	0.2740	0.0583
中国	0.0849	0.1555	0.2403	-0.0631	0.0975	0.1393	0.2368	-0.0374	0.0922	0.1395	0.2317	-0.0424
法国	0.1447	0.1217	0.2664	0.0203	0.1394	0.1275	0.2669	0.0105	0.1369	0.1316	0.2685	0.0047
爱尔兰	0.0742	0.4673	0.5416	-0.3119	0.0738	0.4841	0.5578	-0.3236	0.0835	0.4645	0.5480	-0.3014
荷兰	0.1681	0.2058	0.3738	-0.0318	0.1802	0.2057	0.3859	-0.0214	0.1720	0.2198	0.3918	-0.0399
日本	0.2293	0.0562	0.2855	0.1518	0.2681	0.0636	0.3317	0.1759	0.2632	0.0723	0.3355	0.1638
新加坡	0.0459	0.5259	0.5718	-0.3777	0.0439	0.5342	0.5781	-0.3851	0.0556	0.5144	0.5700	-0.3609
比利时	0.1101	0.2793	0.3894	-0.1419	0.1084	0.2778	0.3863	-0.1422	0.1167	0.2820	0.3987	-0.1380

国家	2008年 EVA	FVA	GVC_Part	GVC_Posi	2009年 EVA	FVA	GVC_Part	GVC_Posi	2010年 EVA	FVA	GVC_Part	GVC_Posi
美国	0.1890	0.0387	0.2277	0.1351	0.1819	0.0314	0.2133	0.1361	0.1861	0.0339	0.2200	0.1373
英国	0.1414	0.1132	0.2546	0.0250	0.1442	0.1084	0.2527	0.0318	0.1249	0.1183	0.2432	0.0060
印度	0.1049	0.1638	0.2687	-0.0519	0.0943	0.1501	0.2444	-0.0498	0.0835	0.1841	0.2676	-0.0888
德国	0.1888	0.1171	0.3060	0.0622	0.1829	0.1023	0.2852	0.0706	0.1670	0.1179	0.2850	0.0430
中国	0.1090	0.1318	0.2407	-0.0204	0.1030	0.1023	0.2054	0.0006	0.0897	0.1148	0.2045	-0.0228
法国	0.1351	0.1359	0.2711	-0.0007	0.1313	0.1245	0.2558	0.0061	0.1504	0.1373	0.2877	0.0114
爱尔兰	0.1057	0.4295	0.5352	-0.2569	0.1225	0.3674	0.4899	-0.1974	0.1424	0.3787	0.5211	-0.1880
荷兰	0.1768	0.2102	0.3870	-0.0280	0.1598	0.2034	0.3632	-0.0369	0.1717	0.2148	0.3865	-0.0361

续表

国家	2008年				2009年				2010年			
	EVA	FVA	GVC_Part	GVC_Posi	EVA	FVA	GVC_Part	GVC_Posi	EVA	FVA	GVC_Part	GVC_Posi
日本	0.2259	0.0798	0.3057	0.1269	0.1898	0.0631	0.2529	0.1126	0.2241	0.0680	0.2921	0.1364
新加坡	0.0494	0.5699	0.6193	-0.4027	0.0435	0.5554	0.5989	-0.3992	0.0432	0.5907	0.6340	-0.4219
比利时	0.1343	0.2997	0.4340	-0.1361	0.1133	0.2933	0.4066	-0.1498	0.1119	0.2678	0.3797	-0.1312

国家	2011年				2012年				2013年			
	EVA	FVA	GVC_Part	GVC_Posi	EVA	FVA	GVC_Part	GVC_Posi	EVA	FVA	GVC_Part	GVC_Posi
美国	0.1970	0.0383	0.2353	0.1422	0.1984	0.0389	0.2374	0.1428	0.2000	0.0374	0.2374	0.1456
英国	0.1508	0.1140	0.2648	0.0326	0.1633	0.1102	0.2735	0.0467	0.1622	0.1109	0.2731	0.0452
印度	0.0755	0.2038	0.2793	-0.1127	0.0718	0.2098	0.2816	-0.1211	0.0850	0.1725	0.2575	-0.0776
德国	0.1836	0.1256	0.3091	0.0502	0.1771	0.1256	0.3027	0.0448	0.1749	0.1271	0.3021	0.0415
中国	0.0821	0.1291	0.2112	-0.0426	0.0893	0.1188	0.2081	-0.0267	0.0903	0.1174	0.2077	-0.0246
法国	0.1469	0.1405	0.2874	0.0056	0.1507	0.1419	0.2925	0.0077	0.1561	0.1424	0.2985	0.0120
爱尔兰	0.1478	0.3418	0.4896	-0.1562	0.1481	0.3766	0.5247	-0.1815	0.1768	0.2414	0.4182	-0.0534
荷兰	0.1717	0.2328	0.4045	-0.0508	0.1781	0.2336	0.4118	-0.0460	0.1695	0.3546	0.5241	-0.1470
日本	0.2549	0.0737	0.3287	0.1559	0.2472	0.0776	0.3247	0.1462	0.2500	0.0861	0.3362	0.1406
新加坡	0.0396	0.5979	0.6375	-0.4299	0.0396	0.6102	0.6498	-0.4375	0.0394	0.6109	0.6502	-0.4382
比利时	0.1178	0.2832	0.4010	-0.1380	0.1143	0.2907	0.4051	-0.1470	0.1167	0.2879	0.4046	-0.1426

国家	2014年				2015年				2016年			
	EVA	FVA	GVC_Part	GVC_Posi	EVA	FVA	GVC_Part	GVC_Posi	EVA	FVA	GVC_Part	GVC_Posi
美国	0.1979	0.0402	0.2381	0.1411	0.2057	0.0364	0.2421	0.1514	0.2007	0.0356	0.2362	0.1480
英国	0.1645	0.1112	0.2757	0.0469	0.1532	0.1095	0.2626	0.0386	0.1449	0.1138	0.2588	0.0275
印度	0.0820	0.1667	0.2487	-0.0753	0.0915	0.1420	0.2336	-0.0453	0.0876	0.1384	0.2261	-0.0456

续表

国家	2014年				2015年				2016年			
	EVA	FVA	GVC_Part	GVC_Posi	EVA	FVA	GVC_Part	GVC_Posi	EVA	FVA	GVC_Part	GVC_Posi
德国	0.1720	0.1233	0.2953	0.0425	0.1645	0.1301	0.2945	0.0300	0.1555	0.1268	0.2823	0.0251
中国	0.0977	0.1150	0.2127	-0.0156	0.1055	0.1029	0.2084	0.0024	0.1224	0.0861	0.2085	0.0329
法国	0.1585	0.1437	0.3022	0.0128	0.1564	0.1457	0.3021	0.0093	0.1506	0.1470	0.2976	0.0031
爱尔兰	0.1541	0.4072	0.5613	-0.1983	0.1617	0.3312	0.4928	-0.1362	0.1424	0.3565	0.4990	-0.1718
荷兰	0.1731	0.2406	0.4137	-0.0560	0.1542	0.3455	0.4997	-0.1533	0.1497	0.3553	0.5049	-0.1645
日本	0.2264	0.0938	0.3202	0.1145	0.2045	0.0862	0.2907	0.1034	0.1973	0.0776	0.2749	0.1053
新加坡	0.0367	0.6240	0.6607	-0.4489	0.0465	0.5826	0.6291	-0.4136	0.0486	0.5580	0.6066	-0.3959
比利时	0.1170	0.2922	0.4092	-0.1457	0.1178	0.3057	0.4235	-0.1554	0.1138	0.2974	0.4112	-0.1526

国家	2017年				2018年			
	EVA	FVA	GVC_Part	GVC_Posi	EVA	FVA	GVC_Part	GVC_Posi
美国	0.2097	0.0364	0.2461	0.1546	0.2120	0.0378	0.2498	0.1552
英国	0.1453	0.1284	0.2736	0.0149	0.1548	0.1360	0.2908	0.0164
印度	0.0919	0.1405	0.2324	-0.0436	0.0939	0.1464	0.2403	-0.0468
德国	0.1534	0.1366	0.2900	0.0147	0.1587	0.1374	0.2961	0.0186
中国	0.1444	0.0775	0.2218	0.0602	0.1447	0.0775	0.2221	0.0605
法国	0.1571	0.1490	0.3060	0.0071	0.1598	0.1553	0.3151	0.0039
爱尔兰	0.1496	0.3338	0.4833	-0.1486	0.1772	0.3140	0.4913	-0.1100
荷兰	0.1504	0.4068	0.5571	-0.2012	0.1407	0.4351	0.5759	-0.2296
日本	0.2074	0.0867	0.2942	0.1053	0.2266	0.1016	0.3282	0.1074
新加坡	0.0491	0.5798	0.6289	-0.4093	0.0479	0.5864	0.6343	-0.4147
比利时	0.1227	0.2989	0.4216	-0.1457	0.1262	0.2994	0.4257	-0.1431

整体来看，2005～2018 年所选 11 个国家中多数国家视听行业的 GVC 参与度指数与地位指数均有一定程度的上升。如表 4 - 5 所示，从横向来看，以 2018 年 GVC 分工地位排名第二的日本作为比较对象，一是前向参与度中，2018 年，中国视听行业 GVC 前向参与度为 0.1447，为所选 11 个国家的第 7 位；日本视听行业 GVC 前向参与度为 0.2266，为所选 11 个国家的第 1 位，主要是因为日本文化产业的不断发展使其成为该国经济的重要支柱产业，日本也是全球最大的动漫制作与输出国。二是后向参与度中，中国和日本视听行业的后向参与度水平相当，均排名靠后。2018 年，中国视听行业 GVC 后向参与度为 0.0775，为所选 11 个国家的倒数第 2 位；日本视听行业 GVC 后向参与度为 0.1016，为所选 11 个国家的倒数第 3 位。三是从该行业 GVC 参与度来看，中国表现较低，日本则较高。2018 年，中国视听行业 GVC 参与度为 0.2221，为所选 11 国的倒数第一；日本视听行业 GVC 参与度为 0.3282，为所选 11 个国家的第 5 位，这要得益于日本较高的前向参与度，同时通过日本动漫业的输出，促进了日本与世界上其他国家的经济贸易往来，从而提高了日本视听行业的 GVC 分工参与度。四是从行业地位指数表现来看，中国视听行业的 GVC 地位指数值较低，日本视听行业的 GVC 地位指数值较高，但是二者在所选 11 个国家中的排名相当。2018 年，中国视听行业 GVC 地位指数为 0.0605，居所选 11 国的第 3 位；日本视听行业 GVC 地位指数为 0.1074，为所选 11 个国家中的第 2 位，两国视听行业 GVC 分工均处于上游位置。

从纵向看，如图 4 - 3 和表 4 - 5 所示，中国视听行业 GVC 分工前向参与度逐渐增大，后向参与度逐渐减小，由此参与度总体变化趋势不明显，地位指数则表现出一定幅度的上升趋势。

具体来说，（1）其他国家出口转化给中国视听行业的完全增加值比例在逐步增加，如中国视听行业 GVC 前向参与度从 2005 年的 0.0849 上升到 2018 年的 0.1447。（2）随着 3D 动画制作、特效技术、网络技术的不断完善，使得中国视听行业 GVC 后向参与度下降，该行业出口带给其他国家的完全增加值比例在不断减小。（3）中国视听行业在 GVC 中的参与度变化不明显，总体上存在极小幅度的下降。该行业 GVC 参与度从 2005 年的 0.2403 减小至 2018 年的 0.2221，表明中国视听行业在分工体系中的参与程度有所下滑。（4）中国

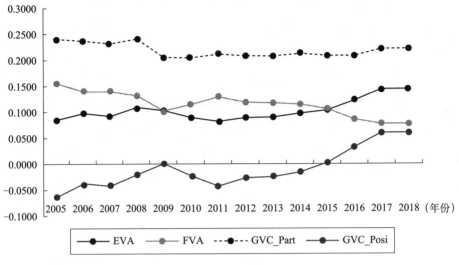

图 4 - 3　2005 ~ 2018 年中国视听行业 GVC 分工情况

视听行业在全球价值链中的位置从下游逐步上移，这点从该行业 GVC 地位指数的提升可以看出，该指数由 2005 年的 - 0.0631 上升至 2018 年的 0.0605。分析原因认为：一是政策性利好。2005 年国务院出台《关于深化文化体制改革的意见》，对国有文化事业单位进行企业制改革，并鼓励民营企业从事文化产业，以及 2009 年出台第一部长期规划《文化产业振兴规划》，将文化产业发展作为国家发展的战略规划之一。二是中国视听行业总体利好。2005 ~ 2018 年，中国视听行业整体发展速度较高，该行业收入年均增长超 15%，高于其他行业增长。

相较之下，欧美等部分发达国家视听行业 GVC 参与度较高，地位指数处于中等水平，且有缓慢上升趋势，以美国为例，具体如图 4 - 4 所示。

由图 4 - 4 可知，2005 ~ 2018 年，美国视听行业 GVC 参与度、地位指数不断上升，其中，GVC 参与度指数从 2005 年的 0.2149 上升至 2018 年的 0.2498，GVC 地位指数增幅较明显，由 2005 年的 0.1229 上升至 2015 年的 0.1552。分析其中原因认为：一是美国文化产业在全球文化产业中占据主导地位。美国的出版业占据了世界主要英语市场，广播电视、电影业在世界影响力巨大，控制世界 3/4 的影业制作。二是美国视听行业的法律制度完善。视听行业在美国的市场制度完善，融资渠道多样，扶持政策好，以及多方面的良性市场制度，使

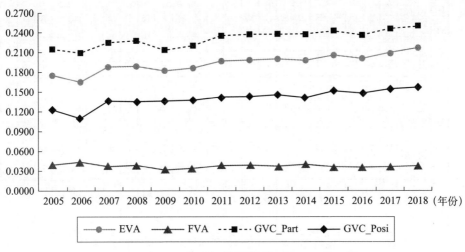

图 4 - 4　2005 ~ 2018 年美国视听行业 GVC 分工情况

得美国视听行业良性发展，在国际市场中具有较强的竞争力。三是重视人才。如美国好莱坞吸引了大批人才，世界最好的演员、电影制作人、作曲家等都汇集于此，这使得好莱坞可以制作出让全世界人民喜欢的影视作品。以上种种原因均有助于提升美国视听行业在全球价值链中的地位。此外，美国视听行业 GVC 前向参与度从 2005 年的 0.1754 增加至 2018 年的 0.2120，说明其他国家出口转化给美国视听行业的完全增加值程度在逐渐增加。

4.4.2　电信行业分析

4.4.2.1　基于完全增加值的修正显性比较优势情况

接下来对 D61 - 电信行业进行测算与分析。采用同样方法测算，得到 2005 ~ 2018 年 11 个国家电信行业 NRCA 指数及排名，见表 4 - 6。

如表 4 - 6 所示，总体来看，美、英等西方发达国家电信行业的 NRCA 指数大于 1，说明其具有显性比较优势，而中国、日本、印度等亚洲国家该指数则小于 1，说明其电信行业并不具备显性比较优势。其中，中国电信行业出口比例偏低。2018 年中国电信行业 NRCA 指数为 0.3100，全球 66 个国家排名第 61 位，源于中国国内电信行业发达，产出高，但电信出口比例低；2005 ~ 2018 年中国电信行业 NRCA 指数基本处于所选 11 个国家最末位，该行业在 14 年间

表 4-6

2005~2018 年 11 个国家电信行业 NRCA 指数及排名

国家	2005年 NRCA	2005年 排名	2006年 NRCA	2006年 排名	2007年 NRCA	2007年 排名	2008年 NRCA	2008年 排名	2009年 NRCA	2009年 排名	2010年 NRCA	2010年 排名	2011年 NRCA	2011年 排名
美国	1.4370	23	1.5075	19	1.5840	19	1.6290	20	1.6111	17	1.6291	18	1.6773	19
英国	1.6641	19	1.8061	16	1.7789	16	1.8930	16	1.7993	14	1.8870	12	1.9111	13
印度	0.7929	43	0.7678	41	0.7689	43	0.8296	42	0.6676	47	0.6545	44	0.6727	45
德国	0.3358	62	0.3350	61	0.3273	60	0.4067	59	0.4229	57	0.3075	61	0.3113	62
中国	0.3180	64	0.2956	64	0.3081	62	0.2930	61	0.2799	62	0.4495	57	0.5059	56
法国	1.0850	35	1.0538	30	1.1640	27	1.2503	27	1.3264	28	1.1443	30	1.1491	28
爱尔兰	0.7372	47	0.5628	52	0.6399	49	1.0399	34	0.6799	45	0.6381	45	0.8837	35
荷兰	1.0600	36	0.9675	35	0.9411	35	0.8231	43	0.8119	38	0.8893	35	0.8819	36
日本	0.4039	61	0.4300	56	0.4427	58	0.5675	52	0.6334	49	0.5431	49	0.5732	51
新加坡	0.6014	53	0.6740	46	0.7901	41	0.9726	36	1.0081	33	1.1986	29	1.2154	25
比利时	1.7664	16	1.4727	21	1.1354	29	1.9804	15	1.9759	11	2.3472	9	2.4415	7

国家	2012年 NRCA	2012年 排名	2013年 NRCA	2013年 排名	2014年 NRCA	2014年 排名	2015年 NRCA	2015年 排名	2016年 NRCA	2016年 排名	2017年 NRCA	2017年 排名	2018年 NRCA	2018年 排名
美国	1.7653	20	1.7505	16	1.6696	16	1.6749	16	1.5609	22	1.4699	23	1.3403	29
英国	2.1128	10	2.1108	13	2.3293	7	2.4786	6	2.5207	6	2.4523	6	2.4699	7
印度	0.7154	44	0.6952	42	0.6923	46	0.7331	44	0.7146	42	0.7836	42	0.8112	42
德国	0.3516	60	0.3383	62	0.3367	60	0.3152	60	0.3027	58	0.3518	60	0.3396	59
中国	0.2853	61	0.4453	56	0.2823	63	0.2744	63	0.2838	62	0.2588	62	0.3100	61
法国	1.2113	27	1.0849	29	1.0532	31	0.9866	34	0.9189	36	0.8448	41	0.8908	39
爱尔兰	0.7507	40	0.5486	53	0.5385	54	0.3249	59	0.3020	59	0.8764	39	0.9159	37
荷兰	0.8469	36	0.8159	38	0.8677	39	0.8372	38	1.4970	23	1.5214	21	1.6201	17
日本	0.5601	53	0.5461	54	0.7856	42	0.5967	50	0.6406	47	0.7693	43	0.6796	49
新加坡	1.3277	25	1.3031	27	1.3297	27	1.1519	30	1.1387	32	1.2312	30	1.3136	30
比利时	2.2006	9	2.1297	12	2.0484	11	2.1235	10	1.9330	12	1.9146	13	1.9361	11

出口量一直比较小。主要原因如下：一是贸易壁垒。国外部分国家对基础网络信息建设比较重视，对于非本国公司建设基础网络信息表现比较敏感，并会对电信行业进口进行严格审查以及设置高税收，这些使中国电信行业出口总体量较小。二是中国电信行业国内市场增速远大于国外市场。国家统计局网站年度数据显示，中国电信业务总量从 2005 年的 11403.02 亿元增长至 2018 年的65633.91 亿元，涨了 475.58%，而出口从 2005 年的 4.85 亿美元增长到 2018年的 20.98 亿美元，涨了 332.58%，这使得中国电信出口虽然增长了但出口比例并没有增长很多。

发达国家电信行业 NRCA 指数处于中等偏上。仍以美国为例，2005~2018年，美国电信行业 NRCA 指数表现为上下浮动，且数值与排名均略有下滑。2018 年，美国电信行业 NRCA 指数为 1.3403，居 66 个国家的第 29 位。分析原因，主要是由于美国与欧洲、加拿大等第一世界国家交流密切，使得美国电信行业能更好地进入国际市场，且文化、语言等背景相似，使行业内的交流更加方便；加之美国拥有强大的跨国电信企业，如 AT&T 和 Verizon 公司，分别位于全球第一、第三大通信公司。其中，AT&T 在 2018 年营业收入为 1605.46亿美元，超过 70% 国家 GDP；Verizon 公司营业收入为 1260.34 亿美元，服务超过 45 个国家[①]。上述两点使得美国电信行业具有强大的出口能力，出口具有显性比较优势。

4.4.2.2　全球价值链参与程度和地位情况

经测算，2005~2018 年 11 个国家电信行业 GVC 分工参与度和地位指数见表 4-7。

整体来看，2005~2018 年，所选 11 个国家电信行业 GVC 参与度指数与地位指数上下波动。如表 4-7 所示，横向看，将电信行业 GVC 地位指数长期较低的爱尔兰作为对比进行分析，一是从前向参与度来看，爱尔兰电信行业GVC 前向参与度中等，中国电信行业 GVC 前向参与度高。如 2018 年爱尔兰电信行业 GVC 前向参与度为 0.2383，居所选 11 个国家的第 7 位；中国电信行业GVC 前向参与度为 0.4043，居所选 11 个国家的第 2 位，仅次于德国。二是从

---

① 数据来自财富 Fortune 网 2018 年世界 500 强排名信息。

表 4—7　　2005~2018 年 11 个国家电信行业 GVC 参与度和地位指数

国家	2005 年				2006 年				2007 年			
	EVA	FVA	GVC_Part	GVC_Posi	EVA	FVA	GVC_Part	GVC_Posi	EVA	FVA	GVC_Part	GVC_Posi
美国	0.2755	0.0482	0.3237	0.1962	0.2634	0.0535	0.3169	0.1817	0.2821	0.0520	0.3341	0.1978
英国	0.3126	0.0752	0.3878	0.1995	0.3015	0.0754	0.3769	0.1908	0.3242	0.0694	0.3936	0.2137
印度	0.2784	0.1003	0.3787	0.1500	0.3332	0.1049	0.4381	0.1878	0.3784	0.0939	0.4723	0.2312
德国	0.5115	0.1101	0.6217	0.3086	0.5486	0.1062	0.6548	0.3364	0.5187	0.1130	0.6317	0.3108
中国	0.2461	0.2219	0.4680	0.0195	0.2468	0.1992	0.4459	0.0389	0.2229	0.1809	0.4038	0.0350
法国	0.3261	0.0914	0.4175	0.1947	0.3260	0.0931	0.4191	0.1931	0.2966	0.0944	0.3911	0.1695
爱尔兰	0.2756	0.2946	0.5702	-0.0147	0.2607	0.3028	0.5636	-0.0329	0.2470	0.3005	0.5475	-0.0420
荷兰	0.3001	0.1495	0.4496	0.1232	0.3143	0.1521	0.4664	0.1317	0.3259	0.1594	0.4853	0.1341
日本	0.4725	0.0418	0.5143	0.3460	0.4317	0.0495	0.4813	0.3105	0.4589	0.0539	0.5128	0.3252
新加坡	0.4033	0.3588	0.7620	0.0322	0.3428	0.3754	0.7183	-0.0240	0.3085	0.3772	0.6858	-0.0512
比利时	0.2521	0.1710	0.4231	0.0669	0.2854	0.1821	0.4675	0.0838	0.3296	0.2013	0.5310	0.1015

国家	2008 年				2009 年				2010 年			
	EVA	FVA	GVC_Part	GVC_Posi	EVA	FVA	GVC_Part	GVC_Posi	EVA	FVA	GVC_Part	GVC_Posi
美国	0.2815	0.0500	0.3315	0.1992	0.2298	0.0475	0.2773	0.1605	0.2365	0.0582	0.2947	0.1557
英国	0.3048	0.0770	0.3818	0.1918	0.2655	0.0804	0.3459	0.1581	0.2622	0.0925	0.3546	0.1444
印度	0.3709	0.1088	0.4797	0.2121	0.2929	0.1054	0.3983	0.1567	0.2476	0.1405	0.3881	0.0897
德国	0.4438	0.1295	0.5733	0.2454	0.3440	0.1287	0.4727	0.1746	0.4814	0.1330	0.6144	0.2682
中国	0.2323	0.1802	0.4125	0.0432	0.1758	0.1336	0.3094	0.0365	0.1329	0.1451	0.2780	-0.0106
法国	0.2767	0.0971	0.3739	0.1516	0.2171	0.0957	0.3129	0.1051	0.2336	0.1189	0.3525	0.0975
爱尔兰	0.2334	0.2132	0.4466	0.0165	0.2860	0.2524	0.5384	0.0265	0.2705	0.3520	0.6225	-0.0621
荷兰	0.3496	0.1517	0.5013	0.1586	0.2864	0.1440	0.4304	0.1173	0.3087	0.1564	0.4650	0.1237

续表

国家	2008 年				2009 年				2010 年			
	EVA	FVA	GVC_Part	GVC_Posi	EVA	FVA	GVC_Part	GVC_Posi	EVA	FVA	GVC_Part	GVC_Posi
日本	0.3976	0.0509	0.4485	0.2851	0.3323	0.0386	0.3709	0.2491	0.3936	0.0430	0.4366	0.2898
新加坡	0.2497	0.4092	0.6589	-0.1201	0.2040	0.3774	0.5815	-0.1346	0.1943	0.3834	0.5776	-0.1470
比利时	0.2349	0.2198	0.4548	0.0123	0.1979	0.2305	0.4285	-0.0268	0.2210	0.2032	0.4242	0.0146

国家	2011 年				2012 年				2013 年			
	EVA	FVA	GVC_Part	GVC_Posi	EVA	FVA	GVC_Part	GVC_Posi	EVA	FVA	GVC_Part	GVC_Posi
美国	0.2300	0.0653	0.2953	0.1438	0.2105	0.0600	0.2706	0.1327	0.2233	0.0532	0.2765	0.1497
英国	0.2837	0.0856	0.3693	0.1677	0.2712	0.0886	0.3598	0.1551	0.2550	0.0914	0.3464	0.1397
印度	0.2830	0.1465	0.4295	0.1125	0.2619	0.1503	0.4121	0.0926	0.2791	0.1344	0.4134	0.1201
德国	0.4947	0.1322	0.6270	0.2777	0.4009	0.1291	0.5299	0.2157	0.3681	0.1318	0.4999	0.1896
中国	0.1386	0.1538	0.2924	-0.0132	0.2153	0.1405	0.3558	0.0635	0.1642	0.1409	0.3051	0.0203
法国	0.2357	0.1275	0.3632	0.0916	0.2274	0.1344	0.3619	0.0788	0.2331	0.1302	0.3633	0.0871
爱尔兰	0.2591	0.1639	0.4230	0.0787	0.2644	0.2267	0.4911	0.0303	0.2929	0.2067	0.4996	0.0690
荷兰	0.3254	0.1661	0.4915	0.1280	0.3154	0.1732	0.4886	0.1144	0.2933	0.1857	0.4791	0.0869
日本	0.4168	0.0470	0.4638	0.3025	0.4172	0.0494	0.4665	0.3005	0.3973	0.0573	0.4547	0.2788
新加坡	0.1841	0.3928	0.5769	-0.1623	0.1647	0.3972	0.5619	-0.1820	0.1587	0.3854	0.5441	-0.1787
比利时	0.1975	0.2231	0.4205	-0.0212	0.2151	0.2267	0.4418	-0.0095	0.1949	0.2443	0.4392	-0.0405

国家	2014 年				2015 年				2016 年			
	EVA	FVA	GVC_Part	GVC_Posi	EVA	FVA	GVC_Part	GVC_Posi	EVA	FVA	GVC_Part	GVC_Posi
美国	0.2099	0.0603	0.2702	0.1319	0.2115	0.0560	0.2675	0.1374	0.2188	0.0532	0.2720	0.1461
英国	0.2519	0.0837	0.3357	0.1443	0.2426	0.0813	0.3239	0.1390	0.2450	0.0753	0.3204	0.1466
印度	0.3014	0.1382	0.4396	0.1341	0.2676	0.1112	0.3788	0.1317	0.2327	0.1134	0.3461	0.1017

续表

国家	2014年				2015年				2016年			
	EVA	FVA	GVC_Part	GVC_Posi	EVA	FVA	GVC_Part	GVC_Posi	EVA	FVA	GVC_Part	GVC_Posi
德国	0.3834	0.1227	0.5060	0.2088	0.4804	0.1231	0.6035	0.2762	0.4412	0.1309	0.5721	0.2424
中国	0.2596	0.1376	0.3972	0.1019	0.2573	0.1219	0.3792	0.1139	0.3037	0.0951	0.3989	0.1743
法国	0.2223	0.1381	0.3604	0.0714	0.2305	0.1419	0.3724	0.0747	0.2354	0.1450	0.3804	0.0759
爱尔兰	0.2411	0.1821	0.4231	0.0487	0.2340	0.2880	0.5220	−0.0429	0.2460	0.3008	0.5468	−0.0431
荷兰	0.2744	0.1901	0.4645	0.0684	0.2428	0.2528	0.4956	−0.0081	0.1585	0.2354	0.3939	−0.0643
日本	0.3056	0.0692	0.3747	0.1998	0.3227	0.0670	0.3897	0.2148	0.3035	0.0595	0.3630	0.2073
新加坡	0.1570	0.3767	0.5337	−0.1739	0.1255	0.3787	0.5042	−0.2029	0.1295	0.3663	0.4958	−0.1903
比利时	0.1936	0.2463	0.4399	−0.0432	0.1856	0.2515	0.4371	−0.0540	0.1820	0.2525	0.4345	−0.0579

国家	2017年				2018年			
	EVA	FVA	GVC_Part	GVC_Posi	EVA	FVA	GVC_Part	GVC_Posi
美国	0.2373	0.0587	0.2960	0.1559	0.2599	0.0609	0.3208	0.1720
英国	0.2573	0.0790	0.3363	0.1529	0.2676	0.0813	0.3489	0.1590
印度	0.1984	0.1254	0.3238	0.0628	0.2013	0.1309	0.3323	0.0604
德国	0.4315	0.1326	0.5642	0.2342	0.4593	0.1322	0.5915	0.2538
中国	0.4132	0.0830	0.4961	0.2661	0.4043	0.0803	0.4846	0.2623
法国	0.2540	0.1444	0.3984	0.0915	0.2560	0.1459	0.4019	0.0918
爱尔兰	0.2304	0.2064	0.4368	0.0197	0.2383	0.2085	0.4468	0.0243
荷兰	0.1689	0.2338	0.4028	−0.0540	0.1701	0.2265	0.3966	−0.0471
日本	0.2741	0.0653	0.3395	0.1790	0.2615	0.0881	0.3497	0.1479
新加坡	0.1281	0.3832	0.5113	−0.2039	0.1250	0.3825	0.5075	−0.2061
比利时	0.1987	0.2430	0.4418	−0.0363	0.1999	0.2456	0.4455	−0.0373

后向参与度来看，中国电信行业 GVC 后向参与度低，爱尔兰电信行业 GVC 后向参与度高。如 2018 年中国电信行业 GVC 后向参与度为 0.0803，居所选 11 个国家的倒数第 2 位；爱尔兰电信行业 GVC 后向参与度为 0.2085，居所选 11 个国家的第 4 位。说明中国电信行业基础配套工业体系完善，而爱尔兰作为"翡翠"岛国，其电信配套产业相对来讲并不完善。中国在过去几十年对工业的布局，使得中国电信行业的配套基础产业链完善，中国电信行业的出口更多地转化为本国完全增加值，从而降低中国电信行业 GVC 后向参与度；而爱尔兰作为岛国，其电信行业投入的中间品大多来自进口，使得爱尔兰电信行业 GVC 后向参与度较高。三是从该行业 GVC 参与度来看，爱尔兰和中国电信行业 GVC 参与度均较高。如 2018 年，爱尔兰电信行业 GVC 参与度为 0.4468，为所选 11 个国家的第 4 位；中国电信行业 GVC 参与度为 0.4846，为所选 11 个国家的第 3 位。四是从行业地位指数表现来看，爱尔兰电信行业 GVC 地位指数较低，中国电信 GVC 地位指数高。如 2018 年，爱尔兰电信 GVC 地位指数为 0.0243，排在 11 个国家的倒数第 4 位；中国电信行业 GVC 地位指数为 0.2623，在 11 个国家中排名第一，且远高于所选的绝大多数国家。说明贸易壁垒使中国电信行业通过产出国内其他产业融入全球价值链。结论显示，中国电信行业因贸易壁垒出口比例低，而该行业在国内作为基础网络技术，产出国内其他产业，再出口到国外，这使得中国电信行业 GVC 分工前向参与度较高，地位指数也较高，而爱尔兰作为西方发达国家，其电信行业受到的贸易壁垒要小很多。

纵向看，如图 4 - 5 所示，中国电信行业 GVC 分工参与度和地位指数总体呈上升趋势，说明该行业正在日益转移到全球价值链上游位置。但是相比 2017 年，2018 年参与度与地位指数均有小幅减少，分析原因可能是 2017 年以来中美贸易摩擦对通信等新兴服务行业产生了一定的影响，致使其增速放缓。

中国电信行业 GVC 前向参与度从 2005 年的 0.2461 上升至 2018 年的 0.4043，说明其他国家出口转化给中国电信行业的附加值比例上升；GVC 后向参与度从 2005 年的 0.2219 减小至 2018 年的 0.0803，中国电信行业出口带给其他国家的完全增加值比例在减小；GVC 参与度指数从 2005 年的 0.4680 小幅上升至 2018 年的 0.4846，说明中国电信行业正在积极地融入全球价值链；

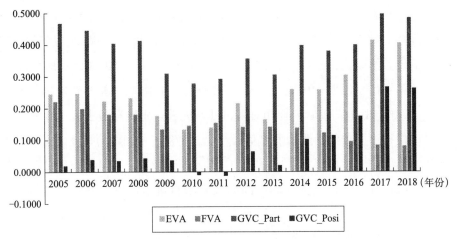

图 4 - 5　2005 ~ 2018 年中国电信行业 GVC 分工情况

GVC 地位指数由 2005 年的 0.0195 大幅上升至 2018 年的 0.2623，中国电信行业全球价值链正在不断地从中下游变化到上游位置。中国电信行业 GVC 分工之所以产生上述变化趋势，主要原因有：一是国内越加完善的配套工业体系和充裕的人力资源，使中国电信行业的生产更多地采用本国国内的资源，降低了电信行业出口转化给其他国家的完全增加值，从而降低了 GVC 分工后向参与度；二是以美国为代表的部分西方发达国家对中国电信行业出口的不断加强遏制，促使中国电信行业不再是以直接出口的方式融入全球价值链，而更多的是通过产出本国其他产业产品而融入全球价值链，从而使中国电信行业 GVC 前向参与度和地位指数大幅上升；三是政府对网络基础建设的重视。中国对基础设施重视程度高，作为"5G"、数字经济新时代的重要基石，政府对网络基础设施建设的重视程度不言而喻，从而提升了电信行业在国家价值链和 GVC 中的参与度。

　　作为传统发达国家的日本，其本土电信行业在 2005 ~ 2018 年表现出衰弱的趋势。如图 4 - 6 所示，日本电信行业参与度、地位指数在 2005 ~ 2018 年呈现波动下滑的状态。

　　2005 ~ 2018 年，日本电信行业 GVC 分工参与度高，地位也较高，但随着时间的推移，该行业参与度大幅下降，地位指数也在大幅度下降。日本电信行业 GVC 前向参与度从 2005 年的 0.4725 下降至 2018 年的 0.2615，说明其他国家出口转化给日本电信行业完全增加值程度在不断减小；GVC 后向参与度从 2005 年的 0.0418 增加到 2018 年的 0.0881，说明日本电信行业出口带给其他

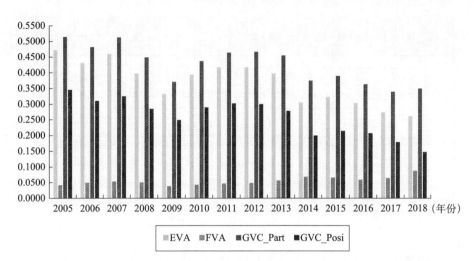

图 4 - 6　2005 ~ 2018 年日本电信行业 GVC 分工情况

国家的完全增加值比例略有增加；GVC 参与度则从 2005 年的 0.5143 减小至 2018 年的 0.3497，日本电信行业在全球价值链中参与度显著减小；日本电信行业 GVC 地位指数由 2005 年的 0.3460 下降至 2018 年的 0.1479，说明日本电信行业全球价值链位置从上游位置逐渐下移。日本电信行业之所以有这样的表现，分析原因主要有：一是日本电信行业过于注重质量、服务的提升，一定程度上阻碍了创新。日本电信行业在 2G、3G 时代占领了很大的市场，在国内不断提升电信服务，在 20 世纪末日本的每条大街上基本都有一个电话亭，随着 4G、5G 时代的来临，原先时代的极致服务给新技术的发展带来极高的迁移成本，这使得进入 21 世纪以来，日本电信行业 GVC 参与度、地位指数不断下降；二是电信龙头企业技术押注失败。NTT 公司在日本电信行业占据垄断地位，该公司管理层将未来押注在 ATM 和 ISDN 技术上，忽略了 TCP/IP 技术，这使得 NTT 公司在未来世界市场的竞争中丧失了优势。

4.4.3　IT 和其他信息服务行业分析

4.4.3.1　基于完全增加值的修正显性比较优势情况

最后对 OECD - ICIO2021（2005 ~ 2018 年）中的 D62T63 - IT 和其他信息服务（以下简称 IT）进行研究，经测算，2005 ~ 2018 年 11 个国家 IT 行业 NR-CA 指数及排名见表 4 - 8。

表4-8 2005~2018年11个国家IT行业NRCA指数及排名

国家	2005年 NRCA	排名	2006年 NRCA	排名	2007年 NRCA	排名	2008年 NRCA	排名	2009年 NRCA	排名	2010年 NRCA	排名	2011年 NRCA	排名
美国	0.6834	30	0.6405	35	0.6469	35	0.6328	36	0.6729	33	0.6635	34	0.6950	34
英国	2.1274	5	2.0900	5	1.9803	7	1.8701	8	1.6572	10	1.8055	10	1.7865	9
印度	13.7641	1	14.3620	1	13.4400	1	12.9290	1	11.3250	1	11.2868	1	10.8655	1
德国	1.0752	16	1.0833	19	1.0441	20	1.0935	20	1.1972	17	1.1921	17	1.1388	20
中国	0.7440	25	0.7303	29	0.8127	27	0.7052	32	0.7093	31	0.6031	37	0.7749	31
法国	0.2938	48	0.3166	46	0.2799	47	0.2659	48	0.2522	48	0.3490	44	0.4920	40
爱尔兰	4.0346	3	4.1697	3	4.0191	3	4.8599	3	4.4982	3	4.6708	3	3.8790	4
荷兰	1.7778	9	1.7905	9	1.9264	9	1.9093	7	1.8659	9	1.7688	12	1.7181	11
日本	0.5740	33	0.2294	50	0.2016	51	0.2093	52	0.2330	51	0.2104	52	0.2083	50
新加坡	1.4552	13	1.3511	13	1.3144	14	1.1507	18	0.8925	25	0.7395	33	0.8591	28
比利时	1.1880	14	1.2805	15	1.0938	19	1.3207	15	1.3703	15	1.0788	20	1.1464	19

国家	2012年 NRCA	排名	2013年 NRCA	排名	2014年 NRCA	排名	2015年 NRCA	排名	2016年 NRCA	排名	2017年 NRCA	排名	2018年 NRCA	排名
美国	0.7191	34	0.6898	33	0.6604	32	0.8137	27	0.8648	27	0.9048	25	0.8884	24
英国	1.7443	10	1.6532	12	1.5254	12	1.4962	14	1.4645	14	1.5322	13	1.5048	12
印度	10.8999	1	10.9664	1	10.5069	1	9.9049	1	9.0696	1	9.0349	1	8.5956	1
德国	0.9074	28	0.8795	26	0.8586	26	0.8284	26	0.8240	28	0.7936	28	0.7871	29
中国	0.7361	33	0.5958	39	0.7271	30	0.7096	30	0.7235	29	0.6776	31	0.8265	27
法国	0.5451	41	0.5923	40	0.6488	34	0.6931	32	0.6576	33	0.6580	34	0.6317	34
爱尔兰	3.8583	4	4.9539	3	3.7966	3	2.7009	4	3.1527	4	3.8467	3	3.9838	3
荷兰	1.7224	12	1.6785	11	1.6269	10	1.5724	13	1.4826	13	1.4877	14	1.4322	15
日本	0.1930	53	0.2257	52	0.2725	51	0.2651	50	0.2500	51	0.2358	52	0.1847	53
新加坡	0.9549	25	1.0849	23	1.4298	13	1.5855	12	1.6170	11	1.5518	11	1.4917	13
比利时	1.2565	20	1.2783	17	1.2391	20	0.9698	25	0.8817	26	0.8983	26	0.8423	25

如表 4 - 8 所示，中国 IT 行业 NRCA 指数小于 1，说明中国该行业不具有显性比较优势，出口能力一般。2005 年中国 IT 行业 NRCA 指数为 0.7440，居所选 66 个国家的第 25 位，到 2018 年中国 IT 行业 NRCA 指数增加至 0.8265，居所选 66 个国家的第 27 位。主要由于国内 IT 行业起步慢，国外在 20 世纪 80 年代开启 PC 时代，中国在 21 世纪初才开始重点发展 IT 行业，整整晚了 20 年，主要编程语言 C、Java、PHP 等，以及主要操作系统 Windows、Linux、iOS 等均由国外开发，这使得中国在 IT 行业发言权较少。加之编程起源于美国，优先使用英语，中国母语是中文，对比以英语为母语的国家，编程能力相对处于劣势，这使得中国 IT 行业 NRCA 指数在 2005 ~ 2018 年并没有表现出明显的上升趋势。

相比之下，印度 IT 行业 NRCA 指数遥遥领先于其他国家，2005 ~ 2018 年该指数平均为 11.2018，远大于 1，说明印度 IT 行业显性比较优势大，该行业出口能力强。2005 年印度 IT 行业 NRCA 指数为 13.7641，居所选 66 个国家的第 1 位，2006 年该指数达到最大值为 14.3620，随后该指数在逐年减少，直到 2018 年该行业 NRCA 指数为 8.5956，仍处在全球第 1 位，由此可以看出，2005 ~ 2018 年，印度 IT 行业出口能力虽有减弱但是仍维持在全球最高水平。印度 IT 行业出口能力之所以遥遥领先于其他国家，主要是因为：一是印度的数学能力在全球领先。作为阿拉伯数字的发明国，印度是公认的"理科王国"，这使得印度在软件方面成为业界标杆，软件外包产业更是成为印度主要出口之一。二是印度以英语为官方语言。印度将英语作为官方语言，便于和西方国家进行交流，强大的语言能力让他们可以更快地掌握技术，使得印度 IT 行业全面开花。三是印度对 IT 行业的大力扶持。得益于上述因素，印度 IT 行业整体强劲，该国相当重视 IT 行业等高附加值行业，将以 IT 为代表的高技术服务业作为重点扶持对象，出台系列优惠政策，完善相关法律体系。

4.4.3.2　全球价值链参与程度和地位情况

经测算，2005 ~ 2018 年 11 个国家 IT 行业全球价值链参与度和地位指数结果见表 4 - 9。

表4-9　2005～2018年11个国家IT行业全球价值链参与度和地位指数

国家	2005年				2006年				2007年			
	EVA	FVA	GVC_Part	GVC_Posi	EVA	FVA	GVC_Part	GVC_Posi	EVA	FVA	GVC_Part	GVC_Posi
美国	0.3305	0.0304	0.3608	0.2556	0.3772	0.0297	0.4069	0.2908	0.3393	0.0354	0.3746	0.2574
英国	0.2336	0.0713	0.3049	0.1410	0.2341	0.0768	0.3110	0.1364	0.2674	0.0672	0.3346	0.1719
印度	0.1304	0.0536	0.1840	0.0703	0.1358	0.0658	0.2016	0.0636	0.1408	0.0554	0.1962	0.0778
德国	0.2437	0.0950	0.3387	0.1273	0.2493	0.0985	0.3478	0.1286	0.2734	0.0956	0.3689	0.1504
中国	0.2050	0.1558	0.3608	0.0417	0.2113	0.1353	0.3465	0.0648	0.1608	0.1298	0.2906	0.0271
法国	0.5926	0.0702	0.6628	0.3975	0.6000	0.0702	0.6702	0.4021	0.6707	0.0669	0.7376	0.4485
爱尔兰	0.0746	0.4473	0.5220	-0.2977	0.0672	0.4764	0.5436	-0.3246	0.0770	0.4459	0.5229	-0.2945
荷兰	0.2063	0.1325	0.3389	0.0631	0.2214	0.1279	0.3493	0.0797	0.2220	0.1355	0.3575	0.0734
日本	0.3585	0.0366	0.3951	0.2704	0.7296	0.0408	0.7704	0.5080	0.8975	0.0447	0.9423	0.5968
新加坡	0.1349	0.2566	0.3915	-0.1018	0.1232	0.3309	0.4542	-0.1697	0.1174	0.3667	0.4841	-0.2014
比利时	0.1922	0.1569	0.3491	0.0300	0.1939	0.1652	0.3590	0.0243	0.2301	0.1596	0.3897	0.0590

国家	2008年				2009年				2010年			
	EVA	FVA	GVC_Part	GVC_Posi	EVA	FVA	GVC_Part	GVC_Posi	EVA	FVA	GVC_Part	GVC_Posi
美国	0.3717	0.0367	0.4084	0.2800	0.3136	0.0304	0.3439	0.2428	0.3688	0.0353	0.4041	0.2792
英国	0.2796	0.0722	0.3517	0.1768	0.2403	0.0759	0.3162	0.1422	0.2512	0.0785	0.3296	0.1485
印度	0.1414	0.0649	0.2063	0.0694	0.1216	0.0602	0.1818	0.0562	0.1215	0.0763	0.1978	0.0411
德国	0.2627	0.1085	0.3712	0.1302	0.2171	0.1016	0.3187	0.0998	0.2332	0.1265	0.3597	0.0904
中国	0.1576	0.1332	0.2909	0.0213	0.1131	0.1016	0.2147	0.0104	0.1140	0.1174	0.2314	-0.0031
法国	0.7415	0.0696	0.8111	0.4875	0.6185	0.0678	0.6863	0.4159	0.4148	0.0801	0.4950	0.2700
爱尔兰	0.0653	0.5479	0.6133	-0.3736	0.0446	0.5786	0.6231	-0.4129	0.0475	0.6422	0.6897	-0.4497
荷兰	0.2385	0.1291	0.3676	0.0925	0.2029	0.1329	0.3358	0.0599	0.2344	0.1394	0.3738	0.0801

续表

国家	2008 年				2009 年				2010 年			
	EVA	FVA	GVC_Part	GVC_Posi	EVA	FVA	GVC_Part	GVC_Posi	EVA	FVA	GVC_Part	GVC_Posi
日本	0.8737	0.0458	0.9195	0.5832	0.6561	0.0369	0.6930	0.4682	0.7685	0.0427	0.8112	0.5283
新加坡	0.1279	0.3742	0.5021	-0.1975	0.1346	0.3208	0.4554	-0.1519	0.1694	0.3091	0.4785	-0.1129
比利时	0.1826	0.1713	0.3539	0.0096	0.1444	0.1806	0.3249	-0.0312	0.2216	0.1750	0.3966	0.0389

国家	2011 年				2012 年				2013 年			
	EVA	FVA	GVC_Part	GVC_Posi	EVA	FVA	GVC_Part	GVC_Posi	EVA	FVA	GVC_Part	GVC_Posi
美国	0.3938	0.0382	0.4320	0.2946	0.3670	0.0406	0.4075	0.2728	0.3767	0.0376	0.4144	0.2828
英国	0.2643	0.0798	0.3442	0.1578	0.2664	0.0802	0.3466	0.1590	0.2562	0.0847	0.3409	0.1467
印度	0.1202	0.0768	0.1970	0.0395	0.1218	0.0720	0.1938	0.0454	0.1228	0.0612	0.1839	0.0564
德国	0.2630	0.1216	0.3846	0.1187	0.3146	0.1265	0.4411	0.1544	0.3285	0.1230	0.4515	0.1680
中国	0.1094	0.1313	0.2407	-0.0195	0.1043	0.1220	0.2263	-0.0159	0.1278	0.1155	0.2433	0.0109
法国	0.3588	0.0863	0.4452	0.2238	0.3414	0.0858	0.4272	0.2114	0.3232	0.0878	0.4110	0.1958
爱尔兰	0.0390	0.7142	0.7532	-0.5006	0.0380	0.7174	0.7554	-0.5034	0.0386	0.6751	0.7137	-0.4780
荷兰	0.2422	0.1520	0.3941	0.0754	0.2451	0.1568	0.4019	0.0736	0.2445	0.1581	0.4026	0.0720
日本	0.8549	0.0449	0.8998	0.5739	0.8437	0.0472	0.8909	0.5657	0.6796	0.0546	0.7342	0.4654
新加坡	0.1577	0.4402	0.5979	-0.2184	0.1369	0.4532	0.5901	-0.2454	0.1029	0.4669	0.5697	-0.2852
比利时	0.2279	0.1873	0.4152	0.0337	0.2250	0.1897	0.4147	0.0293	0.2086	0.2026	0.4113	0.0050

国家	2014 年				2015 年				2016 年			
	EVA	FVA	GVC_Part	GVC_Posi	EVA	FVA	GVC_Part	GVC_Posi	EVA	FVA	GVC_Part	GVC_Posi
美国	0.3860	0.0371	0.4231	0.2900	0.3449	0.0319	0.3768	0.2649	0.3353	0.0302	0.3655	0.2594
英国	0.2636	0.0816	0.3451	0.1555	0.2502	0.0819	0.3321	0.1446	0.2474	0.0794	0.3268	0.1447
印度	0.1295	0.0594	0.1889	0.0641	0.1224	0.0583	0.1808	0.0588	0.1234	0.0588	0.1823	0.0592

续表

国家	2014 年				2015 年				2016 年			
	EVA	FVA	GVC_Part	GVC_Posi	EVA	FVA	GVC_Part	GVC_Posi	EVA	FVA	GVC_Part	GVC_Posi
德国	0.3249	0.1179	0.4428	0.1700	0.3122	0.1255	0.4376	0.1535	0.2951	0.1300	0.4251	0.1364
中国	0.1379	0.1071	0.2450	0.0275	0.1398	0.0884	0.2282	0.0462	0.1603	0.0647	0.2250	0.0860
法国	0.3133	0.0890	0.4023	0.1872	0.2926	0.0973	0.3899	0.1638	0.2972	0.0962	0.3935	0.1684
爱尔兰	0.0401	0.7120	0.7522	−0.4983	0.0460	0.7154	0.7615	−0.4947	0.0604	0.6394	0.6998	−0.4356
荷兰	0.2366	0.1659	0.4025	0.0589	0.2213	0.2163	0.4376	0.0041	0.2270	0.2066	0.4336	0.0168
日本	0.5582	0.0648	0.6230	0.3807	0.4977	0.0629	0.5606	0.3430	0.4821	0.0566	0.5386	0.3384
新加坡	0.0682	0.5143	0.5825	−0.3489	0.0567	0.4922	0.5489	−0.3451	0.0558	0.5010	0.5568	−0.3518
比利时	0.2120	0.2100	0.4220	0.0016	0.2361	0.2200	0.4562	0.0131	0.2365	0.2169	0.4535	0.0160

国家	2017 年				2018 年			
	EVA	FVA	GVC_Part	GVC_Posi	EVA	FVA	GVC_Part	GVC_Posi
美国	0.3425	0.0324	0.3749	0.2627	0.3441	0.0328	0.3769	0.2635
英国	0.2453	0.0873	0.3326	0.1357	0.2497	0.0951	0.3448	0.1320
印度	0.1250	0.0593	0.1843	0.0601	0.1299	0.0627	0.1926	0.0613
德国	0.3031	0.1358	0.4390	0.1374	0.3152	0.1384	0.4536	0.1443
中国	0.1847	0.0504	0.2351	0.1203	0.1976	0.0495	0.2471	0.1320
法国	0.3113	0.0999	0.4112	0.1758	0.3238	0.1023	0.4261	0.1830
爱尔兰	0.0715	0.5944	0.6659	−0.3974	0.0742	0.5637	0.6379	−0.3755
荷兰	0.2392	0.2356	0.4748	0.0029	0.2434	0.2405	0.4838	0.0023
日本	0.5015	0.0611	0.5626	0.3471	0.5939	0.0709	0.6648	0.3977
新加坡	0.0527	0.5213	0.5739	−0.3682	0.0520	0.5272	0.5792	−0.3727
比利时	0.2427	0.2222	0.4650	0.0166	0.2608	0.2190	0.4797	0.0337

如表 4 - 9 所示，总体来看，所选 11 个国家 IT 行业 GVC 参与度指数普遍较大，地位指数则相对较小。从横向来看，将 IT 行业 GVC 地位指数稳居第一的日本进行对比分析，一是从 GVC 前向参与度来看，日本 IT 行业较高，中国 IT 行业较低。如 2018 年，日本、中国 IT 行业 GVC 前向参与度分别为 0.5939、0.1976，居所选 11 个国家的第 1 位和倒数第 4 位。二是从 GVC 后向参与度来看，日本 IT 行业一直处于较低水平，中国处于中等偏下。如 2018 年，日本 IT 行业 GVC 后向参与度是 0.0709，居所选 11 个国家的倒数第 4 位；中国 IT 行业 GVC 后向参与度在 2017 年以前一直处于所选 11 个国家的第 6 位左右，2017 ~ 2018 年排名降至倒数第 2 位。三是从 GVC 参与度来看，日本 IT 行业较高，而中国 IT 行业较低。如 2018 年，日本、中国 IT 行业 GVC 参与度分别为 0.6648、0.2471，分别排在所选 11 个国家的第 1 位和倒数第 2 位。四是从 IT 行业地位指数来看，日本处于上游位置且长期稳居第一，中国则位于中等水平。如 2018 年，日本、中国 IT 行业 GVC 地位指数为 0.3977、0.1320，分别排在所选 11 个国家的第 1 位和第 5 位。分析原因认为：一方面，国内 IT 行业发达，但出口受限。OECD - ICIO 2021 数据显示，中国 2018 年 IT 行业总产出为 3903.75 亿美元，而出口为 460.92 亿美元，出口占该行业总产出比重为 11.81%；日本 IT 行业总产出为 1821.68 亿美元，出口仅为 39.77 亿美元，占总产出比重仅 2.18%。两国国内 IT 行业完善，但因贸易壁垒等原因，使得本国 IT 行业在出口方面遇到困境，该行业主要通过产出国内其他行业出口产品来融入全球价值链。相较之下，日本 IT 行业 GVC 前向参与度、参与度和地位指数表现为较高的态势，而中国表现稍低。另一方面，两国国内基础建设较完善，IT 行业配套工业产业链完备。日本作为基建狂魔，从 1959 年就开始举国大兴基建，经过 60 多年的建设，拥有完备的基础设施，加之长年技术积累，IT 配套工业产业链也相对完好。而改革开放以来，中国政府比较重视实体经济，经过多年的积累，建设了完备的工业体系。综上，完善的配套产业和扎实的基础建设使得两国 IT 行业出口更多地转化为本国完全增加值，从而两国 IT 行业 GVC 后向参与度较小。

由图 4 - 7 和表 4 - 9 可以看出，中国 IT 行业 GVC 参与度在 2009 年呈现断崖式下降；地位指数则在 2007 年和 2011 年下降较为明显，但在 2012 ~ 2018

年呈现大幅度上升态势。

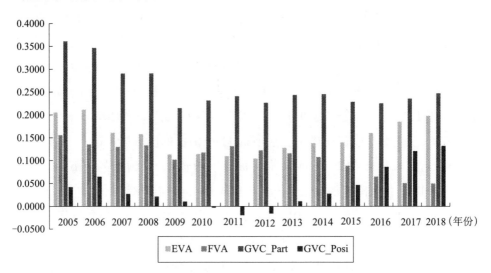

图 4 - 7   2005 ~ 2018 年中国 IT 行业 GVC 分工情况

具体来看，中国 IT 行业地位指数从 2005 年的 0.0417 上升至 2006 年的 0.0648，而后 2007 年断崖式下跌至 0.0271，而后经历 2008 年金融危机，地位指数一路下跌至 2011 年的 - 0.0195；之后中国经济开始快速增长，IT 地位指数逐步上升至 2018 年的 0.1320；参与度指数则在 2005 ~ 2008 年一直处于下跌状态，受 2008 年金融危机影响，2009 年出现断崖式下跌至 0.2147，随后年份表现为波动中增长态势，直到 2018 年参与度指数为 0.2471。从 IT 行业地位指数和参与度指数的变化趋势可以看出，中国 IT 行业正在向全球价值链上游位置移动。此外，中国 IT 行业 GVC 前向参与度表现为先减少后增长态势，2005 ~ 2012 年为减少阶段，2013 ~ 2018 年为增长阶段；后向参与度在前期有小幅增长，而在 2011 ~ 2018 年表现为减少趋势。

由图 4 - 8 可知，作为东亚发达国家的日本，其 IT 行业 GVC 参与度、地位指数呈波浪形增减态势，总体表现为增长趋势。

分析发现，(1) 日本 IT 行业 GVC 前向参与度从 2005 年的 0.3585 上升至 2007 年的 0.8975，接着 2009 年下降至 0.6561，然后又逐步上升至 2011 年的 0.8549，随后逐渐降至 2016 年的 0.4821，最后逐渐上升至 2018 年的 0.5939。整体来看，日本 IT 行业 GVC 前向参与度总体呈波浪形上升。(2) 日本 IT 行

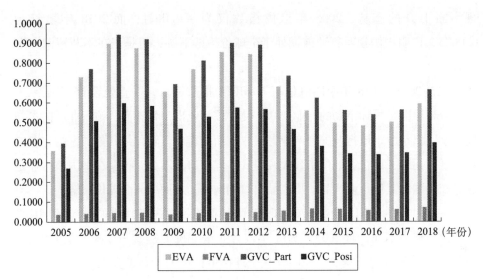

图 4 - 8　2005 ~ 2018 年日本 IT 行业 GVC 分工情况

业 GVC 后向参与度变化相对平稳，总体呈上升趋势，从 2005 年的 0.0366 上升至 2008 年的 0.0458，接着 2009 年下降至 0.0369，之后逐步提升至 2018 年的 0.0709。另外，日本 IT 行业 GVC 参与度、地位指数与 GVC 前向参与度变化趋势基本相同。日本 IT 行业 GVC 参与度、地位指数呈现上述变化的主要原因如下：一是 2008 年金融危机引发了世界经济的衰退，从而使得各行各业都产生了不同程度的负面影响，日本 IT 行业 GVC 参与度、地位指数也随之减少。二是日本 IT 行业技术领先优势有所缩小。近年来，随着新兴国家的崛起，日本 IT 行业技术领先的优势在不断缩小，使得国内 IT 行业参与度、地位指数在 2011 年之后呈现下降趋势，直到 2017 ~ 2018 年参与度与地位指数有所回升。

4.4.4　研究结论

本章节利用修正比较优势指数、全球价值链参与度和地位指数分析中国高技术服务业具体行业在国际上的地位演变，通过理论指数和具体行业相结合，主要得到以下结论。

一是 2005 ~ 2018 年中国视听行业的 NRCA 指数偏小，说明该行业的出口能力较弱，不具有显性比较优势；该行业参与度指数较低，2018 年仅为 0.2221，2005 ~ 2018 年参与度有所下滑。同样地，该行业地位指数偏低但呈现不断上升的态势，2005 年地位指数仅为 - 0.0631，而 2018 年增长为 0.0605，说明中国视听行业前期处于全球价值链下游，但是正在不断地向上游转移。

二是 2005～2018 年中国电信行业 NRCA 指数偏低，一直处在 66 个国家末尾，分析原因是国际市场的行业壁垒，使得该行业出口量不高；该行业后向参与度较小，但是由于该行业配套产业完善，从而使得出口转化给其他国家的完全增加值低；同时，该行业地位指数大幅提升，但出口量不大，说明在中国该行业是通过产出国内其他行业产品，将产品出口到国外，从而融入全球价值链。

三是由前述 NRCA 指数可知，印度 IT 行业遥遥领先于其他国家，而中国 IT 行业出口能力不强，且 2005～2018 年该行业全球价值链参与度指数虽有增长，但相较前期还是有所减少，说明其在全球价值链中的参与度亦在不断下降，但是该行业地位指数却有明显的增长，说明中国 IT 行业在不断地向上游移动。

4.5 本章小结

本章基于第 2 章的增加值贸易核算框架，较为全面地了解中国高技术服务业在全球中所处的地位。一方面，测算了 66 个国家的高技术服务业 NRCA 指数、GVC 参与度指数、GVC 地位指数，并对比西方发达国家，分析了中国高技术服务业 NRCA 指数偏低的原因；同时，与一直视中国为未来主要竞争对手的美国和参与度排名前二但地位指数处于发达国家末位的爱尔兰国家进行对比，重点分析了中国高技术服务业 GVC 参与度、地位指数现状及其变化趋势，以及该趋势形成的主要原因。经过分析发现，中国高技术服务业整体出口能力较弱，但 GVC 参与度、地位指数在不断上升。另一方面，从高技术服务业所包含的三个主要分行业（出版、视听和广播活动行业，电信行业，IT 和其他信息服务行业）的视角，结合"比较优势—参与度—地位"三维评价体系，并通过比较美国、日本、爱尔兰等发达国家和印度等新兴经济体，详细分析中国视听行业、电信行业、IT 行业 NRCA 指数的变化趋势及原因，以及上述三个行业的 GVC 参与度、地位指数的演变趋势及其原因。研究结论显示，细分行业与整体行业表现基本一致，具体结果如上，此处不再赘述。

第5章

中国高技术服务业发展潜力测度

党的十九大报告显示，"我国经济已由高速增长阶段转向高质量发展阶段，正处在转变发展方式、优化经济结构、转换增长动力的攻关期"，报告中还指出，未来应加快建设创新型国家，发展数字经济。而高技术服务业以信息技术等为依托，作为数字经济的发展基础，兼具高知识性、高技术性的特点，在产业结构优化升级、经济增长方式转变过程中发挥重要作用。因此，如何发展好高技术服务业是政府亟待解决的问题，而对其发展潜力的评价研究，正是解决这一问题的基础与前提。本章将在前述章节关于高技术服务业在国内外发展现状与地位研究的基础上，从自我成长与外在支撑两个方面构建高技术服务业发展潜力评价指标体系，并运用加权主成分 TOPSIS 价值模型，测度中国2003～2020 年高技术服务业发展潜力。

5.1 发展潜力界定与相关研究

关于"潜力"，现代汉语词典的解释是"潜在的能力和力量"，即通过一定的发展可以达到，而当下又尚未达到的部分。同时，潜力也不是固定的，当条件改变时也会随之起伏。而"发展"的基本意思是"事物由小到大、由简单到复杂、由低级到高级的变化"。

高技术服务业是服务业的一部分，故高技术服务业发展潜力属于经济发展潜力问题，后者在产业经济学中指，"发展过程中潜在的、在一定要素的刺激和一定的条件下能够实现的经济发展的最大限度"（杨珂玲等，2014）。因此，在评价过程中，既要考虑自身发展状况、发展前景，也要考虑外在的影响因素。

对于经济发展潜力的度量，国内相关研究起步较晚，但成果颇丰。杨珂玲等（2014）、吕萍和李忠富（2010）及段利民等（2012）等学者一般从两个方面进行分析：内源经济潜力与外源经济潜力。前者是自身条件与状态，后者是环境基础与支持。并认为综合发展潜力为内源经济潜力、外源经济潜力和不确定因素三者之和。还有一些学者如王一卉（2010）直接从产业发展水平、资源储备量、基础条件、政府支持等角度选取指标，分析不同省市现代服务业发展潜力。这些学者所构建的指标体系，也将是本章构建指标体系的重要参考。

5.2 中国高技术服务业发展潜力指标体系

5.2.1 高技术服务业范围界定

根据第 2 章 2.1.2 小节对高技术服务业分类的讨论，并考虑到数据的可获得性，本部分涉及的高技术服务业研究范畴与 3.1 节保持一致，主要包含信息传输、软件和信息技术服务业，科学研究和技术服务业以及环境治理业三类。

5.2.2 指标体系构建原则

结合前述关于发展潜力的研究文献，并综合考虑发展潜力指标体系的构建方式，本部分研究将遵照以下原则进行指标体系的构建。

（1）目的性原则。指标体系应契合发展潜力评价这一目标来设计，且其构成指标应与高技术服务业各组成部分相关，多方位、多角度地体现发展潜力水平。

（2）科学性原则。要准确测度高技术服务业发展潜力，指标体系的设计应涵盖中国高技术服务业的发展现状与规划，反映该产业的发展目标。因此，构建指标体系时应考虑科学性原则，充分体现产业的自我成长与外在支撑方面，形成一套全面、科学的指标体系。

（3）系统性原则。指标体系设计时应该根据需要，考虑各个指标之间的逻辑关系，既有代表产业规模的总量指标，又有类似结构占比、代表强度的相对指标，系统反映高技术服务业发展潜力。

（4）综合性原则。在自我成长和外在支撑两个评价层次上，全面考虑产业规模、投入、环境和可持续性等诸多因素进行指标的选取，从而构建指标体系进行综合分析和评价。

（5）可操作性原则。构建指标体系的目的是测度高技术服务业发展潜力，各指标的可获取性尤为重要。目前，关于高技术服务业暂没有专门的统计年鉴，因此在选取指标时应考虑指标数据采集的便利性与可操作性。

（6）可比性原则。指标选择不仅要满足时间上的可比，还要考虑指标在不同区域、不同国家间的比较，指标内涵明确，口径一致，兼具国际可比性。

5.2.3 指标体系构建

根据上述发展潜力概念界定与指标选取原则，在参考国内学者杨珂玲等（2014）、段利民等（2012）和韩东林等（2013）研究成果的基础上，结合2.2.2小节中学者有关高技术服务业发展水平、创新能力评价等方面的指标体系研究，并综合考虑中国高技术服务业发展现状与特点，本章节分别从自我成长潜力与外在支撑潜力两个角度，设立发展规模、投入水平、发展环境和可持续水平4个二级指标与40个三级指标，构建中国高技术服务业发展潜力的评价指标体系（见表5-1）。其中，自我成长潜力和外在支撑潜力分别对应于内源性发展潜力与外源性发展潜力。

表 5-1　　　　　　　　高技术服务业发展潜力评价指标体系

一级指标	二级指标	三级指标
自我成长潜力	发展规模	X_1电信业务总量（亿元）
		X_2高技术产品进出口额（亿美元）
		X_3技术市场成交额（亿元）
		X_4高技术服务业相关行业法人单位数（个）
		X_5计算机、软件及辅助设备批发主营业务收入（亿元）
		X_6软件业务收入（亿元）
		X_7全国广播电视总收入（亿元）
		X_8电子商务市场交易规模（万亿元）
		X_9第三方网络支付交易规模（百亿元）
		X_{10}高技术服务业城镇单位就业人员平均工资（元）

续表

一级指标	二级指标	三级指标
自我成长潜力	投入水平	X_{11} 高技术服务业相关行业城镇单位就业人员数（万人）
		X_{12} 高技术服务业相关行业全社会固定资产投资（亿元）
		X_{13} 第三产业就业人员（万人）
		X_{14} 第三产业固定资产投资（亿元）
		X_{15} 实际利用外商直接投资金额（万美元）
		X_{16} 研究与试验发展经费支出（亿元）
		X_{17} 研究与试验发展人员全时当量（万人年）
		X_{18} 科技成果登记数（项）
		X_{19} 专利申请授权数（项）
		X_{20} 环境污染治理投资总额（亿元）
外在支撑潜力	发展环境	X_{21} 第三产业增加值（亿元）
		X_{22} 发表科技论文（万篇）
		X_{23} 出版科技著作（种）
		X_{24} 国民总收入（亿元）
		X_{25} 人均国内生产总值（元）
		X_{26} 硕博士毕业生数（万人）
		X_{27} 居民消费水平（元）
		X_{28} 上市公司数（个）
		X_{29} 铁路营业里程（万千米）
		X_{30} 高速等级路公路里程（万千米）
	可持续水平	X_{31} 废水排放总量（吨）
		X_{32} 二氧化硫排放量（吨）
		X_{33} 城市人口密度（人/平方千米）
		X_{34} 城镇化率（%）
		X_{35} 移动电话普及率（部/百人）
		X_{36} 互联网普及率（%）
		X_{37} 互联网宽带接入端口（万个）
		X_{38} 互联网宽带接入用户（万户）
		X_{39} 能源加工转换总效率（%）
		X_{40} 能源消费总量（万吨标准煤）

注：（1）主要数据来自 2004～2021 年《中国统计年鉴》，高技术服务业相关的指标数据根据上述范围界定，利用年鉴数据计算得到；电商及第三方支付交易规模数据从艾瑞、易观等机构的历年电商及互联网网络支付报告中收集整理得到；（2）由于从 2018 年起，高技术服务业相关行业全社会固定资产投资额不再更新，而是仅更新与上年相比增长率，因此，2018～2020 年该指标数据由统计公报相关数据计算得到；（3）2018～2019 年的废水排放量由《中国生态环境统计年报》中的全国废水中化学需氧量排放量和全国废水中氨氮排放量两个指标数据相加计算得到，2020 年该指标数据则由线性插补法进行填补；（4）环境污染治理投资总额、能源加工转换总效率 2020 年数据利用线性插补法进行填补。

主要指标的解释说明如下。

（1）发展规模指的是高技术服务业及其相关行业的产业规模，以及拥有的企业数量等。围绕高技术服务业的行业分类，主要包括电信业务总量、软件业务收入、全国广播电视总收入、电子商务市场交易规模、高技术服务业相关行业法人单位数等 10 项指标。

（2）投入水平则是指高技术服务业以及相关产业在人力、资本、技术等要素上的投入，主要包括高技术服务业相关行业就业人员数、固定资产投资、R&D 经费支出、专利授权数等 10 项指标。

（3）发展环境指经济发展环境、科技发展环境、基础设施情况等外在支持，主要包括第三产业增加值、国民总收入、发表科技论文数、铁路营业里程等 10 项指标。其中，将第三产业增加值归入发展环境，是因为高技术服务业的发展一定程度上依赖于其他服务业的发展，而第三产业的整体发展是高技术服务业面对的发展环境。

（4）可持续水平则反映经济发展的可持续性，为高技术服务业的潜力发展提供外在支撑，主要涵盖与能源使用、城市建设和互联网建设程度相关的指标，如城镇化率、互联网普及率等 10 项指标。

5.2.4　评价方法

本章内容将主要运用加权主成分 TOPSIS 价值模型对 2003～2020 年中国高技术服务业的发展潜力进行综合评价。该方法是主成分分析法和逼近理想解排序法（TOPSIS）结合起来的一种主成分价值函数模型。其中，TOPSIS 法是根据有限个评价对象与理想化目标的接近程度进行排序的方法（李荣锦和雷婷婷，2019），是在现有的对象中进行相对优劣的评价方法，适用于相对潜力的比较。具体步骤如下。

第一，对原始数据进行标准化处理，然后利用主成分分析法求出主成分载荷矩阵 $X = \{x_{ij}\}$，并除以特征根的平方根，得到主成分系数矩阵，依据此写出每个主成分表达式。

第二，将标准化后的原始数据代入主成分表达式中，得到主成分决策阵。

第三，为便于进行 TOPSIS 法中理想解相近度的应用，需对主成分进行平移，保证数据为非负，故根据 $z_{ij} = y_{ij} - \min\{y_{ij}\}$ 得出单向主成分决策阵。

第四，赋予向量矩阵权重，即每个主成分方差贡献率占累计方差贡献率的比重，计算得出加权规范矩阵 $F = \{f_{ij}\}$。

第五，确定正理想解 f_j^+ 和负理想解 f_j^-，即 $f_j^+ = \max(f_{ij})$ 和 $f_j^- = \min(f_{ij})$；并计算各方案与正、负理想解的欧式距离 S_i^+ 和 S_i^-，计算公式分别为：

$$S_i^+ = \sqrt{\sum_{j=1}^{n}(f_{ij} - f_j^+)^2}, \ (i = 1, 2, \cdots, m) \tag{5-1}$$

$$S_i^- = \sqrt{\sum_{j=1}^{n}(f_{ij} - f_j^-)^2}, \ (i = 1, 2, \cdots, m) \tag{5-2}$$

第六，计算方案与理想解的相对接近度，即综合评价指数，计算公式为：

$$S_i = \frac{S_i^-}{S_i^+ + S_i^-}, \ (i = 1, 2, \cdots, m) \tag{5-3}$$

该值在 0 ~ 1 取值，越接近 1 表示方案越接近于最优水平，越接近 0 表示方案越接近于最劣水平。

5.3 中国高技术服务业发展潜力测度与评价

基于高技术服务业发展潜力指标体系和潜力评价模型，首先分别从发展规模、投入水平、发展环境和可持续水平四个方面进行测度与评价分析，然后从自我成长潜力和外在支撑潜力两个方面综合评价中国高技术服务业的发展潜力。

5.3.1 各二级指标评价分析

5.3.1.1 主成分决策阵的计算

分析前，采用零均值标准化方法对原始数据进行无量纲处理（数据见附录中的附表 2 - 1 和附表 2 - 2）。根据二级指标，将数据分为四部分进行主成分分析，首先对变量间的相关性进行检验，结果见表 5 - 2。

表 5 - 2   **KMO 和 Bartlett 检验**

二级指标		发展规模	投入水平	发展环境	可持续水平
KMO 检验		0.782	0.846	0.854	0.574
巴特利特球形度量检验	近似卡方	518.885	513.318	605.642	449.196
	自由度	45	45	45	45
	显著性	0.000	0.000	0.000	0.000

检验结果显示，4 个二级指标的 KMO 较高，且均通过了巴特利特球形检验，故适合进行主成分分析。接下来，进一步得到各主成分的方差解释表，见表 5 - 3。

表 5 - 3   **总方差解释**

成分	发展规模			投入水平			发展环境			可持续水平		
	特征值	方差贡献率（%）	累计方差贡献率（%）	特征值	方差贡献率（%）	累计方差贡献率（%）	特征值	方差贡献率（%）	累计方差贡献率（%）	特征值	方差贡献率（%）	累计方差贡献率（%）
1	9.065	90.648	90.648	9.385	93.850	93.850	9.275	92.748	92.748	8.532	85.325	85.325
2	0.480	4.801	95.449	0.468	4.681	98.531	0.598	5.976	98.724	1.025	10.245	95.570
3	0.334	3.342	98.791	0.099	0.989	99.520	0.089	0.891	99.615	0.289	2.892	98.462
4	0.079	0.790	99.581	0.023	0.226	99.745	0.018	0.182	99.796	0.082	0.820	99.282

若按照累计贡献率大于 80% 与特征值大于 1 的原则提取主成分，则 4 个二级指标各提取一个主成分。但是考虑到累积方差贡献率越大，则保留原数据的信息越多，再结合碎石图，决定发展规模提取 3 个主成分，其余 3 个二级指标各提取 2 个主成分。利用主成分载荷矩阵除以特征根的平方根，计算得到各主成分表达式，分别用 $Y_1 \sim Y_9$ 表示，见表 5 - 4。

表 5 - 4   **主成分表达式**

二级指标	主成分表达式
发展规模	$Y_1 = 0.2807X_1 + 0.2933X_2 + 0.3278X_3 + 0.3275X_4 + \cdots + 0.3291X_{10}$
	$Y_2 = 0.7405X_1 - 0.5052X_2 + 0.2050X_3 + 0.1862X_4 + \cdots - 0.1703X_{10}$
	$Y_3 = -0.0606X_1 - 0.4880X_2 - 0.0519X_3 + 0.1211X_4 + \cdots - 0.0761X_{10}$
投入水平	$Y_4 = 0.3232X_{11} + 0.3137X_{12} + 0.3238X_{13} + 0.3222X_{14} + \cdots + 0.2781X_{20}$
	$Y_5 = -0.0205X_{11} - 0.3581X_{12} - 0.0175X_{13} + 0.1169X_{14} + \cdots + 0.7616X_{20}$

二级指标	主成分表达式
发展环境	$Y_6 = 0.3251X_{21} + 0.3211X_{22} + 0.2233X_{23} + 0.3274X_{24} + \cdots + 0.3274X_{30}$
	$Y_7 = -0.1358X_{21} + 0.0750X_{22} + 0.9440X_{23} - 0.0931X_{24} + \cdots - 0.0530X_{30}$
可持续水平	$Y_8 = 0.2725X_{31} - 0.2883X_{32} + 0.2917X_{33} + 0.3403X_{34} + \cdots + 0.3393X_{40}$
	$Y_9 = 0.5492X_{31} + 0.5107X_{32} + 0.2440X_{33} - 0.0701X_{34} + \cdots + 0.0652X_{40}$

将标准化后的指标数据代入上述各表达式，得到相应的主成分决策阵。随后根据 $z_{ij} = y_{ij} - \min\{y_{ij}\}$，计算得到单向主成分决策阵；再将各主成分的方差贡献率在累计方差贡献率中的比值作为权重，由表 5-3 计算得到，发展规模 3 个主成分的权重分别为 91.76%、4.86% 和 3.38%；投入水平 2 个主成分的权重分别为 95.25% 和 4.75%；发展环境 2 个主成分的权重分别为 93.95% 和 6.05%；可持续水平 2 个主成分的权重分别是 89.28% 和 10.72%。据此将单向主成分决策阵与权重相乘，得到加权规范阵 F，结果见表 5-5。

表 5-5　　　　　　　　二级指标主成分加权规范阵

年份	发展规模			投入水平		发展环境		可持续水平	
	F_1	F_2	F_3	F_4	F_5	F_6	F_7	F_8	F_9
2003	0.0000	0.0799	0.0434	0.0000	0.0497	0.3519	0.1749	0.0000	0.0339
2004	0.2588	0.0769	0.0363	0.2589	0.0552	0.0000	0.0000	0.5622	0.0908
2005	0.4135	0.0727	0.0325	0.4738	0.0599	0.9787	0.1829	0.9473	0.1570
2006	0.6206	0.0682	0.0271	0.7314	0.0603	1.4348	0.1962	1.7185	0.2011
2007	0.8799	0.0647	0.0214	1.1258	0.0737	1.9155	0.1930	2.2247	0.2223
2008	1.2490	0.0599	0.0140	1.7413	0.0968	2.3396	0.2000	2.6600	0.2258
2009	1.8438	0.0437	0.0647	2.1970	0.0925	2.8578	0.2160	3.3049	0.2590
2010	1.8501	0.0561	0.0070	2.9777	0.1224	3.3501	0.1876	3.8375	0.2736
2011	2.2396	0.0292	0.0007	3.4250	0.1160	4.0038	0.1784	4.2696	0.2862
2012	2.5833	0.0220	0.0014	4.1362	0.1143	4.5539	0.1778	4.8883	0.3052
2013	3.0660	0.0146	0.0000	4.9505	0.1210	4.9551	0.1660	5.3180	0.3143
2014	3.5201	0.0137	0.0065	5.4861	0.1217	5.4790	0.1659	5.7333	0.3378
2015	4.0194	0.0149	0.0167	6.0117	0.1000	6.1442	0.1800	6.2142	0.3191
2016	4.5888	0.0035	0.0401	6.4857	0.0968	6.6147	0.1764	6.8570	0.2499
2017	5.7598	0.0000	0.0537	6.9110	0.0965	7.2662	0.1687	7.1126	0.1453
2018	7.0109	0.0316	0.0440	7.5356	0.0717	7.9177	0.1573	7.3852	0.0666
2019	7.8790	0.0843	0.0310	8.1151	0.0624	8.5670	0.1393	7.7904	0.0557
2020	9.2508	0.1228	0.0076	8.7336	0.0000	9.0495	0.1199	8.0270	0.0000

5.3.1.2　相对接近度的计算

接下来，基于表5-5数据得到每个主成分的正、负理想解，即表中每列数据的最大值和最小值。其中，发展规模 F_1、F_2 和 F_3 的正理想解分别是9.2508、0.1228和0.0647，投入水平 F_4 和 F_5 的正理想解是8.7336和0.1224，发展环境 F_6 和 F_7 的正理想解是9.0495和0.2160，可持续水平 F_8 和 F_9 的正理想解是8.0270和0.3378；而各主成分的负理想解均为0。

随后根据式（5-1）、式（5-2）分别计算各方案到正、负理想解的距离 S_i^+ 和 S_i^-，并利用式（5-3）计算相对接近度 S_i，即各二级指标综合评价指数，结果如表5-6和图5-1所示。

表5-6　　　　　　　　　　　　二级指标综合评价指数

年份	发展规模	投入水平	发展环境	可持续水平
2003	0.0097	0.0057	0.0432	0.0042
2004	0.0294	0.0303	0.0000	0.0709
2005	0.0455	0.0547	0.1098	0.1194
2006	0.0675	0.0840	0.1598	0.2152
2007	0.0954	0.1291	0.2125	0.2781
2008	0.1352	0.1996	0.2592	0.3321
2009	0.1994	0.2517	0.3164	0.4124
2010	0.2001	0.3411	0.3706	0.4787
2011	0.2421	0.3923	0.4427	0.5324
2012	0.2792	0.4737	0.5034	0.6094
2013	0.3314	0.5669	0.5477	0.6629
2014	0.3805	0.6282	0.6055	0.7146
2015	0.4344	0.6884	0.6790	0.7744
2016	0.4960	0.7426	0.7310	0.8540
2017	0.6225	0.7913	0.8029	0.8839
2018	0.7577	0.8627	0.8748	0.9138
2019	0.8516	0.9289	0.9461	0.9549
2020	0.9939	0.9862	0.9895	0.9596

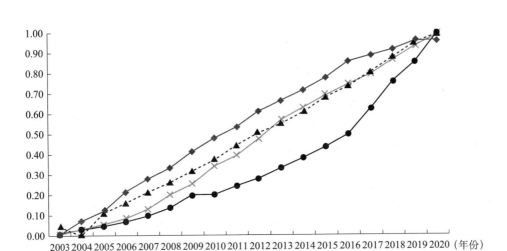

图 5 - 1　2003～2020 年二级指标综合评价指数变化趋势

由表 5 - 6 和图 5 - 1 可知，2003～2020 年四个综合评价指数整体呈现持续上升的趋势。其中，可持续水平增速最快，其次是投入水平，再次是发展规模，最后是发展环境。从各项指数均值来看，2003～2020 年可持续水平综合评价指数平均为 0.5428，发展环境指数平均为 0.4775，投入水平为 0.4532，而发展规模指数的均值最小为 0.3429。分析各项指数的变化特点发现，2003年发展环境指数领先于其他三项指数；2004～2019 年可持续水平一直处于领先地位，发展环境指数基本处于第二的位置；但是 2013～2016 年投入水平指数赶超发展环境指数位居第二位，随后与可持续水平、发展环境三者齐头并进，直到 2020 年投入水平指数超过了可持续水平指数。值得一提的是，2003～2019 年高技术服务业发展规模指数一直处于最末位，但是 2020 年该指数领先于其他三者。可以看出，随着 2011 年中国促进高技术服务业发展规划的出台，中国加大了对于高技术服务业的人力、资本和研发等要素的投入，以促进该产业的快速发展，而 2020 年初新冠肺炎疫情的大暴发，电子商务、在线服务等新业态实现逆增长，在保障民生中发挥了重要作用，从而使得高技术服务业规模迅速增大。

接下来，分别从自我成长和外在支撑内部所包含的指数进行对比分析。一方面，自我成长潜力中，发展规模与投入水平二者持续上升。2004～2019 年投入水平一直高于发展规模；二者间最大差异表现在 2015 年，值为 0.2540，最小差异表现在 2004 年，值为 0.0009。另一方面，外在支撑潜力中，发展环境在 2004 年表现为 0 值，其余年份均持续上升，可持续水平则一直保持上升态势。观察表 5-6 和图 5-1 可以发现，除了 2003 年和 2020 年首尾两年以外，其余年份均表现为可持续水平高于发展环境，二者间最大差异表现在 2013 年，值为 0.1152；最小差异表现在 2019 年，值为 0.0088。

5.3.2　发展潜力综合评价

采用与上述计算二级指标综合评价指数相同的方法，分别计算自我成长潜力值和外在支撑潜力值，结果如表 5-7 所示。并参考学者吕萍和李忠富（2010）的观点，认为高技术服务业发展潜力是自我成长潜力和外在支撑潜力综合作用的结果，即具有可加性，由此，认为高技术服务业发展潜力 = 自我成长潜力 + 外在支撑潜力 + α（不确定因素）。其中，不确定因素忽略不计，最终得到高技术服务业发展潜力如表 5-7 和图 5-2 所示。

表 5-7　　　　　　2003~2020 年中国高技术服务业发展潜力

年份	自我成长潜力	外在支撑潜力	综合发展潜力
2003	0.0074	0.0035	0.0109
2004	0.0298	0.0119	0.0417
2005	0.0500	0.0933	0.1433
2006	0.0758	0.1664	0.2422
2007	0.1118	0.2250	0.3368
2008	0.1659	0.2763	0.4422
2009	0.2240	0.3455	0.5695
2010	0.2670	0.4065	0.6735
2011	0.3146	0.4712	0.7858
2012	0.3732	0.5408	0.9140
2013	0.4450	0.5903	1.0353
2014	0.4998	0.6461	1.1459
2015	0.5572	0.7147	1.2719
2016	0.6152	0.7819	1.3971
2017	0.7041	0.8370	1.5411
2018	0.8084	0.8926	1.7010
2019	0.8874	0.9541	1.8415
2020	0.9805	0.9824	1.9629

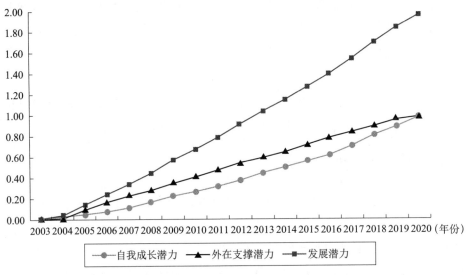

图 5 - 2   2003 ~ 2020 年中国高技术服务业发展潜力趋势

由表 5 - 7 和图 5 - 2 可知，中国高技术服务业发展潜力总体上呈稳步增长态势，前期增速较快，后期增速有所放缓。其中，高技术服务业的自我成长潜力在 2003 ~ 2004 年高于外在支撑潜力；而 2005 ~ 2020 年外在支撑潜力高于自我成长潜力，两大潜力间的差异在 2012 年表现为最大，为 0.1676；2013 ~ 2014 年自我成长和外在支撑二者间的差距开始出现缩小的势头，2017 ~ 2020 年二者间差异快速缩小，尤其是 2020 年二者间差异达到最小，为 0.0019。由此可以看出，高技术服务业在 2003 ~ 2004 年提出初期，自我成长能力有所提高。但是随后几年里，中国经济发展、基础设施、科技发展等外在环境对高技术服务业的支撑作用还是明显快于产业自身的成长；伴随着 2011 年中国对于高技术服务业发展的重点扶持，一系列政策相继推出，该产业自身得到快速发展，发展规模与投入均有所增加，故自我成长潜力有所提升，与外在支撑潜力齐头并进。

综上，从长远来看，高技术服务业发展潜力还会继续增加，自我成长中的规模和投入在近些年也有大幅提升，特别是新冠肺炎疫情的常态化，电子商务等线上服务将发挥日益重要的作用，从而自我成长潜力也将不断增大。相较之下，外在支撑潜力有所缩小，说明外在环境和可持续水平存在一定程度的减少，这点从前述指数的变化趋势也可以看出，即 2013 ~ 2020 年自我成长潜力年均增速为 11.95%，外在支撑潜力年均增速为 7.55%，前者增速明显快于后者。

5.4　重点省市高技术服务业发展潜力评价与比较

5.4.1　重点省市选取依据

　　本部分内容将依据 3.2 节高技术服务业省域空间分布特征和 3.3 节高技术服务业城市集聚特征分析结果，选择重点省份对其 2016 ～ 2020 年高技术服务业发展潜力进行评价与比较。其中，由 3.2.3 小节关于各省份高技术服务业增加值和产业密度的莫兰散点图（图 3 - 6 和表 3 - 3、表 3 - 4）可知，高技术服务业的高—高值区域主要集中在东部沿海，包括北京、上海、天津、山东、江苏和浙江；而由 3.3.4 小节城市平均集中率排名结果（表 3 - 7）可知，高技术服务业主要集聚在北、上、广、深四大一线城市和成都、杭州、南京、天津等新一线城市，且成都在近些年集聚速度较快。故结合上述二者研究结论，同时考虑直辖市、省份数据较为全面且易获取，最终选择北京、上海、天津、江苏、浙江、广东、四川和山东等 8 个省市作为高技术服务业的重点省份，评价与比较各省份高技术服务业发展潜力。

5.4.2　指标体系构建与说明

5.4.2.1　指标体系构建

　　5.2 节和 5.3 节的研究重点是中国高技术服务业历年发展潜力，而本节内容的关注点是重点省份高技术服务业的发展潜力，因此构建指标体系的方法上会有所不同。主要表现在：（1）全国与省份区域概念不同。省份为全国的部分，全国的指标不能直接套用在省份上。（2）统计口径不同。部分数据如环境治理、科学研发等，全国与省份的统计口径不一致，各省份之和并不一定等于全国数据。（3）指标作用不同。由于不同省份的地理环境、面积、人口差异较大，部分指标在评价全国时作用较大，但不一定适合省份间比较，如铁路长度、城镇化率、能源加工转换总效率等。另外，在筛选重点省份时已经考虑了高技术服务业发展状况，因此，在评价其发展潜力时，对其发展水平的指标可以尽可能省略，以简化计算。

综上，遵循 5.2.2 小节的指标体系构建原则，选取重点省份高技术服务业发展潜力评价指标，但与评价中国高技术服务业发展潜力的指标有较大区别，原因如上文所言。因此，本部分在构建重点省份高技术服务业发展潜力评价指标体系时，主要考虑高技术服务业在该省份受重视的程度、对该省份的贡献情况等。又因为技术水平与创新能力对高技术服务业的发展极为重要，所以选取较多关于科技与创新方面的指标。此外，为使重点省份间的比较更加客观，所选指标应尽可能不受单位总量、资金总量和人口数量等方面的影响，故部分指标采用比重形式而非总量形式。根据上述原则，并结合实际情况，得到指标体系见表 5 - 8。

表 5 - 8　　　　　　重点省份高技术服务业发展潜力评价指标体系

编号	指标名称	编号	指标名称
$X1$	高技术服务业法人单位数占比（%）	$X9$	规模以上工业企业 $R\&D$ 项目数（项）
$X2$	地区生产总值（万亿元）	$X10$	国内专利申请受理量（万项）
$X3$	第三产业增加值在地区生产总值中的占比（%）	$X11$	国内专利申请授权量（万项）
$X4$	高技术服务业就业人员占比（%）	$X12$	专利申请授权比（%）
$X5$	高技术服务业相关行业固定资产投资占比（%）	$X13$	技术市场成交额（亿元）
$X6$	高技术服务业相关支出在财政总支出中占比（%）	$X14$	居民人均可支配收入（万元）
$X7$	规模以上工业企业 $R\&D$ 人员全时当量（万人年）	$X15$	居民人均消费支出（万元）
$X8$	规模以上工业企业 $R\&D$ 经费（亿元）	—	—

注：表中指标数据来源于上述 8 个重点省份 2017～2021 年统计年鉴，其中高技术服务业相关指标则根据年鉴数据计算得到，具体计算方法将在下文中给予说明。

5.4.2.2　指标说明

本部分高技术服务业的研究范围同样参照 2.1.2 小节中的分类标准，主要包括门类 I 信息传输、软件和信息技术服务业，门类 M 科学研究和技术服务业两大行业[①]。接下来将对部分指标进行具体说明：高技术服务业法人单位数占比（$X1$）由各省份高技术服务业法人单位数除以当地总法人单位数得到；高

---

① 由于省份年鉴数据中并不涉及环境治理业的细节性数据，故此处高技术服务业未包含环境治理业。

技术服务业就业人员占比（*X*4）由各省份高技术服务业城镇单位就业人员除以城镇单位总就业人员得到，之所以使用城镇单位就业人员，是因为高技术服务业的就业人员基本集中于此；高技术服务业相关行业固定资产投资占比（*X*5）由各省份高技术服务业固定资产投资除以当地总固定资产投资得到；高技术服务业相关支出在财政总支出中占比（*X*6）由各省份与高技术服务业相关的地方财政支出除以当地总财政支出得到，其中，高技术服务业相关地方财政支出由地方财政科学技术支出、地方财政商业服务业等事务支出、地方财政环境保护支出、地方财政资源勘探电力信息等事务支出四部分加总得出；专利申请授权比（*X*12）由国内专利申请授权量（*X*11）除以国内专利申请受理量（*X*10）得到。而关于 R&D 方面指标（*X*7、*X*8 和 *X*9），使用的是规模以上工业企业的数据，主要基于两点考虑：一是规模以上工业企业的 R&D 具有代表性，2020 年全国 R&D 总经费 24393.11 亿元，规模以上工业企业的 R&D 经费为 15271.29 亿元，占比达到 62.60%[①]；二是服务业与工业密不可分，未来制造是服务型制造，所以有必要引入工业企业 R&D 数据作分析。

5.4.3　发展潜力评价与比较

基于重点省份发展潜力评价指标体系，接下来将评价并比较 2016～2020 年各重点省份高技术服务业发展潜力。根据指标体系已知每个样本都包含 15 个变量，而样本量仅为 8 个，考虑到变量个数远大于样本个数，不适用主成分分析。因此，本部分重点省份发展潜力的比较，将直接采用 TOPSIS 法进行发展潜力的评价，具体包括数据预处理、确定正负理想解、计算各评价对象到正负理想解的接近度，以及计算各评价对象与理想解的相对贴近度，即各省份高技术服务业发展潜力。

5.4.3.1　数据预处理与正负理想解

在进行评价计算之前，首先对指标数据进行预处理，由于各项指标均为效益型指标，即数值越大评价越高，故对各项指标数据直接运用公式 $z_{ij} = x_{ij} / \sqrt{\sum_{i=1}^{8} x_{ij}^2}$ 进行归一化处理以消除指标量纲，归一化处理后的指标数据见附表 3。

----

①　数据来源于国家统计局网站。

这里使用主观赋权法，赋予各指标相同的权重。

其次，基于归一化后的指标数据，选择各指标的最大值组成正理想解 f_j^+，选择最小值组成负理想解 f_j^-，结果见表 5 - 9。

表 5 - 9　　　　　　　　　各项指标正理想解与负理想解

年份	理想解	X1	X2	X3	X4	X5	X6	X7	X8	X9	X10	X11	X12	X13	X14	X15
2016	f_j^+	0.66	0.56	0.49	0.80	0.59	0.47	0.60	0.56	0.56	0.57	0.58	0.41	0.94	0.52	0.50
	f_j^-	0.20	0.08	0.29	0.14	0.18	0.21	0.07	0.09	0.07	0.12	0.09	0.27	0.05	0.18	0.20
2017	f_j^+	0.62	0.57	0.49	0.79	0.57	0.51	0.59	0.57	0.56	0.65	0.68	0.40	0.93	0.52	0.50
	f_j^-	0.20	0.08	0.29	0.13	0.17	0.22	0.07	0.07	0.06	0.09	0.08	0.27	0.07	0.18	0.21
2018	f_j^+	0.64	0.57	0.48	0.78	0.69	0.50	0.68	0.60	0.55	0.68	0.71	0.38	0.88	0.52	0.51
	f_j^-	0.21	0.08	0.29	0.13	0.12	0.22	0.05	0.07	0.05	0.09	0.08	0.31	0.11	0.18	0.21
2019	f_j^+	0.62	0.57	0.48	0.77	0.59	0.52	0.67	0.62	0.59	0.69	0.73	0.39	0.84	0.52	0.50
	f_j^-	0.23	0.07	0.29	0.13	0.16	0.20	0.05	0.06	0.04	0.08	0.08	0.31	0.13	0.19	0.21
2020	f_j^+	0.64	0.57	0.47	0.76	0.59	0.58	0.67	0.62	0.61	0.69	0.70	0.39	0.78	0.52	0.49
	f_j^-	0.23	0.07	0.30	0.14	0.14	0.19	0.04	0.06	0.04	0.08	0.07	0.32	0.13	0.19	0.23

5.4.3.2　发展潜力结果分析

接下来，计算各省份数据与正、负理想解的距离，得到 S_i^+ 和 S_i^-，然后计算得到贴近度 S_i，由此得到各省份高技术服务业发展潜力值及其排名，具体结果见表 5 - 10。

表 5 - 10　　　　2016～2020 年重点省市高技术服务业发展潜力与排名

省份	2016 年		2017 年		2018 年		2019 年		2020 年		发展潜力均值
	潜力	排名	潜力	排名	潜力	排名	潜力	排名	潜力	排名	
广东	0.5043	2	0.5353	1	0.5619	1	0.6009	1	0.6084	1	0.5622
江苏	0.5040	3	0.4931	3	0.4779	3	0.5057	2	0.5192	2	0.5000
北京	0.5628	1	0.5329	2	0.5005	2	0.4793	3	0.4639	3	0.5079
浙江	0.3979	4	0.3900	4	0.3874	4	0.4093	4	0.4193	4	0.4008
上海	0.3209	6	0.3112	6	0.3028	5	0.3110	5	0.3184	5	0.3129
山东	0.3227	5	0.3141	5	0.2825	7	0.2693	6	0.3030	6	0.2983
天津	0.2134	7	0.2662	7	0.2846	6	0.2540	7	0.2585	7	0.2553
四川	0.1035	8	0.1088	8	0.1137	8	0.1079	8	0.1087	8	0.1085

整体来看，如表 5 - 10 所示，广东省高技术服务业发展潜力一直处于上升趋势，其他省份发展潜力有增有减。其中，广东、江苏、浙江、天津和四川 2020 年发展潜力数值较 2016 年有所增长，广东增幅最大，而北京、上海、山东 2020 年发展潜力数值较 2016 年有所减少，北京降幅最大。排名上，浙江和四川排名稳定，一直分别处于第 4 位和第 8 位，其他省份排名均有变化。

　　从各省份发展潜力均值来看，广东省潜力最大为 0.5622，其次是北京 0.5079，再次是江苏（0.5000）、浙江（0.4008），5 ~ 7 位分别是上海（0.3129）、山东（0.2983）、天津（0.2553），排在最末位的是四川省为 0.1085。而且从均值还可以看出，广东、北京和江苏的发展潜力相较其他省份具有明显优势，而四川省则明显落后于其他省份。

　　从不同年份来看，2016 年重点省份高技术服务业发展潜力排名是北京 > 广东 > 江苏 > 浙江 > 山东 > 上海 > 天津 > 四川，相较其他年份排名波动较大；自 2017 年开始，广东、上海和江苏排名有所提升，8 个省份排名逐渐趋向稳定；直到 2019 ~ 2020 年排名稳定未发生变化，表现为广东 > 江苏 > 北京 > 浙江 > 上海 > 山东 > 天津 > 四川。

　　接下来，分别对 8 个重点省份高技术服务业发展潜力进行具体分析。广东省高技术服务业发展潜力在 8 个省份中进步最为明显，且 2016 ~ 2020 年一直处于上升态势。发展潜力值从 2016 年的 0.5043 增长至 2020 年的 0.6084，排名则从 2016 年的第 2 位提升至第 1 位，且自 2017 年开始一直稳居 8 个省份的第 1 位。广东省地处我国南部，拥有广州、深圳、珠海等一批重要城市。其中，广州是国家重要的中心城市、国际商贸中心和国际性综合交通枢纽，也是国家最早的沿海开放城市；深圳则是国际科技产业创新中心、商贸物流中心等。观察 2016 ~ 2020 年发展潜力指标数据，如表 5 - 11 所示，广东省地区生产总值居 8 个重点省份首位，也连续居全国首位；规模以上工业企业 R&D 经费、项目数等居重点省份首位；专利申请量连续每年大幅提升，且位列第一名，2020 年国家专利申请受理量 96.72 万项，专利申请授权量 70.97 万项，二者数量比 2019 年分别增长 19.75% 和 34.57%，申请绝对数量远超出其他省份。此外，广东省移动电话拥有量、互联网用户等数量也位列各省份第一，这些均为广东省高技术服务业的发展提供了强有力的保障与良好的外部支撑。但是，广东省高技术服务业发展中也存在不足之处，如该产业自身发展规模还不够，高技术服务业法人单位数占比、就业人员占比、固定资产投资占比等指标居于中等水平，落后于北京、上海、江苏等省份，说明广东省高技术服务业的自我成长能力尤其是发展规模还有待提高。

表 5-11　　2016~2020 年广东省高技术服务业发展潜力部分指标数值

年份	GDP（万亿元）	规模以上工业企业 R&D 人员全时当量（万人年）	规模以上工业企业 R&D 经费（万亿元）	规模以上工业企业 R&D 项目数（万项）	国内专利申请受理量（万项）	国内专利申请授权量（万项）
2016	8.2163	42.3730	1676.2749	5.0740	50.5667	25.9032
2017	9.1649	45.7342	1865.0313	7.3439	62.7834	33.2652
2018	9.9945	62.1950	2107.2031	7.6985	79.3819	47.8082
2019	10.7987	64.2490	2314.8566	10.6340	80.7700	52.7390
2020	11.0761	70.0017	2499.9527	13.2120	96.7204	70.9725

资料来源：根据历年《广东统计年鉴》计算整理得到。

江苏省高技术服务业发展潜力从 2016 年的 0.5040 增长至 2020 年的 0.5192，其中 2017~2018 年有小幅减少。发展潜力排名在 2016~2018 年一直处于 8 个省份的第 3 位，2019 年提升至第 2 位。江苏省位于我国东部沿海，地处黄海之滨，上承山东，下接上海、浙江，西与安徽接壤。江苏省经济发展迅速，2016~2020 年该省地区生产总值仅次于广东省，位列八省份第二，同时位居全国第二，是中国综合发展水平最高的省份之一。类似广东省，2016~2020 年江苏省规模以上工业企业 R&D 研发经费与项目数、专利申请量均表现为连续增长态势，且大于多数省份，仅次于广东省（见表 5-12），说明江苏省工业企业一直以来重视科研与创新，对研发的支持力度较大。由第 3 章分析可知，江苏省位于中国高技术服务业高-高值集聚区域，临近省份如浙江、上海、山东的高技术服务业均发展良好，根据区域经济梯度转移理论，这些发展较好的省份可以通过产业和要素转移相互影响，相互促进。但是，经研究发现，江苏省高技术服务业法人单位数占比在八省份中排名居中，2020 年列第 4

位，但是就业人员占比排名较为靠后，2020 年列倒数第 2 位，说明江苏省高技术人才存在短缺；第三产业占 GDP 比重也偏少，在八省份中排名靠后。由此，江苏省应加大力度，提高服务业整体规模，同时，基于现有经济优势与优惠的人才政策，吸引更多的高技术、高层次人才，弥补高技术服务业方面人员较少的劣势。

表 5 – 12　　　2016 ~ 2020 年江苏省高技术服务业发展潜力部分指标数值

年份	GDP（万亿元）	规模以上工业企业 R&D 经费（万亿元）	规模以上工业企业 R&D 项目数（万项）	国内专利申请受理量（万项）	国内专利申请授权量（万项）
2016	7. 7351	1657. 5418	5. 9535	51. 2429	23. 1033
2017	8. 5870	1833. 8832	6. 7205	51. 4402	22. 7187
2018	9. 3208	2024. 5195	7. 2426	60. 0306	30. 6996
2019	9. 8657	2206. 1581	9. 5240	59. 4249	31. 4395
2020	10. 2719	2381. 6885	10. 3567	71. 9452	49. 9167

资料来源：根据历年《江苏统计年鉴》计算整理得到。

相较其他 7 个重点省份，北京市高技术服务业发展潜力降幅明显，从 2016 年的 0.5628 持续减少至 2020 年的 0.4639，这点类似第 3 章分析高技术服务业集聚特征，北京市高技术服务业集聚水平也有所减少；发展潜力排名从 2016 年的排名第一经历 2017 ~ 2018 年的第二降至 2019 ~ 2020 年的第三。从指标数据来看，如表 5 – 13 所示，北京市高技术服务业整体规模较大，2016 ~ 2020 年高技术服务业法人单位数占比、高技术服务业就业人员占比、第三产业占 GDP 比重、技术市场成交额等数量均遥遥领先于其他省份，这得益于北京得天独厚的地理位置，以及服务业的快速发展与重要地位。但是，规模以上工业企业研发投入、专利申请量方面，远落后于广东、江苏、浙江等省份。同时，从历年数据变化来看，北京市高技术服务业相关行业固定资产投资占比、高技术服务业相关支出在财政总支出中占比、规模以上工业企业 R&D 人员全时当量与 R&D 项目数均有不同程度的减少，这也使得高技术服务业投入水平下降，从而使得其发展潜力有所下降。

表 5 - 13　　　　2016～2020 年北京市高技术服务业发展潜力部分指标数值

年份	高技术服务业法人单位数占比（％）	高技术服务业就业人员占比（％）	第三产业在GDP中的占比（％）	高技术服务业相关行业固定资产投资占比（％）	高技术服务业相关支出在财政总支出中占比（％）	规模以上工业企业 R&D 人员全时当量（万人年）	规模以上工业企业 R&D 项目数（万项）
2016	20. 2403	17. 4605	82. 2659	4. 0299	14. 0473	5. 1143	0. 7262
2017	20. 6137	18. 2802	82. 6948	3. 2193	15. 0805	5. 2719	0. 7904
2018	23. 3919	19. 0040	83. 0910	4. 4929	14. 8400	4. 6929	0. 7039
2019	22. 4125	19. 5627	83. 6883	4. 3785	12. 6622	4. 4241	0. 7671
2020	25. 3962	20. 3406	83. 8682	4. 9643	11. 9747	4. 6172	0. 8290

资料来源：根据历年《北京统计年鉴》计算整理得到。

　　浙江省高技术服务业发展潜力表现较为平稳，排名一直稳居第 4 位，发展潜力值表现为先降再升，从 2016 年的 0.3979，2017 年和 2018 年分别下降至 0.3900 与 0.3874，2019 年和 2020 年又回升至 0.4093 与 0.4193，变化趋势与江苏省类似。浙江省位于中国东南沿海，是中国省内经济发展程度差异最小的省份之一。近些年，该省非常重视高技术制造业、高技术服务业与数字经济的发展，从 2013 年全国两化融合示范省的提出，到 2016 年提出《浙江省促进大数据发展实施计划》，再到 2017 年提出数字经济"一号工程"，作为浙江省省会城市杭州市，是环杭州湾大湾区核心城市、沪嘉杭 G60 科创走廊中心城市、国际重要的电子商务中心，拥有阿里巴巴电商集团、国家物联网产业园区，智慧城市、城市大脑建设等方面一直走在前列，这些均有助于浙江省高技术服务业的良好发展。但是，相比排名前三的广东、江苏和北京，浙江省高技术服务业法人单位数、就业人员和相关行业固定资产投资占比方面较少，技术市场成交额也略微偏低，说明浙江省高技术服务业整体规模还有待进一步扩大。

　　上海市高技术服务业发展潜力小幅减少，从 2016 年的 0.3209 减少为 2020 年的 0.3184，在 8 个重点省份中的排名从第 6 位上升至第 5 位。类似北京市，上海市高技术服务业法人单位数、第三产业整体发展良好，高技术服务业相关支出在财政总支出中占比连续稳居八省份首位，可以看出上海对其高技术服务业发展较为重视，产业发展基础较好。但是，规模以上工业企业研发投入有限，专利申请量相比广东、江苏和浙江较少，说明高技术服务业配套产业研发投入不足，这也是上海高技术服务业发展中仍需加强的地方。

山东省高技术服务业发展潜力在 2017～2019 年一直处于下降趋势，从 2016 年的 0.3227 降至 2019 年的 0.2693，2020 年虽有小幅增长但仍比 2016 年的潜力值小；潜力排名则由第 5 位降至第 7 位，随后又升至第 6 位。该省高技术服务业发展规模与研发水平在八省份中处于中等靠下，但是专利申请授权比相对较高，2020 年有明显提升。山东省经济发展水平较高，地区生产总值仅次于广东省和江苏省，位列第三，属于经济发达省份之一，具有较强的经济实力，并且根据前述集聚特征分析，山东省位于高－高值集聚，处于发展良好中心，且挨着江苏省和安徽省。因此，该省应充分利用自身经济实力与周边发展良好地区，加大研发投入，提升高技术服务业整体规模。

天津市与四川省高技术服务业发展潜力变化类似，即 2017～2018 年较 2016 年表现为上升，随后 2019 年有所下降，2020 年又小幅回升，且与 2016 年相比有所增加。其中，天津市的潜力排名基本位于第 7 位，主要优势体现在高技术服务业相关指标表现较好，基本处在八省份的前列，虽然该省地区生产总值处于末位，但是第三产业增加值占比位列第三，说明该省高技术服务业已具备一定的规模，且具有良好的发展环境。不足的是，规模以上工业企业研发投入、技术成交额等偏低，这点与北京、上海两个直辖市的情况类似；在 8 个重点省份中，四川省的发展潜力则一直处在第 8 位。由第 3 章 3.3 节城市集聚特征分析结果可知，四川省成都市的高技术服务业集聚水平提升速度较快，且排名靠前，但是全省高技术服务业整体水平偏低，高技术服务业相关行业固定资产投资、财政支出占比均处在末位，人均可支配收入、居民人均消费支出也处在末位，这说明当地高技术服务业的发展规模有待扩大，发展环境需要进一步完善。

5.4.4 研究结论

综上，通过对 8 个重点省份高技术服务业发展潜力的评价与比较，发现高技术服务业发展潜力大的省份，普遍具有较强的经济实力，且在规模以上工业企业研发投入、专利申请量等方面具有明显优势，不足的是高技术服务业相关行业发展规模有待提高，如法人单位数、就业人员等较少；而发展潜力居中或靠后的省份要么是在工业企业研发投入、专利申请等科技创新方面存在不足，要么是高技术服务业整体发展规模偏小，如人力资本投入不足，就业人员数偏少。其中，北京、上海和天津三个直辖市在潜力方面表现具有共同特点，主要表现为高技术服务业整体发展较好，已具有一定的规模，第三产业增加值占比较大，但是在研发投入、专利申请方面具有劣势。

5.5　本章小结

基于高技术服务业现有基础和全球间的差异，本章遵照目的性、科学性、可行性等原则，设定自我成长潜力和外在支撑潜力作为一级指标，选取发展规模、投入水平、发展环境和可持续水平等作为二级指标构建高技术服务业发展潜力指标体系，并采用加权主成分 TOPSIS 方法，分别测度中国高技术服务业的自我成长潜力、外在支撑潜力和综合发展潜力。研究发现，作为国家重点关注，且符合发展趋势的战略性产业，在整体经济大发展的环境下，中国高技术服务业发展潜力稳步提升，体量不断增加，未来将继续提升但增速会有所放缓。其中，自我成长潜力和外在支撑潜力也表现为不断上升的趋势。高技术服务业发展初期，由于科技进步、基础设施完善等多方面的影响，可持续水平等外在环境领先于自我成长。但是随着高技术服务业的逐渐成长，各种要素投入的加大，近几年自我成长潜力年均增速明显快于外在支撑潜力的增速，可以预见，未来高技术服务业的发展规模还有较大的提升空间。接下来，在第 3 章高技术服务业集聚特征分析结果的基础上，本章选择北京、上海、江苏、浙江、广东等 8 个重点省份，构建指标体系，对 8 个省份 2016～2020 年高技术服务业发展潜力进行评价与比较，指出各个省份高技术服务业发展的优缺点，有助于其更好地规划高技术服务业的发展，也可以为其他地方高技术服务业发展提供参考。总之，发展潜力有助于高技术服务业的成长，在其发展尚未完全成熟之际，保持较高的发展潜力，能够有效拉动高技术服务业快速发展。

第6章

中国高技术服务企业发展潜力测度

2018 年末，全国从事高技术服务的企业法人单位达 216.9 万个，占全部服务企业法人单位的比重为 14.9%[①]。2020 年，规模以上高技术服务业企业营业收入增速比全部规模以上服务业企业快 9 个百分点[②]。高技术服务企业具有高技术性、高渗透性、高智力性、高创新性的特点（王玉梅和林洲钰，2014），科技含量高，对人才和资金的要求严苛，这意味着其发展面临很大挑战。如何恰当运用生产要素，激发高技术服务企业潜力，提高企业国际化程度以实现转型升级和持续稳定发展是现阶段面临的问题。故本章将在第 5 章分析整体行业发展潜力的基础上，从行业角度切换至企业角度，通过对高技术服务业上市公司 2018~2019 年的发展潜力分析与对比，发现所属不同行业、地区的高技术服务企业间发展潜力的差异，寻找促进和制约发展的因素，并依据发展潜力测算结果，选择潜力排名靠前且属于不同行业的典型企业进行案例分析，有针对性地挖掘规模不同、所属行业及地域不同的企业的发展潜力，以促进高技术服务业持续发展。

---

① 数据来源于国家统计局 2019 年 12 月发布的《我国高技术服务业蓬勃发展——第四次全国经济普查系列报告之八》中。

② 数据来源于国家统计局 2021 年 2 月发布的《不平凡之年书写非凡答卷——〈2020 年国民经济和社会发展统计公报〉评读》报告中。

6.1 相关文献回顾

6.1.1 高技术服务企业研究

由 2.2 节关于高技术服务业的研究文献可知，学者们关于高技术服务业的定量研究多是从行业、区域经济等宏观角度展开，而关于企业微观角度的研究相对较少，主要集中在以下两个方面。

（1）以高技术服务业中某一具体行业为例评估企业能力。杨柳和张友棠（2017）构建了基于增加价值的信息技术上市公司治理评价指数，以评价企业价值创造能力。温等（Wen et al.，2003）基于财务指标和电子商务特定指标，采用 DEA 方法评估电子商务公司的相对效率，同时识别出其潜在效率。米卡（Mika，2009）基于 1997～2007 年全世界 44 家电信公司的财务数据构建 logistic 回归和 DEA - DA 评估了样本企业的财务绩效。

（2）研究企业人力资源、研发投入、资本情况等投入指标对企业绩效、科技成果等产出指标的影响。张琚涵和罗守贵（2018）通过对 2008～2016 年企业统计数据进行非平衡面板数据的固定效应分析，发现科技成果转化效率对高技术服务企业技术创新提升有显著正向作用。彭正龙等（2015）采用多元层次回归分析方法对高技术服务企业调研数据进行分析，发现创始团队的营销能力和营销利用能力均能显著提升企业绩效。苏华等（2013）根据苏州市高技术服务企业调查数据，采用 AHP 方法寻找影响苏州市高技术服务企业发展的因素，发现提高和优化企业的服务能力是高技术服务企业的工作重心。埃斯特班和胡安（Esteban & Juan，2019）则采用 DEA 和回归分析的方法对匈牙利、西班牙和哥斯达黎加 103 家高技术服务企业进行研究，结果显示，竞争优势和效率之间存在正相关关系且这一关系在小企业中更加显著。

6.1.2 企业发展潜力研究

国内学者关于企业发展潜力的定量研究数量有限，一般是通过建立指标体系描述企业未来发展态势。刘志国（2014）从外部环境、企业资源实力、企业经营能力和企业文化素质四个方面构建企业发展潜力指标，并提出指标体系的构建应遵循长期性与短期性并重、量化多于非量化、财务性与非财务性相结合、单一性让位于多重性这四个原则。李婉丽、刘凤全等（2002）从技术创新能力、人力资源开发能力、市场营销能力、抵御财务风险的能力和管理能力这五方面选取 54 项指标构建高科技企业发展潜力评估指标体系，并建立了企业发展潜力评价的模糊综合评判模型。

6.1.3 文献述评

综上分析可以发现，学者们对高技术服务企业的研究大多围绕科技创新、人力资本角度展开，且研究结果均显示科技创新和人力资本对高技术服务企业的发展具有显著正相关性，故在建立高技术服务企业评价指标时应将这些因素充分考虑在内。此外，目前研究仍存在两个问题：一是立足企业角度的研究仍偏少，尤其鲜有发展潜力方面的研究；二是研究对象选取单一，学者们对高技术服务企业的评价研究基本在同一行业内。故本章节将借鉴学者对高技术服务企业及企业发展潜力的研究成果，充分考虑目前研究的不足，依据高技术服务业分类标准，将所有上市公司置于同一标准下，对其发展潜力进行测评，可从多个角度探究整个产业的未来发展状况。

6.2 指标体系建立及样本选择

6.2.1 指标体系的构建

企业的发展潜力是动态变化的，体现企业改进和变革的能力，黄津孚（1999）将其定义为企业潜在的价值生产能力，刘志国（2014）将其定义为企业发掘潜在竞争优势以保持企业可持续发展的能力。基于此，本章节将企业发展潜力界定为企业在整合优化现有生产要素的基础上充分挖掘技术、人力和管理等方面优势以保持企业持续稳定发展的能力。

与企业发展潜力评价相关的理论主要有：企业价值链理论和核心能力理论（刘志国，2014）。其中，（1）企业价值链理论认为企业发展潜力受到价值链上关键环节增值能力的影响，其中，关键环节包括资源投入、研究开发、生产能力和管理水平（迈克尔·波特，1997）；（2）核心能力理论则认为企业究其本质是一个能力体系，能力是对企业进行评价的基本模块，以技术、战略管理和企业文化为主的核心能力是企业可持续发展的源泉，其外在表现形式主要有经营战略、组织结构及技术水平（刘志国，2014；Prahalad & Hamel，1990）。基于上述理论，根据指标体系选择的科学性、系统性、综合性、层次性等原则，结合高技术服务企业自身特点，本部分将从财务和非财务角度分别选取指标建立高技术服务企业发展潜力的评价指标体系，具体包含资源潜力、经营潜力、治理潜力和外部潜力四个一级指标，资本储备等 11 项二级指标和净利润等 28 项三级指标，具体见表 6 - 1。

表 6 - 1　　　　　　　高技术服务企业发展潜力指标体系

一级指标	二级指标	三级指标
资源潜力	资本储备	净资产/所有者权益合计（元）
		净利润（元）
	人力资源	技术人员所占比重（%）
		本科及以上人数占比（不含大专）（%）
	创新资源	研发费用总额占营业收入比（%）
		本年度专利公开数量（件）
经营潜力	偿债能力	速动比
		现金比率
		利息保障倍数
		资产负债率
	营运能力	应收账款周转率（次）
		营运资金周转率（次）
		流动资产周转率（次）
		总资产周转率（次）
	盈利能力	净资产收益率 ROE（%）
		净利润率（营业净利率）（%）
		成本费用利润率（%）
	发展能力	总资产增长率（%）
		基本每股收益增长率（%）
		净利润增长率（%）
		营业收入增长率（%）

续表

一级指标	二级指标	三级指标
治理潜力	高管能力	硕/博占比（%）
		董、监、高人员年度平均报酬（元）
	治理会议	年度股东大会出席率（%）
		年度内董、监会会议次数（次）
外部潜力	社会支持	地区 GDP 增长率（%）
		地区人均 GDP（元/人）
	资源吸引	筹资活动现金流入（元）

具体来说，资源潜力衡量企业的要素禀赋，包括资本储备、人力资源、创新资源三个方面，分别对应资本、劳动力、技术这三种生产要素，显示出企业的抗风险能力和生产潜力。其中，净资产和净利润分别是企业资本运动的静态和动态表现；技术人员所占比重和本科及以上人数（不含大专）占比分别体现企业人力资源分配结构和文化水平；研发费用总额占营业收入比和本年度专利公开数量分别从技术研发和成果转化两个阶段衡量企业创新能力。

经营潜力则主要衡量企业的财务状况，包括偿债能力、营运能力、盈利能力和发展能力四个方面，可以充分显示企业经营管理能力。其中，偿债能力指标衡量企业静动态和长短期偿还债务的能力，周转率指标体现企业对各类资金的利用效率，收益和成本指标衡量企业的获利与成本控制能力，增长率指标衡量企业未来发展可能。

治理潜力衡量企业的管理水平，包括高管能力和治理会议两个方面，主要显示高管带领及控制企业、合理分配所有者权益，以保障企业稳定发展的能力。其中，高管中硕博占比衡量管理层的文化素质，董、监、高人员年度平均报酬体现管理层的职业水平和企业的激励力度；年度股东大会出席率和年度内董、监会会议次数衡量全体股东和高层管理者治理公司的水平与参与情况。

外部潜力衡量企业发展的外在支撑，包括社会支持和资源吸引两个方面，主要显示企业自身以外因素对企业发展的促进。其中，地区 GDP 增长率和人均 GDP 衡量社会发展对企业发展的推动，筹资活动现金流入体现外部资金对企业的支持。

6.2.2　样本选取与其分布

为满足中国高技术服务业相关政策的制定和宏观管理的需求，本章节根据国家统计局最新发布的《高技术产业（服务业）分类（2018）》和《国民经济行业分类》（GB/T 4754—2017），参考上市公司的全球行业分类（GICS）和证监会行业所属，对于分类不明晰的企业按照主营业务划分类别，从所有 A 股上市公司中甄别出 349 家高技术服务企业。基于此，考虑所搜集数据的完整性，删除数据缺失严重的企业 191 家，并剔除 3 家 ST 公司，最终确定选择 155 家公司为研究对象。以 2019 年企业年报数据为依据，所有数据均来自 CCER 中国经济金融数据库、国泰安数据库和各省份统计年鉴。其中，样本企业所属地区与行业分布情况见表 6 - 2 和表 6 - 3。

表 6 - 2　　　　　　　　　　样本企业所在地区汇总　　　　　　　　单位：个

地区	企业个数	地区	企业个数
北京	40	湖南	2
广东	36	贵州	2
上海	19	河北	2
江苏	12	河南	2
浙江	12	广西	1
福建	9	吉林	1
安徽	5	辽宁	1
四川	5	新疆	1
山东	4	云南	1

表 6 - 3　　　　　　　　　样本企业所属具体行业分类汇总　　　　　　　单位：个

所属行业	企业数目
信息服务	124
专业技术服务业的高技术服务	16
研发与设计服务	4
环境监测及治理服务	4
电子商务服务	4
检验检测服务	2
科技成果转化服务	1
合计	155

注：表中行业分布与 A 股中所有高技术服务上市公司的行业分布大体一致。

一方面，中国高技术服务业区域集聚效应突出。从表 6-2 可以看出，样本企业归属地为北京、广东、上海、江苏和浙江省份的居多，这与 2018 年第四次全国经济普查报告中结论相吻合，报告中指出东部地区的高技术服务业在全国占明显优势，企业法人单位主要集中在北京、江苏、浙江等地（国家统计局，2019）。

另一方面，中国高技术服务业行业集中态势明显。由表 6-3 可知，所选择企业所属行业，存在一定的偏倚，主要集中在信息服务行业，这点与经济普查报告中所得结论也是相符的，即信息服务占据高技术服务业比重远超其他行业大类，而专业技术服务业的高技术服务、研发与设计服务这两个行业虽低于信息服务，但已具有较大规模，成为高技术服务业重要支柱（国家统计局，2019）。

6.3 高技术服务企业发展潜力测度与分析

6.3.1 熵权 TOPSIS 方法

根据第 5 章对于 TOPSIS 法的介绍可以看出，该方法同样适用于企业相对潜力的比较；熵值是判断某个指标离散程度大小的比较常用的方法，若离散程度越大，表明该项指标对综合评价的影响程度越大。而将上述两种方法相结合形成的熵权 TOPSIS 法是对传统 TOPSIS 法的改进，采用熵值对数据进行赋权，不仅能反映数据隐含的信息，还能客观反映指标的重要程度，消除主观因素的影响。本章节将采用该方法测度高技术服务企业的发展潜力，对指标数据进行规范化处理、计算熵权、计算综合得分等操作，具体步骤如下。

（1）判断矩阵构建。假设对于 n 家企业和 m 项三级指标，x_{ij}（$i = 1$，2，$\cdots$，n；$j = 1$，2，$\cdots$，m）为第 i 家企业的第 j 项三级指标的评价值，其判断矩阵可表示为：$X = \begin{bmatrix} x_{11} & \cdots & x_{1m} \\ \vdots & \ddots & \vdots \\ x_{n1} & \cdots & x_{nm} \end{bmatrix}$。

（2）原始数据规范化。为了消除数据中存在的量纲不一致以及指标正负性不一致问题，采用极差法对原始数据进行规范化，式中 $\max(x_j)$ 和 $\min(x_j)$ 分别表示第 j 项指标的最大值和最小值，规范化后的评价矩阵记作 Z。

效益型指标： $$z_{ij} = \frac{x_{ij} - \min(x_j)}{\max(x_j) - \min(x_j)} \qquad (6-1)$$

成本型指标： $$z_{ij} = \frac{\max(x_j) - x_{ij}}{\max(x_j) - \min(x_j)} \qquad (6-2)$$

（3）熵权计算。首先，求解第 j 项评价指标的信息熵：

$$H_j = -k \sum_{i=1}^{n} p_{ij} \ln p_{ij} \qquad (6-3)$$

式（6-3）中，k 与被评价对象数量有关，即 $k = \frac{1}{\ln n}$，p_{ij} 为第 i 个被评价对象对第 j 项指标的贡献率，用公式表达为：$p_{ij} = \dfrac{z_{ij}}{\sum\limits_{i=1}^{n} z_{ij}}$。其次，求解第 j 项指标的权重，公式为：

$$w_j = \frac{1 - H_j}{\sum_{j=1}^{m} (1 - H_j)} \qquad (6-4)$$

（4）熵权 TOPSIS 法。第一步，根据标准化后的评价矩阵 $Z = \begin{bmatrix} z_{11} & \cdots & z_{1m} \\ \vdots & \ddots & \vdots \\ z_{n1} & \cdots & z_{nm} \end{bmatrix}$ 和评价指标权重矩阵 $W = diag(w_1, w_2, \cdots, w_m)$，得到加权评

价矩阵 $V = \begin{bmatrix} z_{11}w_1 & z_{12}w_2 & \cdots & z_{1m}w_m \\ z_{21}w_1 & z_{22}w_2 & \cdots & z_{2m}w_m \\ \vdots & \vdots & \ddots & \vdots \\ z_{n1}w_1 & z_{n2}w_2 & \cdots & z_{nm}w_m \end{bmatrix}$，记作 $v_{ij} = z_{ij}w_j$。

第二步，确定正、负理想解：

$$V^+ = (v_1^+, v_2^+, \cdots, v_m^+) = \{\max v_{ij} \mid i = 1, 2, \cdots, n\} \qquad (6-5)$$

$$V^- = (v_1^-, v_2^-, \cdots, v_m^-) = \{\min v_{ij} \mid i = 1, 2, \cdots, n\} \qquad (6-6)$$

第三步，计算各评价对象到正、负理想解的距离。d_i^+ 越小，表示评价对象越接近正理想解，d_i^- 越小，表示评价对象越接近负理想解。

$$d_i^+ = \sqrt{\sum_{j=1}^{m} (v_{ij} - v_j^+)^2} \quad (i = 1, 2, \cdots, n) \qquad (6-7)$$

$$d_i^- = \sqrt{\sum_{j=1}^m (v_{ij} - v_j^-)^2} \quad (i = 1, 2, \cdots, n) \qquad (6-8)$$

第四步，计算评价对象与理想解的接近度。c_i 越大，表明评价对象与理想解越接近，发展潜力越好。

$$c_i = \frac{d_i^-}{d_i^+ + d_i^-} \qquad (6-9)$$

6.3.2　基于上市公司的发展潜力评价分析

6.3.2.1　熵值及权重分析

由式（6-1）和式（6-2）对 2018 年和 2019 年原始数据分别进行规范化处理，其中除了资产负债率为成本型指标之外，其余指标均为效益型指标。将规范化后的数据代入式（6-3）和式（6-4）得到 2018~2019 年各指标的熵值及权重，见表 6-4。

表 6-4　　　　　　　　　　各指标熵值及权重

二级指标	三级指标	2018 年			2019 年		
		熵值	权重	权重排序	熵值	权重	权重排序
资本储备	净资产/所有者权益合计（元）	0.9100	0.0570	7	0.9143	0.0513	7
	净利润（元）	0.9941	0.0037	23	0.9975	0.0015	26
人力资源	技术人员所占比重（%）	0.9767	0.0148	16	0.9775	0.0135	21
	本科及以上人数占比（不含大专）（%）	0.9909	0.0058	21	0.9899	0.0060	23
创新资源	研发费用总额占营业收入比（%）	0.9556	0.0281	10	0.9551	0.0269	10
	本年度专利公开数量（件）	0.7318	0.1698	1	0.7828	0.1301	2
偿债能力	速动比	0.9365	0.0402	9	0.9428	0.0342	9
	现金比率	0.9080	0.0583	6	0.8956	0.0625	5
	利息保障倍数	0.9713	0.0182	12	0.6910	0.1850	1
	资产负债率（%）	0.9822	0.0113	18	0.9827	0.0104	22
营运能力	应收账款周转率（次）	0.8035	0.1244	3	0.8367	0.0978	3
	营运资金周转率（次）	0.7986	0.1276	2	0.9758	0.0145	18
	流动资产周转率（次）	0.9278	0.0457	8	0.9270	0.0437	8
	总资产周转率（次）	0.8988	0.0641	5	0.8960	0.0623	6

续表

二级指标	三级指标	2018 年			2019 年		
		熵值	权重	权重排序	熵值	权重	权重排序
盈利能力	净资产收益率 ROE（%）	0.9982	0.0011	28	0.9976	0.0015	27
	净利润率（营业净利率）（%）	0.9963	0.0023	26	0.9759	0.0145	19
	成本费用利润率（%）	0.9944	0.0036	24	0.9711	0.0173	16
发展能力	总资产增长率（%）	0.9776	0.0142	17	0.9711	0.0173	15
	基本每股收益增长率（%）	0.9954	0.0029	25	0.9973	0.0016	25
	净利润增长率（%）	0.9968	0.0020	27	0.9582	0.0250	11
	营业收入增长率（%）	0.9849	0.0096	19	0.9761	0.0143	20
高管能力	硕/博占比（%）	0.9747	0.0160	15	0.9752	0.0149	17
	董、监、高人员年度平均报酬（元）	0.9584	0.0263	11	0.9649	0.0210	12
治理会议	年度股东大会出席率（%）	0.9859	0.0089	20	0.9976	0.0014	28
	年度内董、监会会议次数（次）	0.9730	0.0171	14	0.9695	0.0182	14
社会支持	地区 GDP 增长率（%）	0.9919	0.0052	22	0.9959	0.0024	24
	地区人均 GDP（元/人）	0.9721	0.0176	13	0.9665	0.0200	13
资源吸引	筹资活动现金流入（元）	0.8355	0.1042	4	0.8482	0.0909	4

从表 6-4 可以看出，2018 年和 2019 年各项指标权重值及其排名较为接近，主要表现为营运能力、创新资源、资源吸引、偿债能力、高管能力这几个维度的权重较大，说明若要提高高技术服务企业发展潜力，从资源潜力角度来看，应重点把握企业技术创新水平，将形成核心竞争力、保持竞争优势作为企业的长久战略；从经营潜力角度来看，应重点把控企业营运能力和偿债能力，提高企业营运资产的效率与效益、保持财务灵活性、增强偿还债务的能力；从治理潜力角度来看，应重点把握企业高管能力，提高企业高管人员的文化素养和经营管理能力，完善对高管人员的激励措施；从外部潜力来看，应紧跟政府融资政策，同时加强品牌建设，以提高企业融资能力。

从表 6-4 还可以发现，相同维度内的各项指标所占的权重绝大多数是均衡的，但还是存在个别指标的权重明显大于其他指标的情况。例如，2018～2019 年，资本储备维度中，净资产/所有者权益合计的权重明显大于净利润的权重，说明要提高企业的资本储备能力，较有效的方法是提高企业的净资产储备；创新资源维度中，本年度专利公开数量的权重远大于研发费用总额占营业收入比的权重，说明相对于研发阶段，高技术服务企业在成果转化阶段的创新能力对提高企业发展潜力具有更为显著的作用；而在偿债能力维度中，2018年速动比和现金比率的权重分别是 0.0402、0.0583，明显大于资产负债率的权重 0.0113，2019 年利息保障倍数的权重为 0.1850，明显大于资产负债率的权重 0.0104，说明企业要提高偿债能力，较为有效的方法是适度提高速动比、现金比率或利息保障倍数，即适当地提高企业财务流动性和财务弹性，及时调整企业获利能力对偿还到期债务的保证程度。

6.3.2.2　TOPSIS 发展潜力排名结果分析

基于各指标权重与规范化数据得到加权评价数据，将其代入式（6 - 5）至式（6 - 9），得到各企业在各分项维度和总体上的接近度（计算结果详见附录中的附表 4 - 1 和附表 4 - 2），其分布情况见表 6 - 5。

表 6 - 5　　　　　　2018 ~ 2019 年企业各分项和发展潜力接近度分布　　　　单位：家

接近度区间	各分项维度								发展潜力	
	资源潜力维度		经营潜力维度		治理潜力维度		外部潜力维度		2018 年	2019 年
	2018 年	2019 年	2018 年	2019 年	2018 年	2019 年	2018 年	2019 年		
[0.0000，0.1000)	36	55	136	134	46	82	41	40	61	69
[0.1000，0.1500)	69	65	14	11	95	60	29	32	60	56
[0.1500，0.2000)	21	18	1	3	12	13	45	46	15	17
[0.2000，1.0000]	29	17	4	7	2	0	40	37	19	13

从表 6 - 5 可以看出，2018 ~ 2019 年，企业在四个维度和总体的接近度均不高。此外，在各个维度中，资源潜力和外部潜力较大的企业数相对较多，经营潜力较小的企业数相对较多。这意味着多数企业具有的发展潜力并不大，尤其在经营维度的潜力不足。

接下来，依据接近度大小对企业进行排名得到表 6 - 6（限于篇幅，本部分仅展示总排名最靠前、中、后的各 15 家公司的排名情况，并参照 2019 年各企业发展潜力总排名进行排序）。

表6-6   2018～2019年企业各分项潜力排名与发展潜力总排名

股票代码	公司简称	资源潜力排名		经营潜力排名		治理潜力排名		外部潜力排名		发展潜力总排名	
		2018年	2019年	2018年	2019年	2018年	2019年	2018年	2019年	2018年	2019年
603127	昭衍新药	130	127	47	1	100	31	65	60	104	1
300605	恒锋信息	125	113	102	2	130	140	118	112	145	2
002230	科大讯飞	1	1	109	109	10	24	25	4	1	3
300226	上海钢联	118	121	1	3	51	56	18	13	3	4
603060	国检集团	37	74	12	5	80	62	71	55	39	5
002095	生意宝	151	146	3	4	152	152	110	110	5	6
300168	万达信息	36	33	149	115	8	14	3	1	11	7
002544	杰赛科技	2	2	104	144	122	130	34	19	2	8
300624	万兴科技	90	76	5	6	103	26	106	132	28	9
300235	方直科技	63	98	4	7	119	115	134	134	19	10
300182	捷成股份	9	14	139	29	71	22	4	3	8	11
000711	京蓝科技	41	35	140	102	11	3	6	2	15	12
000158	常山北明	22	21	83	133	123	144	1	5	7	13
002065	东华软件	7	5	138	142	114	77	7	9	9	14
603533	掌阅科技	4	3	31	40	77	125	66	59	12	15
...		...		...		...		...		...	
300288	朗玛信息	67	26	55	52	50	122	151	151	96	71
300676	华大基因	33	38	62	85	9	8	134	106	56	72
600797	浙大网新	32	34	85	97	56	55	32	72	46	73
603039	泛微网络	127	122	25	24	127	126	83	77	93	74
300668	杰恩设计	111	112	33	22	5	15	130	131	75	75
300352	北信源	20	70	19	86	42	30	71	53	33	76
300663	科蓝软件	85	80	128	139	84	50	35	29	82	77
300609	汇纳科技	135	110	17	37	35	73	79	73	74	78
300229	拓尔思	59	52	117	74	98	105	62	57	91	79
002123	梦网集团	39	54	118	105	39	11	27	84	45	80
300732	设研院	97	27	126	129	105	95	139	115	139	81
300348	长亮科技	74	63	38	67	46	72	101	52	88	82
002279	久其软件	113	105	114	83	34	33	44	41	92	83
600446	金证股份	99	75	59	66	70	52	59	79	89	84
002467	二六三	81	101	45	53	33	53	64	61	77	85
...		...		...		...		...		...	
603322	超讯通信	129	103	113	153	126	142	53	92	124	141
300008	天海防务	48	148	154	148	131	145	43	70	69	142
300671	富满电子	57	93	120	127	144	155	125	118	112	143
300172	中电环保	141	140	137	121	117	112	93	95	146	144
300532	今天国际	89	124	152	134	74	84	131	130	136	145

续表

股票代码	公司简称	资源潜力排名		经营潜力排名		治理潜力排名		外部潜力排名		发展潜力总排名	
		2018年	2019年	2018年	2019年	2018年	2019年	2018年	2019年	2018年	2019年
300085	银之杰	136	125	96	118	136	139	99	105	142	146
300359	全通教育	146	150	124	75	112	102	107	119	151	147
603602	纵横通信	137	138	115	116	149	148	112	99	154	148
603357	设计总院	51	118	76	96	121	134	147	148	108	149
300187	永清环保	145	142	144	146	25	94	103	102	138	150
300635	中达安	154	154	70	126	81	86	124	123	149	151
300556	丝路视觉	155	155	69	104	86	117	122	128	147	152
300730	科创信息	140	144	82	90	133	137	152	152	152	153
300588	熙菱信息	120	111	143	155	145	138	144	150	155	154
603559	中通国脉	119	151	116	149	146	98	146	146	153	155

表6-6显示，2018年和2019年各企业发展潜力总排名情况大致保持一致，个别企业排名发生跃迁。其中，昭衍新药（研发与设计服务）和恒锋信息（信息服务）的排名得到飞速提升，两家企业均得益于经营潜力维度的潜力增大；天海防务（专业技术服务业的高技术服务）的排名有严重下滑，主要原因在于经营潜力维度表现不佳，且其余三个潜力维度排名均有明显下滑。说明经营状况的改善对高技术服务企业发展潜力的提升起着至关重要的作用。此外，通过分析2018年和2019年分项维度排名可以发现，发展潜力总排名处于邻近水平的企业具有共性，而排名在上、中、下游的企业具有不同特征。具体表现如下。

（1）发展潜力总排名处于上游的企业大都至少在一个维度上表现尤为突出。如2018年总排名第一的科大讯飞（信息服务）和总排名第三的上海钢联（电子商务服务），以及2019年总排名第一的昭衍新药（研发与设计服务）均在一个分项维度排名第一。具体来看，科大讯飞的优势在资源潜力，2018年该企业在创新资源两个三级指标的排名分别为第一和第九，而2019年该企业在净资产/所有者权益合计、本科及以上人数占比（不含大专）两项资源潜力指标的排名均位列前十；上海钢联的优势在经营潜力，2018年该企业在营运能力四个周转率指标上表现都尤为突出，单项指标的排名均在前二；昭衍新药的优势也在于突出的经营潜力，2019年该企业在利息保障倍数、应收账款周转率和营业收入增长率三个三级指标的排名分别为1、13和13。上述分析也验证了 6.2.1 小节有关各维度下具体指标重要性的结论。

（2）发展潜力总排名处于中游的企业大致分两种情况：一是分别有维度处于靠前、中等和靠后水平，如汇纳科技（信息服务），2019 年该企业经营潜力维度排名靠前，治理潜力和外部潜力维度排名居中，资源潜力维度排名靠后。设研院（专业技术服务业的高技术服务），2019 年其资源潜力维度排名靠前，治理潜力维度排名居中，经营潜力和外部潜力维度排名靠后。华大基因（研发与设计服务），2018 年和 2019 年表现类似，其资源潜力和治理潜力维度排名靠前，经营潜力排名居中，外部潜力排名靠后。二是多个维度的表现比较一致，处于中等水平，如长亮科技（信息服务）和金证股份（信息服务），2019 年表现为四个维度的排名均处于 60 名附近。

（3）发展潜力总排名处于下游的企业，其资源潜力维度排名基本都靠后，也大致分两种情况：一是在四个维度的表现均不佳，如 2018 年和 2019 年总排名第 154 位的纵横通信（信息服务）与熙菱信息（信息服务），四个维度的排名均在 110 名以后。二是一个维度表现居中，其余三个维度表现欠佳，如天海防务（专业技术服务业的高技术服务），2019 年其外部潜力维度排名居中，其余维度排名靠后；科创信息（信息服务）在 2018 年和 2019 年均表现为经营潜力维度排名居中，其余维度排名靠后。

综上可以看出，发展潜力总排名靠前的企业其资源潜力和外部潜力排名大都靠前，表明企业自身资源条件及外部环境对高技术服务企业发展潜力影响较大。此外，四个维度的协同发展有利于增强高技术服务企业的发展潜力。基于此，高技术服务企业要保持较好的发展潜力，从外在支撑角度，需要政府发力营造良好的企业发展环境，制定有效的利企政策；从企业自身成长角度，需要在至少一个维度上拥有较强的核心竞争力，应努力保障企业经营稳健、资金循环良好、财务结构合理；在资源储备方面应根据实际情况及时填补资金不足、加大人力资源培训力度和研发投入，保障创新成果顺利转化为生产力；而在治理方面应提高管理者的治理能力、优化治理模式。

6.3.3 企业发展潜力的进一步分析

为了更加全面分析拥有不同发展潜力的企业所具有的特性，接下来将从企业规模、企业所属具体行业和企业所处地域这三个方面重点分析2018～2019年高技术服务企业的发展潜力。

6.3.3.1　发展潜力和企业规模

选择净资产作为衡量企业规模的指标，将前面所得的155家企业发展潜力总排名与其规模排名进行对比，绘制散点图如图6-1和图6-2所示。

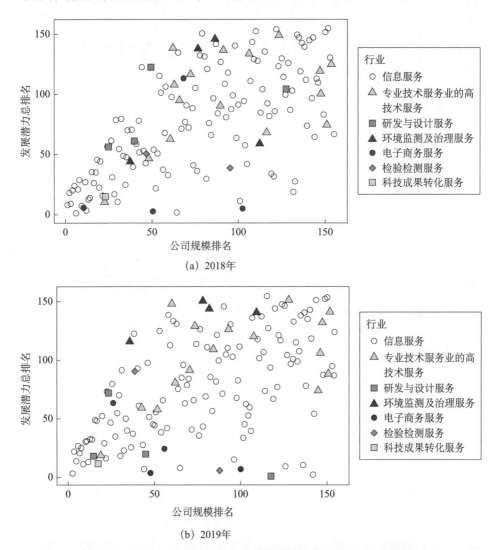

(a) 2018年

(b) 2019年

图6-1　2018～2019年155家企业规模与其发展潜力总排名散点图

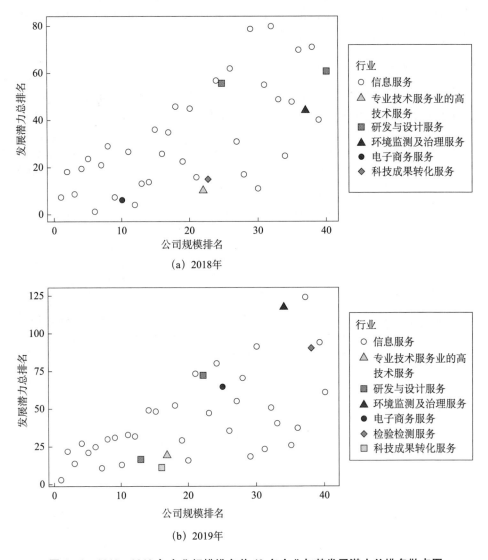

(a) 2018年

(b) 2019年

图 6 - 2 2018 ~ 2019 年企业规模排名前 40 名企业与其发展潜力总排名散点图

由图 6 - 1、图 6 - 2 可以看出，当企业规模较大时，其发展潜力排名也较为靠前；企业规模较小时，企业规模和发展潜力之间没有明显的相关关系。大企业在各个维度的排名均靠前，是由于其资源禀赋和市场份额占优势，使得其具有较强的规避风险的能力，故其在经营潜力方面也可以表现得较为出色。此外，为了与企业发展规模相匹配，企业的管理水平、治理力度也不断完善，故

其在治理水平方面也有较好的表现。所以，规模较大的企业多具有良好的发展
潜力。

6.3.3.2 发展潜力和企业所属具体行业

接下来，将分具体行业对 155 家企业发展潜力总排名绘制箱线图，如图 6 - 3
所示。

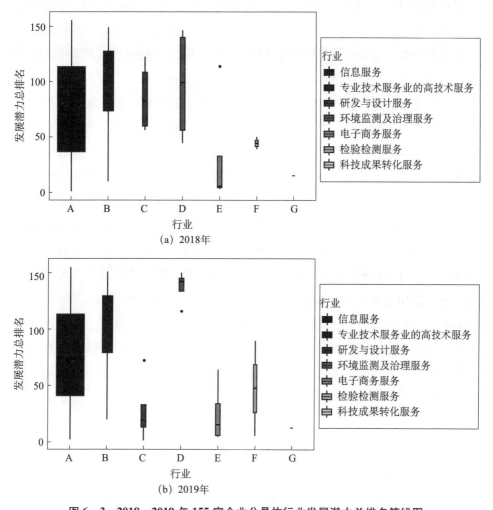

图 6 - 3 2018 ~ 2019 年 155 家企业分具体行业发展潜力总排名箱线图

结合图 6 - 1、图 6 - 3 分析可知，2018 ~ 2019 年，信息服务企业发展潜力
总排名跨度较大、较为分散，这与所选样本中属于信息服务业的企业数量占比

较大有一定关系；专业技术服务业的高技术服务企业排名整体靠后；电子商务服务企业排名整体靠前。而 2019 年研发与设计服务企业排名相较 2018 年有明显提升，环境监测及治理服务企业和检验检测服务企业排名情况也存在较大变化，前者由 2018 年排名跨度大且分散变化为 2019 年的整体靠后，后者则由 2018 年排名集中且靠前变化为 2019 年的排名跨度较大且分散。此外，发展潜力总排名前 20 的企业中，信息服务企业 2018 年占 15 家，2019 年占 12 家；电子商务服务企业 2018 年占 3 家，2019 年占 2 家。由此可以认为，具有最强发展潜力的企业多分布于信息服务业和电子商务服务业，他们不仅是高技术服务业的重要行业，也是目前数字经济产业中重点发展的行业。

分维度来看，（1）专业技术服务业的高技术服务企业和环境监测及治理服务企业具有类似情况，其总排名靠后主要是因为其在资源潜力和经营潜力维度的表现不佳，2018 年所属这两类行业的 20 家企业中仅有 6 家企业资源潜力排名在前 50%，其资源潜力排名靠后主要是因为企业在创新资源维度表现不佳，仅 2 家企业研发费用总额占营业收入比排在前 50%；2019 年所属这两类行业的 20 家企业中仅有 5 家企业经营潜力排名在前 50%，其经营潜力排名靠后主要是因为企业在营运能力维度表现不佳，仅 4 家企业应收账款周转率排在前 50%。（2）电子商务服务企业总排名靠前主要是因为其在经营潜力维度表现较优，2018 年表现为 4 家企业中有 3 家经营潜力排名在前 20 名，而 2019 年则有提升，4 家企业中有 2 家经营潜力排名在前 5 名；其经营潜力排名靠前主要是因为其在营运能力维度表现不错。（3）排名在上、中、下游的信息服务企业则具有不同表现，具体特征与前述关于所有行业整体分析所得的结果大体一致，此处不再赘述。

6.3.3.3 发展潜力和企业所处地域

考虑样本企业所在地区的分布情况，根据表 6 – 2 将企业所属地区归为华北（北京、河北）、华东（上海、浙江、江苏、福建、安徽、山东）、华南（广东、广西）和其他，包含企业数分别为 42 家、61 家、37 家和 15 家。根据企业发展潜力总排名绘制如图 6 – 4 所示的箱线图。

总体来看，如图 6 – 4 所示，2018 年和 2019 年分地区表现较为一致，华北地区的高技术服务企业整体具有较强的发展潜力，华东、华南地区高技术服务

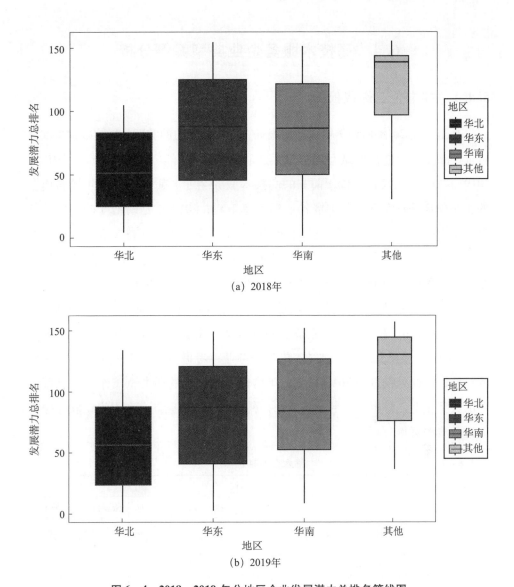

（a）2018年

（b）2019年

图 6 - 4　2018 ~ 2019 年分地区企业发展潜力总排名箱线图

企业发展潜力居中，且企业发展潜力大小较为分散，其他地区高技术服务企业所具有的发展潜力整体较弱。其中，发展潜力总排名前 20 的企业中，华北地区占 9 家且有 8 家来自北京，华东地区占 8 家且有一半企业分布在上海，华南地区占 3 家且均来自广州。

6.4　高技术服务企业典型案例分析

6.4.1　样本企业选取依据

基于上述 2018～2019 年高技术服务企业发展潜力的实证分析结果，本部分将选择部分企业进行典型案例分析，选取依据主要有以下几点：（1）2018～2019 年发展潜力总排名位于前三的高技术服务企业。其中，2018 年排名前三的企业分别是科大讯飞、杰赛科技和上海钢联，2019 年是昭衍新药、恒锋信息和科大讯飞，企业基本情况见表 6 – 7。（2）企业来自高技术服务业所属的不同行业，且发展潜力排名靠前的行业。由图 6 – 3 可知，2018～2019 年信息服务企业和电子商务服务企业潜力排名始终靠前，2019 年研发与设计服务企业潜力排名大幅提升，且排在前列。（3）企业所处地域属于发展良好地区。由图 6 – 4 可知，高技术服务企业发展良好地区主要是华北、华东地区。另由表 6 – 7 可知，有 3 家企业同属于信息服务业，考虑所选样本企业应来自不同的行业，故此处仅选择 2018～2019 年均位列第三名的科大讯飞作为信息服务业的典型企业。综上，本部分最终选择科大讯飞、昭衍新药和上海钢联 3 家企业进行典型案例分析。

表 6 – 7　　　　　　　　　　　　样本企业基本情况

发展潜力排名	2018 年				2019 年			
	股票代码	公司简称	所属行业	所处地域	股票代码	公司简称	所属行业	所处地域
1	002230	科大讯飞	信息服务业	华东	603127	昭衍新药	研发与设计服务业	华北
2	002544	杰赛科技	信息服务业	华南	300605	恒锋信息	信息服务业	华南
3	300226	上海钢联	电子商务服务业	华东	002230	科大讯飞	信息服务业	华东

6.4.2　案例 1：科大讯飞

6.4.2.1　企业背景

科大讯飞股份有限公司（以下简称"科大讯飞"）于 1999 年创立，2008

年在深圳证券交易所上市，是我国唯一的语音产业上市企业，长期深耕于语音及语言、软件及芯片产品开发、自然语言理解、机器学习推理及自主学习等核心技术研究，积极推动人工智能产品研发和行业应用落地，现已推出覆盖多个行业的智能产品及服务，如灵犀语音助手和讯飞输入法等优秀产品。

6.4.2.2　发展潜力

科大讯飞总部坐落于享有"科教名城"美誉的合肥。合肥作为四大综合性国家科学中心之一、"一带一路"和长江经济带重要城市，是东部地区重要中心城市、国家科技创新型试点城市、全国重要的科研教育基地和综合交通枢纽，其两化融合水平居于全国前列，具有完善的数字化基础设施及多元化融资渠道，为当地高技术企业提供良好的发展环境。作为一家高新技术企业，科大讯飞的主营业务以人工智能为主导，而人工智能是我国少数拥有自主知识产权的领域，故该领域受到国家及社会的高度重视和扶持。如表 6 - 8 所示，科大讯飞所获政府补助力度较大，尤其在 2018 年和 2019 年，政府补助规模占其净利润近半数。

表 6 - 8　　　　2015 ~ 2020 年科大讯飞获得政府补助规模及占净利润比重

指标	2015 年	2016 年	2017 年	2018 年	2019 年	2020 年
政府补助（亿元）	1.1	1.27	0.77	2.76	4.12	4.26
政府补助占净利润比重（%）	25.19	25.56	16.07	44.66	43.69	29.52

资料来源：历年科大讯飞财务报表。

根据《科大讯飞 2020 年度环境、社会及治理（ESG）报告》，公司形成了股东大会、董事会、监事会和经营层的相互分离、相互制衡的公司治理结构，建立了严格的内控管理制度体系，使各层次在各自的职责、权限范围内，各司其职，各负其责，确保公司的规范运作。2021 年，科大讯飞董办荣膺年度"上市公司董办最佳实践案例"殊荣。科大讯飞年度财务报表显示，2020 年底该公司在职员工数达 11006 人，研发人员占比接近六成，营收突破 130 亿元，净利润突破 13 亿元。此外，中国语音产业联盟数据显示，2020 年科大讯飞在智能语音市场上占据 60% 的份额。自上市以来，科大讯飞先后与中国科学技术大学、清华大学、中国社科院语言研究所等科研院所合作成立紧密型联合实验室，将产业发展和高等教育以及科学研究有机结合，探索创新路径，同时为培养更高素质的科技人才奠定基础。但是，徐赛赛等（2021）的研究表明，科大讯飞存在一定的财务问题，具体表现为：第一，业务活动产生的现金流量无法支持业务增长，而出现现金短缺的问题；第二，偿债压力逐年增加，而营运资金却有下降趋势；第三，研发投入总额的增长速度很快，而净利润却没能跟上研发投入增长的步伐。

6.4.2.3 分析小结

科大讯飞具有良好的资源潜力、治理潜力及外部潜力，但经营方面仍存在一定问题，这与前述实证分析结果具有一致性。作为高技术服务企业，科大讯飞注重创新，保持一定的研发投入，这有助于其形成技术上的核心竞争力。但是作为上市公司，该公司也应着力改善自身财务状况，为更好的技术耕耘作保障。

6.4.3 案例 2：昭衍新药

6.4.3.1 企业背景

北京昭衍新药研究中心股份有限公司（以下简称"昭衍新药"）成立于1995 年，2017 年在上海证券交易所上市，是一家以药物非临床安全性评价服务为主的国内临床前合同研究组织企业。该企业是医药研发服务行业中具有代表性的企业之一，从事高技术服务业中的研发与设计服务，也是中国首家通过美国 FDA – GLP 检查，并且是唯一同时具有国际 AAALAC（动物福利）认证、中国 CFDA – GLP 认证、欧盟 OECD – GLP 认证以及韩国 MFDS – GLP 认证资质的专业新药临床前安全性评价机构。

6.4.3.2 发展潜力

昭衍新药总部位于北京，作为中国政治中心、文化中心、国际交往中心、科技创新中心，北京市拥有得天独厚的经济、政治、文化与地理条件。借助首都的人才、创新及政策优势，该公司享有良好的发展环境优势。根据其 2018 ～ 2020 年年报数据，如表 6 – 9 所示，昭衍新药一直保持着快速增长的势头。其中，2018 年该公司营业收入 4.09 亿元，比 2017 年增长 35.69%，净利润 1.08 亿元，比 2017 年增长 41.72%；2019 年该公司营业收入 6.39 亿元，比 2018

年增长 56.40%，净利润 1.78 亿元，比 2018 年增长 64.64%；2020 年营业收入达到 10.76 亿元，同比增长 68.27%；净利润 3.15 亿元，同比增长 68.67%。从经营上看，昭衍新药营业收入持续增长，费用比持续下降，费控管理卓有成效，这也使得该企业发展潜力日益增强，在 2019 年位列高技术服务业发展潜力排名第一。

表 6 - 9   2018~2020 年昭衍新药主要财务指标情况

财务指标	2018 年		2019 年		2020 年	
	绝对数（亿元）	比上年同期增长（%）	绝对数（亿元）	比上年同期增长（%）	绝对数（亿元）	比上年同期增长（%）
营业收入	4.09	35.69	6.39	56.40	10.76	68.27
归属于上市公司股东的净利润	1.08	41.72	1.78	64.64	3.15	68.67

资料来源：昭衍新药 2018~2020 年年报。

昭衍新药 2018 年底在职员工数量 800 余人，2020 年底在职员工数量增至 1483 人，其中技术研发人员占比大于七成，有利于企业创新研发能力的提升。但是，由前述分析可知，昭衍新药在资源潜力和治理潜力方面表现欠佳，2018 年排名分别列第 130 位和第 100 位，从而使得该公司在 2018 年发展潜力排名中等偏下；2019 年，该企业治理潜力排名迅速提升至第 31 位，而资源潜力并无明显变化，说明昭衍新药在资源潜力方面有待优化。

6.4.3.3 分析小结

相对信息服务业等高技术服务业，生物医药领域的研发与设计服务业体量偏小，故从公司规模等指标上看昭衍新药的资源潜力不足，但其具有较强的创新研发能力。长期发展来看，昭衍新药利润持续稳定增长，经营状况不断改善。

6.4.4 案例 3：上海钢联

6.4.4.1 企业背景

上海钢联电子商务股份有限公司（以下简称"上海钢联"）于 2000 年创立，2011 年在深圳证券交易所上市，是全国最大的大宗商品资讯及咨询研究、电子商务服务门户网站，已连续 5 年入选"中国互联网百强"。根据上海钢联

2020 年年度报告披露, 公司经营模式主要有以下两种: 资讯和产业大数据、交易和供应链服务。产业信息网数据显示, 2018 年, 上海钢联旗下钢铁电商交易平台——钢银电商交易量市场份额达到 34%, 大于第二名 (16%) 与第三名 (14%) 之和, 且近年来稳居行业第一。2020 年 8 月, 该企业名列 2020 赛迪数字经济领域最具价值企业榜单第 21 位。

6.4.4.2 发展潜力

上海钢联位于上海。作为中国国际经济、金融、贸易、航运、科技创新中心, 上海是贸易投资最便利、行政效率最高、服务管理最规范、法治体系最完善的城市之一, 且持续致力于优化营商环境, 为当地企业提供扎实的发展基础。公司历年年度财务报表显示, 2019 年上海钢联营业收入 1225.71 亿元, 比 2018 年增长 27.61%, 2020 年该公司营业收入 585.21 亿元, 同比下降 52.26%, 比 2018 年下降 39.08%; 2020 年归属于上市公司股东的净利润 2.17 亿元, 同比增长 19.98%, 比 2018 年增长 79.34%。2020 年底在职员工数为 3038 人, 销售人员占比达七成, 而技术人员占比不足两成, 与科大讯飞和昭衍新药两家企业相比, 上海钢联技术人员占比过少, 这也是该企业资源潜力表现欠佳的原因之一; 2020 年研发费用占总费用的 14.99%, 研发投入有待增加。在财务方面, 公司的营运能力很强, 以 1.6 亿元的固定资产, 撬动近 600 亿的营业收入。对比多年年报, 公司每年约有 2 亿元利润来自无风险的数据咨询类业务, 这部分收入为公司的整体经营提供保障。

6.4.4.3 分析小结

上海钢联在经营和外部潜力上具有较大优势, 但是在资源潜力方面仍存在一定问题, 主要表现为研发人员占比较少, 创新能力有改进空间。因此, 上海钢联应在经营状况稳定的情形下, 加大研发投入力度, 努力形成技术壁垒, 以保障行业龙头地位。

6.5 本章小结

本章重点研究高技术服务企业的发展潜力, 基于 155 家高技术服务上市企业 2018~2019 年年报数据, 从资源潜力、经营潜力、治理潜力和外部潜力四个维度构建发展潜力指标，利用熵权 TOPSIS 法建立发展潜力评价模型，并根据实证分析结果，从企业规模、具体行业和所属地域角度探寻 2018～2019 年高技术服务企业间发展潜力的差异。结果显示：（1）资源潜力和外部潜力对企业总发展潜力的影响程度较大。从指标的具体作用情况来看，创新资源对资源潜力影响最大，营运能力和偿债能力对经营潜力影响最大，高管能力对治理潜力影响最大，资源吸引对外部潜力影响最大。（2）从企业排名情况来看，发展潜力所处水平相近的企业具有共性，发展潜力所处水平不同的企业则各具特点。（3）从企业规模来看，大企业普遍具有良好的发展潜力，规模达到一定大小的企业，其规模对发展潜力具有正向影响关系。（4）从企业所属具体行业来看，电子商务服务企业和信息服务企业具有较大的发展潜力，专业技术服务业的高技术服务企业发展潜力较小。（5）从企业所在地域来看，以北京为主，华北地区高技术服务企业的发展潜力最大；东北、西北等其他地区发展潜力最小。由此，企业应在充分利用外部资源的基础上，重视核心竞争力的挖掘，针对自身特点寻找提升潜力的路径。基于分析结果，选择科大讯飞、昭衍新药和上海钢联 3 家来自不同行业的高技术服务业典型企业进行案例分析，详细介绍企业背景，具体分析该企业的发展潜力，指出其发展优势与劣势，从而为其他同类型企业发展提供参考。

第7章

中国高技术服务业全球价值链地位
提升影响因素分析

经过前述章节内容的分析，中国高技术服务业发展潜力稳步提升，在全球价值链中的分工地位也在不断攀升，那么，若想进一步促进中国高技术服务业在国内外的地位，则有必要准确把握哪些因素在影响该产业的地位提升。本章内容将重点分析中国高技术服务业地位提升的具体影响因素，为接下来促进产业高质量发展对策建议的提出提供数据支撑。

7.1　影响因素理论分析

中国高技术服务业 GVC 分工地位提升的影响因素有很多，自改革开放并加入 WTO 以来，中国经济实现飞速发展，整体经济的快速增长、改革开放的深化、世界市场的深耕、政府职能的转变、产业结构的不断优化、政府对技术创新的重视等因素均对中国高技术服务业 GVC 分工地位的提升产生影响。由第 5 章发展潜力测度可知，高技术服务业发展潜力由内源潜力和外源潜力构成。类似地，高技术服务业地位提升影响因素也可以从产业内部与产业外部来考虑。故本章将从产业规模、人力资本、外商直接投资和 GVC 参与度等 4 个来自高技术服务业产业内部的因素，以及研发投入、信息基础设施和配套产业规模等 3 个来自产业外部的因素进行分析。本节将对上述因素进行理论机制分析。

7.1.1　产业规模

高技术服务业产业规模指该产业的产出规模或经营规模，其代表着一个国家该产业的整体水平及未来该产业的发展潜力。高技术服务业产业规模越大，象征着该国该产业在世界范围内拥有强大的竞争力，吸引着全球优秀的人才、大量的资本，有助于不断提升该产业在全球范围内的影响力。随着资本涌入高技术服务业，企业产能不断上升，而市场需求并没有显著增加，呈现供大于求，倒逼着企业提升技术水平，使得市场会选择淘汰一些落后的企业，但拥有高技术的企业可以扩张，形成强者越强，弱者越弱。发展经济学中的"规模效应"一词很好地诠释了高技术服务业产业规模对该产业产生的影响：当企业所提供服务的规模达到一定水平之后，由于企业内部资源要素的有机结合产生了"1 + 1 > 2"的效应，企业提供服务的单位成本会呈现下降趋势。同时，"规模经济"指出，在一定产业规模内，随着产业产量的提升，平均成本会不断降低。产业规模越大，产业集群效应和技术溢出效应越强，直接或间接提升产业整体技术水平，从而提升产业产品在国际市场的竞争力。因此，在一定产业规模内，高技术服务业的产业规模效应会降低企业的生产成本，并提高企业的技术水平，而高质量低价格的服务产品会促使产业产品更具竞争力，提升该国该产业的 GVC 分工地位，而"热销"的服务产品又会促使产业扩大规模，形成双向递增。

7.1.2　人力资本

早在 17 世纪中叶，古典经济学创始人威廉·配第就指出了人力资本的重要性，提出"人的素质不同，使得劳动能力产生不同"，认为高素质的人才能提升产业的效能。在加入 WTO 之前，中国人力资本结构相对单一，对人才的需求也相对较低，工人们数量多，但整体素质不高，创造性生产活动几乎为零，单一地完成生产工序为主。随着中国步入国际市场竞争，中国经济开始腾飞，一批科技型企业开始孵化，传统企业也需要一批人才来适应新时代竞争，而作为高技术性、高智力性的高技术服务业，更是需要具有创新力且素质高的企业管理人员与科研人员。在技术积累的过程中，人才充当重要的部分，因此高科技人才成为各个国家、企业争夺的对象。高技术服务业人力资本的积累无形中提升了服务，提升服务产品的竞争力，从而提升该产业的 GVC 分工地位。

7.1.3 外商直接投资

外商直接投资会对产业形成技术外溢，提升产业整体管理水平、技术水平，映射到产品上便是提升服务产品在市场的竞争力。对于投资方来说，提升被投资方企业的管理水平和技术水平，可以增加自己的获利；对于被投资方的国家来说，国内企业被外商投资，被投资企业能学习到先进的管理理念，先进的技术水平，完成原始资本积累。同时，技术外溢能提升被投资企业同行的技术水平，国家的整体技术能获得提升。所以，一般认为外商直接投资越高，产业技术水平越高，GVC 分工地位越高。唐宜红（2019）指出，外商直接投资通过行业间后向关联对中国企业有显著的创新溢出效应，显著提高了高技术的发明专利和实用新型专利，提升了行业整体技术水平。

7.1.4 GVC 参与度

一国高技术服务业在发展过程中不管是作为中间品进口方还是中间品出口方，对于分析其在全球价值链中的分工地位来说都是一个不可或缺的指标。GVC 参与度由前向参与度和后向参与度共同构成，前向参与度越大，说明该产业处于全球价值链上游位置；后向参与度越大，说明该产业处于下游位置。由前述高技术服务业 GVC 地位指数分析可知，如果一国高技术服务业拥有较高的前向参与度和较低的后向参与度，则该国该产业具有较高的全球价值链地位。但是总的来说，不论前向参与度提高或是后向参与度增加，GVC 参与度均会增加，也会给一国带来效益，从而表明该国在全球价值链中处于重要的位置（杨仁发和张婷，2019）。

7.1.5 研发投入

21 世纪初，中国加入 WTO 之后，大多是以生产加工低附加值的低端工业融入全球价值链，在高技术服务业领域建树不高，高附加值的产业大多由西方发达国家所掌握，中国产业对产品的议价能力较低，因此产业附加值也低。随后几年，中国凭借着人口红利，低廉的产品价格，生产的产品广受国际市场青睐，逐渐成为"世界工厂"。中国近几年对研究经费持续性、大力度的投入，尤其是加大了对高技术产业的研发投入，希望可以提高中国高技术产业链的技术水平，增强产业在国际市场的竞争力，从而提升产业在 GVC 中的分工地位。这点从相关学者的研究观点也可以看出，如杨帆和王满仓（2020）指出信息技术企业发展主要源于技术进步和技术创新，且在高技术企业中具有代表性，同时提出三大假说并给予了证明：一是单纯的研发投入能提高技术前沿差距，二是研发人力资本水平能减少与技术前沿的差距，三是研发投入有一定滞后性；李尚骜等（2011）指出研发人力资本水平和新技术开发需要"干中学"，研发投入不单单是对设备、平台等硬性设备的资金支持，对人才的投入也是至关重要的。中国需要加大对高技术产业包括制造业与服务业的研发投入，只有高技术产业的整体技术水平提高，才能在 GVC 中提高产品的附加值，从而提升产业在 GVC 中的分工地位。

7.1.6　信息基础设施

高技术服务业配套基础设施包括交通、通信、水电等公共生活服务设施。基础设施的完善，是一国能持续经济增长的基石。基础设施的建设不仅能提升人民的幸福指数，降低企业运营成本，还能提高国家抗经济风险的能力。而在基础设施中，信息基础设施对于高技术服务业的发展尤为重要。随着信息通信技术的发展，物联网与云计算技术涌现并得到广泛应用，正在积极推动"互联网＋"行动，而近些年随着大数据、数字经济、人工智能等新一代技术与高技术服务业的深度融合，有效地促进产业优化与升级，为高技术服务业的全球价值链地位提升提供强有力的支撑。相较传统服务业，高技术服务业自身具有高技术性、高创新性、高智力性等特点，其对信息化水平的依赖性较强，而由前述发展潜力分析可知，互联网建设等方面作为高技术服务业发展的外在支撑，可以保障该产业发展的可持续性，加强企业间的交流，提升产业集群的国际市场竞争力。

7.1.7 配套产业规模

配套产业来源于生产经营随着产业分工专业化和社会化的不断深化，高技术服务业作为 GVC 分工下高附加值环节，其配套产业由低、中附加值的工业形成，配套产业的成本越低，高技术服务业才能拥有更高的附加值。国内外区域经济崛起的事实证明，任何一个有活力的、有竞争力的产业不可能是孤立的，相反，其强大的产业背后一定有一套完整的、强劲的配套产业作为其崛起的支撑，强大的配套产业是其部分产业崛起的根本。高技术服务业对配套产业的完善需求也相当高，上游的工业体系越完善，规模越大，高技术服务业在市场中越有竞争力，在 GVC 分工中的地位也就越高。习近平总书记主持召开中央财经委员会第五次会议指出，我国是全世界唯一拥有全部工业门类的国家，我们要打造具有战略性和全局性的产业链，支持上下游企业加强产业协同和技术合作攻关，增强产业链韧性，提升产业链水平，在开放合作中形成更强创新力、更高附加值的产业链（新华社，2019）。产业链越完善，配套产业的规模越大，高技术服务业产品的成本越低，从而形成产品竞争力，并提高分工地位。

7.2 模型构建

7.2.1 变量选取

根据上文的影响因素理论分析，本节选取具体指标分析高技术服务业地位提升影响因素（见表 7-1）。其中，被解释变量为前述章节计算得到的 GVC 地位指数；解释变量方面，产业规模（HSV）选取高技术服务业增加值作为评价指标，人力资本（HR）采用高技术服务业从业人员年平均工资作为评价指标，外商直接投资（FDI）则采用高技术服务业外商直接投资占 GDP 比重来衡量，GVC 参与度（$GVCP$）采用前述计算得到的 GVC 参与度指数进行衡量，研发投入（RD）以高技术产业 R&D 经费内部支出来表示，信息基础设施（INF）以互联网接入端口数每百人来表示，配套产业规模（IND）则使用工业增加值作为评价指标。

表 7 - 1   变量定义及数据来源

变量		代表指标	变量符号	单位
被解释变量	GVC 地位	GVC 地位指数	GVC	–
解释变量	产业规模	高技术服务业增加值	HSV	千亿元
	人力资本	高技术服务业从业人员年平均工资	HR	万元
	外商直接投资	高技术服务业外商直接投资占 GDP 比重	FDI	‰
	GVC 参与度	GVC 参数度指数	$GVCP$	–
	研发投入	高技术产业 R&D 经费内部支出	RD	百亿元
	信息基础设施	互联网接入端口数每百人	INF	个
	配套产业规模	工业增加值	IND	万亿元

7.2.2 数据来源

在上述选取的解释变量中，高技术服务业增加值由高技术服务业两大行业①增加值加总得到；人力资本是由高技术服务业两大行业的就业人数与平均工资换算得到；高技术服务业外商直接投资占 GDP 比重则是将高技术服务业两大行业外商直接投资（美元）加总后按照当年平均汇率换算成人民币数值，然后将该数值与当年 GDP 进行对比得到；互联网接入端口数每百人则是由互联网宽带接入端口数（万个）除以年末总人口（万人）后再扩大 100 倍计算得到。本部分研究的时间范围为 2005 ~ 2018 年，数据主要来自 2006 ~ 2019 年《中国统计年鉴》，而高技术产业 R&D 经费内部支出来自 2006 ~ 2019 年《中国高技术产业统计年鉴》。

7.2.3 模型设定

基于上述理论分析与指标选取，接下来将从产业规模、人力资本、外商直接投资、GVC 参与度、研发投入、信息基础设施和配套产业规模七个方面，分析中国高技术服务业 GVC 分工地位提升的影响因素，假设模型如下：

$$GVC_t = \beta_1 HSV_t + \beta_2 HR + \beta_3 FDI_t + \beta_4 GVCP_t + \beta_5 RD_t$$

---

① 此处高技术服务业的范围与前述分类标准保持一致，主要包括门类 I 信息传输、软件和信息技术服务业，门类 M 科学研究和技术服务业两大行业，故后续涉及高技术服务业的相关指标均由这两大行业的对应指标计算得到。

$$+\beta_6 INF + \beta_7 IND_t + C \tag{7-1}$$

考虑到本部分所用数据集样本量较少，自变量个数较多的情况，如果只做普通线性回归可能会由于变量之间的相互影响，造成模型过拟合，故决定再选用 Lasso 回归和岭回归模型，这两个模型在普通线性回归目标函数的基础上分别施加 $L1$ 和 $L2$ 惩罚项，可以较好地解决变量间的共线性与过拟合问题。

基于此，本章将普通线性回归、Lasso 回归和岭回归作为初模型，构建并比较普通线性回归、不同 alpha 值下 Lasso 回归与不同 alpha 值下岭回归模型之间拟合后的预测能力，综合考虑多种回归模型下的训练集均方误差（mean squared error，MSE）、平均绝对误差（mean absolute error，MAE）和测试集 MSE、MAE，最终得出拟合效果最好的模型，并进行分析。

7.2.4 模型评价指标

本部分将选择 MSE、MAE 作为模型评价指标，计算公式分别如式（7-2）和式（7-3）所示：

$$MSE = \frac{1}{n} \sum_{i=1}^{n} (y_i - \hat{y}_i)^2 \tag{7-2}$$

$$MAE = \frac{1}{n} \sum_{i=1}^{n} |y_i - \hat{y}_i| \tag{7-3}$$

式中，n 为样本个数，y 为地位指数的真实值，$\hat{y}$ 为地位指数的预测值。MSE 和 MAE 均表示真实值与预测值之间的差异大小，值越小，表明模型的预测结果越好，反之，则表明模型预测结果越不好。

7.3 实证结果与分析

7.3.1 变量描述性分析

首先对变量原始数据进行描述性统计分析（见表 7-2），考虑到各个变量之间的计量单位不同，且地位指数存在负数，故采用最小—最大规范化方法对原始数据进行处理，将有量纲表达式变成无量纲表达式（描述分析结果见表 7-3），便于不同单位、指标之间进行比较与建模分析。

表 7 - 2　　　　　　　　　　变量描述性统计分析

变量		总计	均值	标准差	最小值	中位数	最大值
被解释变量	GVC	14	0.0747	0.0574	-0.0042	0.0550	0.1760
解释变量	HSV	14	22.4001	13.1292	7.0681	19.0621	48.9088
	HR	14	7.4992	3.2526	3.1383	7.0406	13.5685
	FDI	14	8.9595	4.6344	5.7203	7.4394	22.5286
	GVCP	14	0.3346	0.0275	0.2785	0.3395	0.3743
	RD	14	16.8906	10.9011	3.6250	15.8736	35.5912
	INF	14	25.3113	19.8815	3.7281	20.4239	61.7274
	IND	14	18.8070	6.9545	7.7958	20.2020	30.1089

表 7 - 3　　　　　　　　　变量规范化后描述性统计分析

变量		总计	均值	标准差	最小值	中位数	最大值
被解释变量	GVC	14	0.4377	0.3187	0	0.3285	1
解释变量	HSV	14	0.3664	0.3138	0	0.2867	1
	HR	14	0.4181	0.3118	0	0.3741	1
	FDI	14	0.1927	0.2757	0	0.1023	1
	GVCP	14	0.5851	0.2868	0	0.6372	1
	RD	14	0.4150	0.3410	0	0.3832	1
	INF	14	0.3721	0.3428	0	0.2879	1
	IND	14	0.4935	0.3117	0	0.5560	1

7.3.2　模型评价结果

接着，调用 Python 中 sklearn.linear_model 下的 LinearRegression、Lasso 和 Ridge 函数，将 2005~2015 年数据作为训练集，分别构建普通线性回归、不同 alpha 值下 Lasso 回归、不同 alpha 值下岭回归模型；将 2016~2018 年数据作为测试集，验证不同模型下训练结果情况，评价结果见表 7 - 4。

表 7 - 4　　　　　　　　　　训练模型的评价结果

回归算法		训练集 MSE	训练集 MAE	测试集 MSE	测试集 MAE
普通线性回归		0.0009	0.0218	0.0996	0.3063
Lasso 回归	alpha = 0.1	0.0419	0.1778	0.4279	0.6531
	alpha = 0.01	0.0054	0.0551	0.0517	0.2274
	alpha = 0.001	0.0020	0.0366	0.0044	0.0573

续表

回归算法		训练集 MSE	训练集 MAE	测试集 MSE	测试集 MAE
岭回归	alpha = 0.1	0.0029	0.0446	0.0009	0.0210
	alpha = 0.01	0.0019	0.0350	0.0130	0.1118
	alpha = 0.001	0.0012	0.0278	0.0455	0.2059

由表 7-4 可知, 普通线性回归模型中, 训练集的 MSE 和 MAE 均较小, 但测试集的 MSE 和 MAE 均较大, 产生了过拟合, 模型拟合不好; Lasso 回归模型中, 也存在过拟合的情况, 但情况优于线性回归, 当 alpha 设为 0.001 时, 过拟合的情况变小; 岭回归模型中, 当 alpha = 0.1 时是所有模型里表现较为优异的, 测试集 MSE 和 MAE 最小, 分别为 0.0009 和 0.0210, 拟合情况较好, 图 7-1 为岭回归 (alpha = 0.1) 的拟合结果。

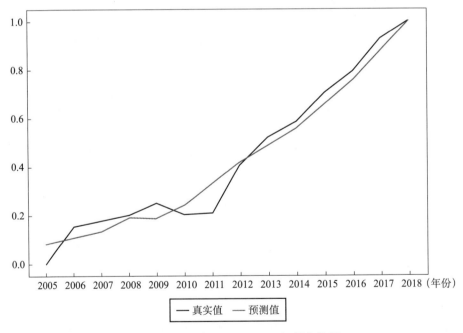

图 7-1　岭回归 (alpha = 0.1) 拟合结果

从表 7-4 和图 7-1 可以看出, 岭回归整体拟合结果较好, 但在 2011 年时存在较大出入。主要归因于 2011 年高技术服务业 GVC 地位指数迅速提升, 其作为一个小众事件引发的噪声点, 使得拟合效果较差。整体来看, 预测值比

真实值更加平稳。岭回归拟合的模型表达式如下:

$$GVC_t = 0.2371HSV_t + 0.1936HR_t + 0.0327FDI_t + 0.0511GVCP_t + 0.1997RD_t$$
$$+ 0.1991INF_t + 0.0812IND_t + 0.0313 \tag{7-4}$$

7.3.3　结果分析

从上述模型结果可以看出,产业规模(HSV)、人力资本(HR)、外商直接投资(FDI)、GVC 参与度($GVCP$)、研发投入(RD)、信息基础设施(INF)和配套产业规模(IND)均对高技术服务业 GVC 分工地位产生正向效应。其中,产业规模(HSV)即高技术服务业增加值的系数最大,其次是研发投入(RD),再次是信息基础设施(INF),而外商直接投资(FDI)的系数最小。

7.3.3.1　产业内部因素

产业内部因素中,产业规模对高技术服务业 GVC 分工地位的影响最大,也是七个因素中影响作用最大的,说明中国高技术服务业规模大小对于其分工地位的提升作用至关重要。高技术服务业增加值越大,该产业在国际市场越受到青睐,其出口能力也越强,从而提升该产业的 GVC 分工地位;随着中国高技术服务业 GVC 分工地位的上升,高技术服务业的产出也就越大,两者之间循环交替影响。

其次是人力资本因素,高技术服务业从业人员年平均工资每提高 1 个百分点,可以促进高技术服务业 GVC 地位提升 0.1936 个百分点。从业人员年平均工资越高,有助于提升高技术服务业从业人员的积极性,促使从业人员进行创新性生产;同时,从业人员年平均工资越高,待遇越好,则会吸引其他行业的优秀人才,以及其他地区、国家的高层次人才进入该行业,从而提升高技术服务业的员工素质与技术水平,进而提升产业的竞争力,促进高技术服务业 GVC 分工地位攀升。

再次是 GVC 参与度,该指数对高技术服务业地位提升的影响作用较小,参与度每提高 1 个百分点,地位指数提升 0.0511 个百分点。随着高技术服务业在国际服务贸易市场上竞争力的逐步提升,中国向其他国家提供原材料或中间产品的能力不断增强,其 GVC 前向参与度明显提升,而后向参与度逐步下降，从而有效地提升高技术服务业的全球价值链地位。这点在4.3.2小节分析中也可以看出，2005~2018年中国高技术服务业 GVC 前向参与度逐步提升，而后向参与度逐年下降，分工地位也在不断向上游位置转移。

最后是外商直接投资，该指标对分工地位的提升影响作用最小，也是七个因素中作用最小的，高技术服务业外商直接投资占 GDP 比重每增加1个百分点，GVC 地位提升 0.0327 个百分点。高技术服务业外商直接投资占比提高，整个行业的技术外溢上升，间接提升了中国高技术服务业的管理水平、技术水平等，降低运营成本的同时提升了服务产品的质量及产量，使服务产品更具有竞争力，从而提升高技术服务业 GVC 分工地位，只是作用相较其他因素偏小。

7.3.3.2 产业外部因素

产业外部因素中，研发投入对地位提升的影响作用最大，在七个因素中影响作用仅次于产业规模。高技术产业 R&D 经费内部支出越高，高技术服务业地位指数越高，从经济学角度来讲是合理的，同时也符合该产业的发展特点。随着高技术产业 R&D 经费支出的增加，高技术服务业技术积累越高，整体技术水平得到提升，并转化到各个企业生产中，提供服务产品的质量及效率得到有效提高，从而提升高技术服务业国际地位。

其次是信息基础设施，互联网每百人接入端口数每增加1个百分点，高技术服务业 GVC 地位提升 0.1991 个百分点，说明互联网端口接入的数量增加，高技术服务业地位指数也随之提高。互联网接入端数越高，中国的网络覆盖面越广，成本也越低。随着中国基础网络搭建更加完善，促进中国国内对高技术服务业的需求，提升了高技术服务业市场容量，国内高技术服务企业也有更好的市场空间，更易做大做强，且在国际市场中成为产业链中的重要一环。

最后是配套产业规模，工业增加值对地位提升的作用较小，系数为 0.0812。工业尤其是高端制造业增加值越大，则工业产业链越完善，中国高技术服务业在国内的配套产业也越完善，中国高技术服务业整体成本相对较低，在国际市场则更具有竞争力；加之中国高技术服务业出口转化给本国的完全增加值上升，中国高技术服务业后向参与度下降，两者共同使得中国高技术服务业地位上升。

7.4　本章小结

本章从产业规模、人力资本、外商直接投资、GVC 参与度等产业内部因素和研发投入、信息基础设施、配套产业规模等产业外部因素对中国高技术服务业 GVC 分工地位提升的影响情况进行具体研究。首先，理论分析上述因素对分工地位的具体影响机制；然后基于理论分析，选取上述七个主要因素的代表性指标：高技术服务业增加值、高技术服务业从业人员年平均工资、高技术服务业外商直接投资占 GDP 比重、GVC 参与度指数、高技术产业 R&D 经费内部支出、互联网接入端口数每百人和工业增加值；随后，本章将 MSE、MAE 作为模型评价指标，构建普通线性回归、不同 alpha 值下 Lasso 回归和不同 alpha 值下岭回归模型；最后根据模型的评价结果，选用拟合效果较好的 alpha = 0.1 的岭回归模型进行分析。结果显示，上述七个因素的代表性指标均对高技术服务业地位指数产生显著正向影响。其中，产业内部因素中高技术服务业增加值对地位指数的影响作用最大，外商直接投资对地位指数的影响作用最小；产业外部因素中高技术产业 R&D 经费内部支出对地位指数的影响作用最大，工业增加值对地位指数的影响作用最小。

第 8 章

研究结论与对策建议

根据前述研究，本章将首先总结全书的主要研究结论，随后提出促进高技术服务业高质量发展的对策建议，最后总结研究中存在的不足以及对于未来研究的展望。

8.1 研究结论

目前国内关于高技术服务业的研究比较有限，主要集中在现状描述、与其他产业间的关联分析等，而当前全球正处于百年未有之大变局，在数字化盛行的背景下，高技术服务业的地位不容小觑。通过对高技术服务业相关问题的深入研究，得到以下主要结论。

第一，我国高技术服务业在近年来表现为比较迅猛的增长态势，这点可以从四次全国经济普查的相关数据中看出。资产总计方面，2018 年高达 311241.7 亿元，比 2004 年增长了 9.18 倍；营业收入方面，2018 年为 115774 亿元，较 2004 年增长 9.73 倍，年均增速 18.47%；从业人员数量也在不断增加，由 2004 年的 349.76 万人增加至 2018 年的 2002.1 万人，增长率高达 472.42%。分行业来看，信息传输、软件和信息技术服务业领先于其他行业，但是科学研究与技术服务业在这些年发展势头更好，与前者的差距在逐渐缩小。

第二，我国高技术服务业发展尚不均衡，暂未形成明显的东、中、西阶梯式分布格局。一方面，通过省域范围的研究，该产业在全局区域不存在空间集聚现象，但产业密度的离散程度要低于增加值的离散程度。从方向上来看，我国高技术服务业分布以南北方向为主，微偏东西，数据向心力较为明显。另一方面，通过对 285 个地级及以上城市的研究，我国高技术服务业显现出较为明显的集聚趋势，即围绕（新）一线城市形成集聚区。2007 ~ 2019 年，我国高技术服务业逐渐向区域中心城市、东部经济发达地区省会城市和沿海开放城市集聚，这些城市也将成为未来我国高技术服务业发展的重心与中心。鉴于此，构建面板数据回归模型，具体分析影响高技术服务业集聚水平的因素发现，城市化水平对该产业集聚水平的促进作用最大；而制造业集聚对全国和东部的产业集聚水平产生了负向影响，对西部则是促进作用；政府支持力度、信息化水平、人力资本水平和经济发展水平对产业集聚也产生了不同程度的正向影响。此外，滞后一期的集聚经济对高技术服务业集聚水平呈正向影响关系，说明高技术服务业倾向于在已具备一定集聚条件的地区发展。

第三，在全球价值链中，世界各国高技术服务业发展各异。从整体行业来看，美欧等发达国家的高技术服务业出口能力强，NRCA 指数排名靠前且大于 1，具有显性比较优势；而高技术服务业全球价值链参与度指数处于中高水平，地位指数每个发达国家情况不同。相比西方发达国家，我国高技术服务业出口能力较弱，NRCA 指数小于 1，虽然在 2005 ~ 2018 年表现为增长趋势，但是幅度小，排名仍比较靠后；我国高技术服务业正积极参与全球价值链分工，2005 ~ 2018 年参与度小幅下降，全球排名有待提升。其中，后向参与度较低，说明我国高技术服务业配套产业完善，使得该产业出口转化给其他国家的完全增加值较低；2005 ~ 2018 年我国高技术服务业地位指数不断上升，表明该产业正在快速地向全球价值链上游移动，占据重要位置。

第四，高技术服务业细分行业在全球价值链中所处的位置也表现各有特点。一是我国出版、视听、广播行业出口能力不强，不具有显性比较优势，且位于全球价值链下游，但 2005 ~ 2018 年不断向上游转移；二是国际市场存在部分行业壁垒，我国电信行业出口量较小，NRCA 指数偏低，但是由于国内配套产业完善，使得该行业通过产出国内其他产业产品出口到国外来融入全球价值链中；三是我国 IT 和其他信息服务行业出口能力也不强，且 2005 ~ 2018 年该行业在全球价值链中的参与度表现为下降，而地位指数有明显增长，正在不断地向上游移动。

第五，通过构建发展潜力指标体系，得到我国高技术服务业发展潜力稳中有升，且体量不断增加，未来仍将继续提升但增速有所放缓。其中，自我成长潜力和外在支撑潜力也在逐年提升，近些年前者年均增速明显快于后者增速。而随后通过对 8 个重点省份发展潜力的评价，多数省份发展潜力在 2016～2020 年表现为上升趋势，广东省排在首位，其次是江苏省，第 3 位是北京市。其中，发展潜力大的省份，经济实力强，注重研发投入与创新能力的提升；直辖市高技术服务业整体发展规模要明显优于其他省份，但是发展潜力排名一般。

第六，从企业角度来看，企业自身资源条件和外部环境对高技术服务企业发展潜力影响较大；规模大的企业普遍具有较强的发展潜力；信息服务企业和电子商务服务企业普遍具有较强的发展潜力，专业技术服务业的高技术服务企业发展潜力则较小；以北京为首的华北地区的企业发展潜力较大，东北、西北等其他地区企业发展潜力最小。通过对几家典型企业发展潜力的具体分析，发现表现良好的企业在发展过程中也存在优劣势，主要表现在经营状况与创新投入两方面，这对于高技术服务企业保持良好的发展潜力至关重要。

第七，经研究发现，产业规模、人力资本、外商直接投资和 GVC 参与度等产业内部因素，以及研发投入、信息基础设施和配套产业规模等产业外部因素均对高技术服务业地位提升存在显著正向影响。其中，产业规模即高技术服务业增加值的影响作用最大，外商直接投资的影响作用最小。

8.2　对策建议

基于前述研究结论，为促进我国高技术服务业高质量发展，构建优质高效、结构优化、竞争力强的服务产业新体系（新华社，2021），本节将分别从技术、人才、产业、贸易、政府和企业等多个层面提出对策建议。

8.2.1　技术层面

第一，加大信息技术研发投入，持续推动信息化建设。由前述集聚影响因素结果可知，信息化水平对我国高技术服务业集聚水平具有一定的促进作用；

而地位提升影响因素结果显示，信息基础设施对高技术服务业地位提升有较大的促进作用。因此，提高信息化水平有利于高技术服务业集聚发展与全球价值链地位提升，而提高信息化水平的关键在于加大信息技术研发投入，持续推动信息化建设。具体而言：一方面，要积极引进先进生产技术，鼓励创新，为提高我国高技术服务业发展水平、实现高技术服务业空间集聚、提升国际分工地位提供技术支撑；另一方面，要在经济发展过程中牢固树立信息化优先发展的观念，以信息化推动服务业发展。

第二，加大数字技术研发投入，发展数字赋能的新型高技术服务业。与发达国家相比，我国在全球价值链分工中长期处于价值低端的制造环节，而高技术服务业起步较晚，在技术上、政策上与发达国家还存在一定的差距。为了提升我国在全球价值链中的服务地位，我国应加大对数字技术的研发投入，发展数字赋能的新型高技术服务业，抢占全球价值链的服务增值环节，完善服务产业新体系。

第三，时刻关注高技术的发展趋势。高技术服务业现如今已经发展到高阶阶段，产业的发展更多依赖于创新驱动，特别是我国当前处于经济高质量发展阶段，产业要素资源的可获得性已不再是产业发展的瓶颈。2014 年 6 月，在中科院第十七次院士大会、中国工程院第十二次院士大会上，习近平总书记指出，我国经济应从要素驱动、投资规模驱动发展为主向以创新驱动发展为主进行转变（央广网，2016）。为了确保创新的有效性，需要关注高技术的发展趋势。自然科学技术自身有演变规律，在技术产业化的过程中，技术的演进具有较大的不确定性，尤其在当前外部环境剧烈变化，技术演变更是存在很大的不确定性。因此，人才、企业、政府等各方参与者要能够敏捷地感知技术演进的趋势，并准确把握技术领先优势。

8.2.2 人才层面

优化人才政策，重视高技术服务业技术人才的培养与引入。近年来，我国高技术服务业发展较快，但是该领域的人力资本投入相比其他行业较少，从业人员数占比较低，这点从重点省份发展潜力分析结果可以看出，多数省份高技术服务业从业人员占总就业人数偏少。由此容易导致技术创新缺少支撑，不利于产业的长久发展。并且由前述分析可知，人力资本水平对高技术服务业的集聚水平与全球价值链地位提升有着不同程度的影响，而高技术服务业的核心是创新，创新的核心是人才。

鉴于此，我国应在推动高技术服务业发展的同时，密切关注高技术人才群体的发展态势、人才群体的发展诉求、人才的成长空间，以及人才群体的价值追求；应优化人才政策，建立完善的培养和晋升通道，提高人才待遇；加大对高新技术人才的培养和保护，加强高校教育，弥补大数据、数字技术人才缺口。同时，重视对高技术服务业专业人才的引入，增强人才储备，从而提升资本技术外溢效应。通过人才战略，扩大高技术服务业就业群体，提高创新能力，以此夯实高技术服务业发展基础。

8.2.3　产业层面

第一，优化高技术服务业产业结构，促进产业协同发展。前文研究表明，制造业集聚对高技术服务业集聚有着不同程度的抑制作用，即现阶段我国高技术服务业的发展受到了传统制造业的冲击和挤压。因此，合理调整第二、第三产业内部结构，协调好高技术服务业与制造业的发展关系很是必要。一方面，要重视对第三产业尤其是高技术服务业的发展。通过重点省份高技术服务业发展潜力分析可知，除了直辖市以外，其他省份第三产业占 GDP 比重并不高，高技术服务业整体规模也有待提高。因此，应通过了解各个地方自身的发展优势，有针对性地对不同地方制定和完善高技术服务业发展战略规划，逐步实现产业结构向服务业倾斜，扩大高技术服务业产业规模；另一方面，科学规划高技术服务业和制造业的协同发展。通过建立双重集聚的产业园区打造二者相互促进、协同发展的新局面：制造业为高技术服务业的集聚发展创造需求；高技术服务业集聚带来的知识溢出效应等促进制造业的发展。

第二，完善高技术服务业配套产业，提升高技术服务业地位指数。一国高技术服务业想要长久、良性的发展，需在国内建立完善的配套产业链，提高高技术服务业应对国际环境的能力。在互联网行业蓬勃发展的时代，我国应抓住5G 通信技术商业化契机，完善国内的基础配套产业。而基础产业的投入具有投入大、见效慢的特点，因此，我国政府应有大局观，对基础产业的建设做好布局。

第三，加强产业集聚区建设，强化周边辐射作用。研究发现，滞后一期的集聚经济与我国高技术服务业集聚水平呈显著正向关系，表明高技术服务业倾向于在已具备一定集聚条件的地区发展。因此，加强集聚区建设有利于推动高技术服务业向该地区集聚。并且，应加强现有各集聚区之间的合作与交流，不断推动集聚区高技术服务业的技术创新、管理创新以及商业模型创新；充分发挥集聚区内龙头企业的带动作用，鼓励其利用自身优势以及与其他发达地区高技术服务企业的联系，提高产业集聚区的发展效率，促进创新资源向集聚区汇聚，达到强化其对周边地区辐射作用的目的。

8.2.4 贸易层面

第一，扩大高技术服务业开放，提升高技术服务业参与度。从全球演变规律来看，一国高技术服务业若拥有较高的前向参与度和相对较低的后向参与度，则该国 GVC 地位指数往往较高；且由前述地位提升因素分析可知，高技术服务业 GVC 参与度对地位提升有促进作用。鉴于此，经济全球化进程为中国经济的发展与腾飞提供了良好机会，不断深化高技术服务业经济开放，如把握国内物流业的快速发展，健康发展电子商务服务业，使其可以更好地融入国际市场竞争中，从而促进我国高技术服务业转型升级。同时，运用高技术服务业升级改造传统制造业，提高服务制造水平，输出高质量产品，促进贸易升级，并使得高技术服务业通过服务其他产品而提升其在全球价值链中的参与度。

第二，合理引进与利用外资，提升高技术服务业地位。由分析结论可知，外商直接投资对高技术服务业全球价值链地位提升有显著正向影响。由此，引进国外优质企业，通过国外优质企业的外溢效应，提升我国高技术服务业在全球价值链中的嵌入位置。同时，在引进外资的过程中，我国政府应注重高质量、高标准的外资引入，不能一味地追求数量，防止引进的外资企业进行技术锁定，从而降低国内本土企业的创新积极性。

8.2.5 政府层面

第一，加大城市化建设力度，提高城市化发展水平。研究结果表明，城市化水平对高技术服务业集聚水平具有显著的促进作用。故而，加大城市化建设力度，有利于促进高技术服务业的集聚发展，而这离不开加大城市的基础设施建设。各地政府需进一步完善城市的通信、交通等基础设施环境，实现人民生活智能化、城市治理现代化，打造智慧城市，为高技术服务业发展创造更为便捷的供给条件。

第二，政府应充分发挥能动作用，推进高技术服务企业创新发展。研究结果表明，政府支持力度对高技术服务业集聚具有显著的正向作用，故政府在大力推动地区经济发展的同时，应加强公共财政对高技术服务企业的支持，设立专项资金用于高技术服务业支撑产业功能区的建设、高技术服务业重点项目的推进，鼓励企业创新活动的开展，对实现科技成果转化的企业给予奖励补贴。同时，政府应充分发挥在产、学、研合作中的能动作用，搭建信息共享平台，并及时发布高技术服务企业的技术需求、学术界的科研成果以及人才信息的动态，以引导创新要素向企业聚集。

第三，制定相关政策机制，为企业营造良好的融资环境。由于高技术服务业具有高风险不稳定的特征，使得相关企业在初创期难以获得银行及二板市场的融资，故政府应制定并运用法规推进政策性过桥服务，建立高技术服务企业专项信贷支持机制，扩大企业融资渠道，引导投资资金的流向，为高技术服务企业的发展营造良好的融资环境。

8.2.6　企业层面

第一，引起企业对技术创新的重视，提升企业创新能力。企业产品在国际市场受欢迎程度主要取决于两点，即价格和技术。在价格维持不变的情况下，提高产品的技术水平，可以增加高技术服务产品的附加值，从而提升产业的出口能力。我国政府应鼓励企业在提升经营管理水平的同时，重视对其创新能力的深挖：加大研发费用投入，提高专利申请数量，促进创新成果转化；充分利用和有效整合资源，构建核心竞争力，培育核心技术能力。

第二，提升企业高管能力，为管理团队注入新鲜血液。由前述分析结论可知，高管能力对高技术服务企业发展潜力影响较大。故企业应注重提升高管职业素养，优化高管激励措施。同时，对于高技术服务企业，技术转型是一个持续过程，而年轻人对高新技术具有更为敏锐的嗅觉，因此，相关企业应关注对年轻员工的领导力培训，促进管理团队年轻化。

第三，不同企业间优势互补，实现企业协同发展。对于发展潜力有差异、发展情况不同的高技术服务企业，要有针对性地寻找发展薄弱点，借鉴发展潜力较优的企业的发展模式，探寻合理的发展路径。例如，中小型企业与大型企业间可开展产业协作，采用股份制、技术入股等利益分配模式，在解决中小型企业技术创新能力弱的同时，增强大型企业技术辅导的积极性，以实现不同规模高技术服务企业协同发展；采用"以点带面"战略，北京、上海、广州等地区的企业凭借其优越的外部条件，挖掘自身发展潜力，并充分发挥"领头羊"作用，以辅助提升区域内企业发展水平，实现不同区域高技术服务企业协调发展。

8.3 研究不足与展望

第一，由于现阶段我国尚未有专门关于高技术服务业的统计年鉴，相关指标的统计口径暂未完全确定，部分指标数据获取存在难度，省份数据搜集难度加大且部分省份数据缺失严重等情况。因此，书中高技术服务业研究范畴主要是信息传输、软件和信息技术服务业，科学研究和技术服务业以及环境治理业三类；而关于发展潜力的测度主要从时间维度以及部分重点省市分析其变化趋势，暂未对全国各个省份高技术服务业发展潜力进行综合评价。随着高技术服务业的发展，统计口径日益标准化，数据获取更加完整且难度降低，则未来研究有望在这些领域实现突破。

第二，本书主要研究全球价值链背景下产业的发展地位，未来可以考虑结合国内价值链（NVC）与全球价值链（GVC）的互动关系分析模型（吴永亮和王恕立，2019），从"产业—国家—区域—全球"递进关系视角分析产业价值链分工地位等特征；以及结合经济周期，从产业经济周期性、经济波动性、异质性角度，分析全球价值链分工与经济周期性之间的内生传导渠道。

第三，目前，数字经济已经成为引领科技革命、产业变革和影响国际竞争格局的核心力量。一方面，数字经济以 ICT 和电子商务为核心，而高技术服务业中包含信息服务业、电子商务服务业等，这些行业都属于数字经济的范畴，由此可以认为高技术服务业的整体发展是数字经济发展的基础。因此，未来可以考虑高技术服务业与数字经济间的关系研究。另一方面，数字技术正在全面渗透经济与生活的各个领域，高技术服务业的新模式新业态日益丰富，越来越多的新型高技术服务难以归属在现行的《高技术产业（服务业）分类（2018）》分类体系中，如共享经济中的基础数据共享等。基于新的技术环境与发展趋势，需要探究新型高技术服务业的本质与内涵，而深刻理解新型高技术服务业的内涵又是发展新型高技术服务业的重要前提（洪志生和王晓明，2021）。因此，有必要在未来对新型高技术服务业的内涵范畴进行科学界定，从而促进现代服务产业新体系的高质量发展。

附　录　部分计算结果与指标数据

附表1　2007～2019年中国285个地级及以上城市高技术服务业平均集中率　单位：%

城市	2007年	2008年	2009年	2010年	2011年	2012年	2013年	2014年	2015年	2016年	2017年	2018年	2019年
北京市	17.80	18.99	19.20	19.72	20.84	19.79	15.51	16.35	16.67	17.54	18.04	18.31	17.25
天津市	2.08	2.12	1.87	1.78	1.44	2.00	1.89	1.90	1.99	2.03	2.10	2.05	1.98
石家庄市	0.71	0.66	0.70	0.65	0.66	0.71	0.68	0.74	0.77	0.76	0.75	0.90	0.90
唐山市	0.32	0.28	0.25	0.25	0.23	0.26	0.21	0.20	0.20	0.20	0.13	0.14	0.17
秦皇岛市	0.19	0.18	0.17	0.19	0.17	0.16	0.15	0.16	0.15	0.14	0.11	0.11	0.12
邯郸市	0.34	0.38	0.33	0.32	0.33	0.29	0.22	0.23	0.22	0.20	0.17	0.16	0.15
邢台市	0.33	0.16	0.18	0.18	0.17	0.16	0.12	0.13	0.13	0.12	0.09	0.09	0.09
保定市	0.58	0.62	0.63	0.62	0.59	0.72	0.70	0.68	0.67	0.62	0.59	0.75	0.80
张家口市	0.19	0.21	0.21	0.20	0.22	0.23	0.16	0.18	0.18	0.17	0.13	0.12	0.15
承德市	0.17	0.19	0.18	0.17	0.15	0.14	0.16	0.15	0.14	0.13	0.12	0.13	0.15
沧州市	0.31	0.33	0.30	0.29	0.22	0.20	0.13	0.13	0.12	0.33	0.29	0.26	0.23
廊坊市	0.23	0.32	0.30	0.30	0.31	0.37	0.33	0.35	0.35	0.33	0.74	0.16	0.16
衡水市	0.18	0.17	0.17	0.16	0.13	0.11	0.10	0.10	0.10	0.09	0.07	0.06	0.06
太原市	1.05	0.95	0.89	0.87	0.90	0.81	0.78	0.77	0.79	0.72	0.71	0.75	0.68
大同市	0.28	0.30	0.23	0.21	0.20	0.20	0.14	0.13	0.12	0.11	0.10	0.08	0.09
阳泉市	0.07	0.06	0.06	0.06	0.06	0.07	0.06	0.07	0.07	0.06	0.07	0.05	0.06
长治市	0.13	0.13	0.16	0.13	0.15	0.13	0.09	0.10	0.10	0.09	0.08	0.09	0.11
晋城市	0.09	0.10	0.11	0.09	0.09	0.08	0.07	0.07	0.06	0.06	0.06	0.05	0.07
朔州市	0.05	0.08	0.08	0.08	0.07	0.07	0.05	0.05	0.05	0.06	0.05	0.04	0.04
晋中市	0.22	0.20	0.25	0.19	0.19	0.14	0.12	0.11	0.12	0.10	0.09	0.09	0.10
运城市	0.24	0.27	0.19	0.16	0.13	0.12	0.16	0.12	0.12	0.10	0.09	0.09	0.09
忻州市	0.20	0.18	0.16	0.15	0.14	0.13	0.09	0.08	0.07	0.07	0.07	0.06	0.07
临汾市	0.19	0.19	0.14	0.12	0.16	0.14	0.11	0.13	0.12	0.11	0.09	0.08	0.08
吕梁市	0.13	0.12	0.10	0.10	0.10	0.07	0.13	0.07	0.07	0.06	0.06	0.07	0.07

续表

城市	2007 年	2008 年	2009 年	2010 年	2011 年	2012 年	2013 年	2014 年	2015 年	2016 年	2017 年	2018 年	2019 年
呼和浩特市	0.52	0.53	0.51	0.48	0.47	0.43	0.48	0.44	0.43	0.41	0.39	0.40	0.48
包头市	0.36	0.34	0.32	0.28	0.28	0.19	0.18	0.16	0.18	0.14	0.13	0.11	0.14
乌海市	0.05	0.07	0.07	0.05	0.05	0.05	0.04	0.04	0.04	0.03	0.04	0.03	0.03
赤峰市	0.18	0.18	0.17	0.17	0.17	0.15	0.15	0.15	0.14	0.13	0.13	0.11	0.10
通辽市	0.17	0.18	0.17	0.15	0.14	0.13	0.13	0.13	0.12	0.12	0.11	0.09	0.09
鄂尔多斯市	0.11	0.11	0.12	0.11	0.11	0.09	0.10	0.11	0.10	0.09	0.10	0.09	0.11
呼伦贝尔市	0.22	0.21	0.19	0.18	0.17	0.17	0.16	0.15	0.14	0.17	0.13	0.13	0.12
巴彦淖尔市	0.12	0.11	0.10	0.09	0.09	0.09	0.06	0.06	0.07	0.07	0.06	0.06	0.06
乌兰察布市	0.18	0.16	0.14	0.13	0.12	0.13	0.09	0.08	0.08	0.07	0.07	0.07	0.06
沈阳市	1.25	1.17	1.16	1.24	1.43	1.35	1.19	1.17	1.12	0.91	0.82	0.79	0.81
大连市	0.83	0.99	0.93	0.95	1.08	1.05	1.01	1.13	1.12	1.08	1.07	1.01	1.06
鞍山市	0.25	0.24	0.25	0.29	0.34	0.40	0.38	0.38	0.27	0.24	0.19	0.16	0.11
抚顺市	0.16	0.15	0.15	0.14	0.15	0.15	0.11	0.10	0.10	0.09	0.07	0.06	0.06
本溪市	0.12	0.11	0.11	0.11	0.10	0.11	0.12	0.11	0.10	0.08	0.06	0.05	0.05
丹东市	0.18	0.17	0.18	0.24	0.29	0.29	0.23	0.19	0.17	0.15	0.14	0.11	0.07
锦州市	0.28	0.25	0.25	0.23	0.23	0.22	0.17	0.21	0.22	0.21	0.15	0.09	0.08
营口市	0.13	0.14	0.12	0.11	0.11	0.12	0.09	0.09	0.10	0.09	0.08	0.07	0.07
阜新市	0.11	0.12	0.09	0.12	0.12	0.12	0.08	0.12	0.11	0.06	0.08	0.07	0.05
辽阳市	0.12	0.11	0.10	0.08	0.09	0.09	0.08	0.07	0.07	0.05	0.05	0.05	0.03
盘锦市	0.14	0.13	0.15	0.15	0.14	0.13	0.11	0.09	0.09	0.08	0.07	0.08	0.07
铁岭市	0.21	0.19	0.17	0.15	0.16	0.14	0.12	0.12	0.12	0.12	0.10	0.06	0.05
朝阳市	0.16	0.15	0.14	0.14	0.14	0.12	0.11	0.11	0.11	0.08	0.07	0.07	0.07
葫芦岛市	0.15	0.14	0.12	0.12	0.12	0.13	0.10	0.10	0.10	0.10	0.08	0.07	0.04
长春市	1.33	1.41	1.36	1.31	1.29	1.21	1.04	1.03	1.03	1.01	0.98	0.93	0.93
吉林市	0.19	0.16	0.16	0.16	0.18	0.16	0.17	0.18	0.17	0.15	0.14	0.12	0.13
四平市	0.23	0.20	0.21	0.19	0.16	0.15	0.14	0.14	0.14	0.13	0.12	0.08	0.08
辽源市	0.06	0.06	0.05	0.05	0.06	0.05	0.04	0.04	0.04	0.04	0.04	0.04	0.04
通化市	0.18	0.16	0.16	0.14	0.14	0.16	0.12	0.12	0.11	0.10	0.09	0.08	0.08
白山市	0.10	0.08	0.38	0.37	0.38	0.09	0.06	0.06	0.06	0.05	0.05	0.05	0.04
松原市	0.13	0.11	0.12	0.12	0.11	0.11	0.08	0.08	0.08	0.08	0.08	0.05	0.06

续表

城市	2007 年	2008 年	2009 年	2010 年	2011 年	2012 年	2013 年	2014 年	2015 年	2016 年	2017 年	2018 年	2019 年
白城市	0.11	0.11	0.10	0.12	0.10	0.10	0.18	0.18	0.11	0.11	0.12	0.10	0.06
哈尔滨市	1.46	1.43	1.29	1.40	1.39	1.28	1.84	1.07	1.01	1.00	1.04	0.84	0.91
齐齐哈尔市	0.29	0.26	0.27	0.25	0.22	0.19	0.17	0.15	0.14	0.14	0.13	0.12	0.09
鸡西市	0.08	0.08	0.14	0.10	0.09	0.08	0.05	0.08	0.09	0.07	0.04	0.04	0.04
鹤岗市	0.05	0.06	0.05	0.05	0.05	0.04	0.12	0.03	0.03	0.03	0.02	0.02	0.02
双鸭山市	0.10	0.09	0.09	0.08	0.07	0.07	0.05	0.08	0.04	0.04	0.04	0.04	0.03
大庆市	1.12	1.27	1.19	1.06	1.06	0.91	0.73	0.70	0.67	0.64	0.62	0.60	0.52
伊春市	0.11	0.10	0.11	0.10	0.08	0.09	0.05	0.06	0.05	0.05	0.05	0.05	0.04
佳木斯市	0.15	0.18	0.16	0.11	0.13	0.10	0.07	0.08	0.08	0.08	0.07	0.07	0.06
七台河市	0.06	0.06	0.06	0.06	0.06	0.08	0.03	0.03	0.03	0.03	0.02	0.03	
牡丹江市	0.17	0.18	0.14	0.13	0.14	0.14	0.09	0.09	0.08	0.07	0.08	0.08	0.08
黑河市	0.14	0.08	0.06	0.06	0.06	0.07	0.06	0.06	0.06	0.05	0.05	0.05	0.04
绥化市	0.20	0.19	0.18	0.16	0.16	0.10	0.09	0.11	0.09	0.10	0.09	0.08	0.07
上海市	5.18	5.51	5.96	6.01	4.17	3.76	9.14	7.04	6.97	6.36	6.71	7.33	8.70
南京市	1.18	1.10	1.11	1.45	1.58	1.61	2.83	3.06	3.01	2.87	2.81	3.09	2.99
无锡市	0.47	0.46	0.41	0.44	0.43	0.36	0.52	0.55	0.56	0.55	0.53	0.50	0.62
徐州市	0.37	0.31	0.32	0.31	0.32	0.30	0.26	0.29	0.25	0.23	0.21	0.22	0.22
常州市	0.24	0.25	0.25	0.24	0.26	0.20	0.23	0.24	0.24	0.23	0.25	0.31	0.28
苏州市	0.43	0.46	0.43	0.43	0.43	0.44	0.90	0.94	0.89	0.82	0.82	0.85	1.04
南通市	0.30	0.28	0.26	0.25	0.23	0.21	0.42	0.43	0.37	0.35	0.31	0.23	0.25
连云港市	0.23	0.22	0.21	0.20	0.21	0.18	0.44	0.19	0.18	0.17	0.16	0.16	0.15
淮安市	0.18	0.17	0.12	0.11	0.14	0.13	0.16	0.17	0.16	0.14	0.13	0.12	0.16
盐城市	0.30	0.25	0.24	0.22	0.21	0.19	0.21	0.19	0.18	0.18	0.18	0.23	0.23
扬州市	0.22	0.27	0.24	0.23	0.23	0.23	0.34	0.39	0.30	0.29	0.25	0.23	0.31
镇江市	0.19	0.18	0.17	0.16	0.20	0.19	0.19	0.19	0.19	0.16	0.15	0.11	0.14
泰州市	0.24	0.21	0.21	0.21	0.20	0.20	0.14	0.18	0.17	0.20	0.20	0.18	0.17
宿迁市	0.08	0.10	0.09	0.09	0.08	0.08	0.08	0.09	0.08	0.08	0.08	0.07	0.08
杭州市	2.23	2.53	2.66	3.32	3.43	3.42	2.42	2.63	2.66	3.10	3.34	2.90	3.07
宁波市	0.42	0.50	0.51	0.49	0.54	0.55	0.41	0.45	0.43	0.43	0.52	0.46	0.48
温州市	0.31	0.30	0.29	0.27	0.34	0.33	0.22	0.21	0.21	0.20	0.23	0.19	0.20
嘉兴市	0.27	0.26	0.27	0.26	0.27	0.26	0.19	0.19	0.18	0.19	0.24	0.25	0.24
湖州市	0.14	0.15	0.15	0.15	0.13	0.15	0.18	0.19	0.11	0.11	0.11	0.11	0.11
绍兴市	0.21	0.24	0.25	0.24	0.21	0.22	0.16	0.18	0.17	0.16	0.14	0.13	0.12

续表

城市	2007 年	2008 年	2009 年	2010 年	2011 年	2012 年	2013 年	2014 年	2015 年	2016 年	2017 年	2018 年	2019 年
金华市	0.25	0.24	0.27	0.25	0.25	0.22	0.17	0.19	0.17	0.17	0.17	0.15	0.14
衢州市	0.09	0.10	0.09	0.09	0.10	0.10	0.10	0.07	0.07	0.07	0.06	0.06	0.08
舟山市	0.07	0.09	0.10	0.11	0.10	0.10	0.07	0.22	0.21	0.06	0.05	0.06
台州市	0.29	0.26	0.29	0.28	0.28	0.30	0.21	0.20	0.19	0.17	0.15	0.14	0.14
丽水市	0.15	0.15	0.15	0.13	0.13	0.11	0.08	0.09	0.09	0.08	0.08	0.07	0.07
合肥市	0.69	0.73	0.70	0.73	0.83	0.82	0.64	0.89	0.92	0.97	0.96	1.12	1.16
芜湖市	0.11	0.11	0.11	0.14	0.17	0.16	0.11	0.15	0.14	0.12	0.12	0.13	0.15
蚌埠市	0.18	0.17	0.16	0.15	0.15	0.11	0.14	0.12	0.11	0.11	0.09	0.09	0.07
淮南市	0.09	0.09	0.09	0.10	0.09	0.09	0.08	0.07	0.07	0.07	0.07	0.07	0.06
马鞍山市	0.08	0.08	0.07	0.07	0.09	0.10	0.11	0.11	0.09	0.09	0.10	0.09	0.10
淮北市	0.06	0.05	0.05	0.05	0.09	0.05	0.06	0.05	0.05	0.04	0.04	0.07	0.05
铜陵市	0.06	0.06	0.05	0.05	0.05	0.04	0.04	0.03	0.04	0.04	0.04	0.04	0.05
安庆市	0.19	0.17	0.19	0.20	0.17	0.16	0.12	0.15	0.14	0.12	0.11	0.11	0.11
黄山市	0.09	0.07	0.09	0.08	0.07	0.07	0.06	0.05	0.05	0.05	0.04	0.04	0.05
滁州市	0.09	0.09	0.09	0.09	0.13	0.15	0.11	0.09	0.11	0.09	0.08	0.08	0.07
阜阳市	0.13	0.09	0.11	0.11	0.11	0.10	0.06	0.09	0.08	0.09	0.07	0.07	0.08
宿州市	0.16	0.14	0.12	0.13	0.12	0.12	0.12	0.13	0.33	0.34	0.10	0.10	0.10
六安市	0.11	0.11	0.11	0.10	0.17	0.15	0.12	0.10	0.31	0.30	0.33	0.33	0.30
亳州市	0.12	0.11	0.10	0.08	0.08	0.08	0.07	0.07	0.06	0.06	0.06	0.06	0.04
池州市	0.04	0.04	0.05	0.05	0.06	0.05	0.05	0.05	0.05	0.05	0.04	0.04	0.04
宣城市	0.08	0.08	0.08	0.07	0.16	0.15	0.15	0.07	0.07	0.06	0.06	0.04	0.04
福州市	0.78	0.78	0.78	0.88	0.95	0.88	0.73	0.77	0.92	0.87	0.88	1.03	0.95
厦门市	0.27	0.33	0.36	0.41	0.33	0.33	0.37	0.53	0.61	0.61	0.67	0.71	0.60
莆田市	0.10	0.10	0.08	0.09	0.08	0.09	0.06	0.08	0.08	0.08	0.09	0.07	0.06
三明市	0.14	0.11	0.11	0.10	0.11	0.11	0.09	0.07	0.08	0.08	0.08	0.07	0.07
泉州市	0.30	0.22	0.22	0.21	0.28	0.24	0.20	0.18	0.19	0.22	0.21	0.16	0.15
漳州市	0.20	0.15	0.16	0.15	0.14	0.16	0.20	0.12	0.12	0.11	0.10	0.11	0.08
南平市	0.22	0.18	0.18	0.16	0.16	0.14	0.14	0.15	0.13	0.12	0.09	0.07	0.07
龙岩市	0.18	0.16	0.15	0.14	0.14	0.12	0.11	0.10	0.09	0.08	0.08	0.07	0.06
宁德市	0.15	0.11	0.11	0.12	0.11	0.10	0.17	0.08	0.09	0.09	0.07	0.06	0.05
南昌市	0.69	0.52	0.47	0.45	0.39	0.47	0.62	0.75	0.64	0.68	0.75	0.64	0.67
景德镇市	0.10	0.10	0.10	0.09	0.09	0.21	0.08	0.07	0.08	0.07	0.07	0.07	0.02
萍乡市	0.12	0.08	0.10	0.07	0.08	0.06	0.05	0.05	0.05	0.05	0.04	0.04	0.04

续表

城市	2007 年	2008 年	2009 年	2010 年	2011 年	2012 年	2013 年	2014 年	2015 年	2016 年	2017 年	2018 年	2019 年
九江市	0.26	0.20	0.21	0.21	0.19	0.16	0.16	0.15	0.15	0.17	0.15	0.14	0.11
新余市	0.17	0.10	0.05	0.05	0.05	0.04	0.03	0.03	0.03	0.03	0.03	0.02	0.04
鹰潭市	0.11	0.08	0.07	0.06	0.06	0.07	0.04	0.04	0.04	0.04	0.04	0.04	0.06
赣州市	0.22	0.21	0.20	0.19	0.24	0.26	0.17	0.17	0.17	0.15	0.15	0.14	0.12
吉安市	0.14	0.16	0.23	0.15	0.14	0.14	0.11	0.12	0.11	0.10	0.10	0.08	0.07
宜春市	0.13	0.15	0.22	0.14	0.09	0.11	0.10	0.08	0.08	0.06	0.06	0.07	0.06
抚州市	0.12	0.10	0.10	0.11	0.12	0.11	0.06	0.06	0.06	0.06	0.06	0.05	0.05
上饶市	0.15	0.14	0.11	0.17	0.14	0.13	0.08	0.09	0.09	0.07	0.07	0.07	0.09
济南市	1.10	0.96	0.93	0.93	1.01	1.00	1.59	1.58	1.54	1.48	1.48	1.49	1.48
青岛市	0.52	0.50	0.46	0.49	0.43	0.40	0.45	0.53	0.53	0.51	0.60	0.65	0.69
淄博市	0.16	0.15	0.15	0.15	0.14	0.14	0.14	0.14	0.13	0.23	0.27	0.16	0.27
枣庄市	0.09	0.09	0.08	0.08	0.11	0.09	0.10	0.09	0.06	0.06	0.06	0.05	0.06
东营市	0.28	0.32	0.42	0.45	0.36	0.38	0.14	0.15	0.16	0.15	0.15	0.15	0.14
烟台市	0.33	0.33	0.29	0.30	0.31	0.30	0.36	0.45	0.41	0.38	0.36	0.34	0.28
潍坊市	0.22	0.23	0.24	0.26	0.21	0.18	0.27	0.27	0.26	0.27	0.25	0.23	0.19
济宁市	0.23	0.21	0.14	0.14	0.13	0.13	0.14	0.15	0.14	0.14	0.13	0.12	0.11
泰安市	0.11	0.20	0.26	0.22	0.17	0.18	0.19	0.21	0.35	0.18	0.15	0.10	0.11
威海市	0.10	0.08	0.08	0.10	0.08	0.14	0.17	0.22	0.22	0.22	0.21	0.17	0.11
日照市	0.05	0.05	0.05	0.05	0.09	0.05	0.05	0.05	0.05	0.05	0.05	0.04	0.06
莱芜市	0.03	0.02	0.02	0.02	0.02	0.10	0.08	0.02	0.02	0.02	0.02	0.02	0.02
临沂市	0.17	0.19	0.18	0.18	0.31	0.37	0.28	0.29	0.29	0.28	0.25	0.19	0.14
德州市	0.11	0.11	0.12	0.12	0.14	0.14	0.18	0.18	0.18	0.17	0.17	0.11	0.09
聊城市	0.09	0.10	0.08	0.09	0.09	0.09	0.09	0.09	0.08	0.08	0.08	0.08	0.07
滨州市	0.06	0.08	0.06	0.10	0.12	0.11	0.09	0.09	0.09	0.09	0.09	0.08	0.07
菏泽市	0.09	0.10	0.09	0.08	0.09	0.11	0.13	0.13	0.13	0.12	0.11	0.09	0.08
郑州市	0.96	0.93	0.93	0.81	0.84	0.89	0.95	1.09	1.17	1.25	1.29	1.28	1.70
开封市	0.11	0.06	0.15	0.16	0.15	0.15	0.13	0.13	0.14	0.13	0.12	0.09	0.10
洛阳市	0.57	0.51	0.49	0.46	0.55	0.46	0.38	0.43	0.40	0.50	0.51	0.41	0.44
平顶山市	0.15	0.13	0.12	0.11	0.13	0.11	0.12	0.12	0.12	0.12	0.10	0.08	0.09
安阳市	0.13	0.12	0.11	0.13	0.16	0.12	0.10	0.10	0.10	0.09	0.09	0.09	0.09
鹤壁市	0.05	0.05	0.05	0.04	0.04	0.03	0.03	0.03	0.03	0.04	0.04	0.03	0.04
新乡市	0.25	0.22	0.18	0.17	0.19	0.17	0.20	0.19	0.18	0.15	0.13	0.10	0.09
焦作市	0.14	0.12	0.11	0.09	0.11	0.09	0.10	0.10	0.07	0.10	0.10	0.07	0.07
濮阳市	0.10	0.10	0.07	0.05	0.04	0.05	0.07	0.08	0.08	0.09	0.08	0.07	0.08

续表

城市	2007 年	2008 年	2009 年	2010 年	2011 年	2012 年	2013 年	2014 年	2015 年	2016 年	2017 年	2018 年	2019 年
许昌市	0.18	0.14	0.08	0.08	0.09	0.08	0.09	0.11	0.10	0.13	0.11	0.09	0.21
漯河市	0.05	0.05	0.07	0.05	0.04	0.03	0.03	0.03	0.03	0.02	0.03	0.03	0.04
三门峡市	0.08	0.08	0.08	0.08	0.07	0.06	0.05	0.06	0.06	0.07	0.06	0.06	0.06
南阳市	0.48	0.45	0.43	0.40	0.39	0.37	0.29	0.28	0.29	0.27	0.25	0.21	0.19
商丘市	0.17	0.15	0.12	0.12	0.14	0.14	0.11	0.12	0.13	0.17	0.17	0.11	0.17
信阳市	0.36	0.31	0.28	0.28	0.25	0.26	0.24	0.25	0.26	0.26	0.23	0.19	0.18
周口市	0.09	0.06	0.16	0.16	0.16	0.20	0.15	0.17	0.17	0.16	0.16	0.10	0.15
驻马店市	0.21	0.18	0.19	0.19	0.18	0.15	0.15	0.16	0.17	0.18	0.19	0.17	0.13
武汉市	1.66	1.67	1.76	1.64	1.57	1.43	1.23	1.35	1.41	1.47	1.63	2.21	2.18
黄石市	0.11	0.13	0.13	0.14	0.12	0.10	0.09	0.09	0.08	0.09	0.08	0.08	0.09
十堰市	0.16	0.37	0.31	0.30	0.30	0.32	0.15	0.16	0.16	0.16	0.16	0.16	0.16
宜昌市	0.26	0.25	0.29	0.29	0.34	0.57	0.33	0.35	0.39	0.37	0.29	0.28	0.29
襄樊市	0.33	0.32	0.32	0.27	0.33	0.34	0.31	0.32	0.39	0.36	0.41	0.42	0.45
鄂州市	0.04	0.04	0.05	0.05	0.05	0.05	0.04	0.04	0.04	0.07	0.04	0.04	0.04
荆门市	0.19	0.12	0.12	0.19	0.19	0.17	0.14	0.14	0.14	0.14	0.12	0.11	0.11
孝感市	0.15	0.20	0.21	0.22	0.22	0.23	0.15	0.30	0.17	0.16	0.17	0.17	0.19
荆州市	0.20	0.19	0.19	0.17	0.17	0.18	0.14	0.15	0.15	0.15	0.15	0.11	0.12
黄冈市	0.19	0.16	0.15	0.11	0.16	0.13	0.13	0.15	0.13	0.13	0.13	0.13	0.11
咸宁市	0.09	0.09	0.10	0.11	0.10	0.06	0.08	0.09	0.08	0.08	0.07	0.10	0.09
随州市	0.07	0.05	0.04	0.04	0.03	0.04	0.04	0.04	0.03	0.04	0.04	0.03	0.03
长沙市	0.90	0.98	1.04	1.15	1.17	1.14	0.97	1.00	0.88	0.91	0.84	0.88	1.08
株洲市	0.15	0.18	0.21	0.21	0.16	0.14	0.14	0.17	0.16	0.13	0.12	0.11	0.13
湘潭市	0.10	0.11	0.09	0.07	0.10	0.09	0.06	0.23	0.11	0.16	0.06	0.06	0.06
衡阳市	0.24	0.24	0.21	0.24	0.22	0.19	0.16	0.18	0.15	0.15	0.12	0.11	0.12
邵阳市	0.20	0.21	0.18	0.16	0.19	0.18	0.12	0.13	0.09	0.09	0.08	0.07	0.07
岳阳市	0.16	0.18	0.16	0.20	0.20	0.19	0.25	0.26	0.28	0.28	0.23	0.20	0.23
常德市	0.20	0.21	0.18	0.18	0.19	0.20	0.23	0.24	0.20	0.21	0.22	0.17	0.18
张家界市	0.05	0.05	0.07	0.07	0.08	0.07	0.04	0.04	0.03	0.03	0.03	0.03	0.03
益阳市	0.15	0.14	0.10	0.12	0.14	0.11	0.09	0.08	0.07	0.06	0.06	0.06	0.07
郴州市	0.18	0.17	0.14	0.14	0.13	0.14	0.12	0.14	0.14	0.15	0.15	0.17	0.17
永州市	0.20	0.16	0.17	0.17	0.17	0.16	0.11	0.12	0.11	0.11	0.10	0.09	0.08
怀化市	0.18	0.19	0.19	0.18	0.18	0.17	0.12	0.13	0.09	0.09	0.08	0.08	0.08
娄底市	0.10	0.13	0.14	0.09	0.10	0.09	0.09	0.09	0.06	0.06	0.06	0.05	0.06
广州市	2.89	2.77	2.73	2.84	2.89	2.57	3.08	3.38	3.51	3.39	3.70	4.24	4.44

续表

城市	2007 年	2008 年	2009 年	2010 年	2011 年	2012 年	2013 年	2014 年	2015 年	2016 年	2017 年	2018 年	2019 年
韶关市	0.16	0.14	0.14	0.13	0.14	0.12	0.09	0.09	0.09	0.08	0.08	0.07	0.07
深圳市	2.12	2.21	2.14	2.41	2.24	2.08	2.67	2.90	2.93	3.58	3.59	4.60	4.94
珠海市	0.31	0.31	0.32	0.32	0.37	0.36	0.34	0.41	0.43	0.45	0.49	0.45	0.49
汕头市	0.24	0.23	0.22	0.19	0.20	0.17	0.15	0.12	0.13	0.13	0.13	0.11	0.15
佛山市	0.62	0.54	0.46	0.39	0.36	0.35	0.34	0.34	0.36	0.36	0.40	0.42	0.40
江门市	0.17	0.22	0.18	0.16	0.13	0.11	0.11	0.17	0.15	0.15	0.12	0.14	0.14
湛江市	0.22	0.21	0.18	0.17	0.18	0.17	0.16	0.17	0.17	0.17	0.16	0.15	0.11
茂名市	0.13	0.12	0.12	0.11	0.12	0.14	0.10	0.11	0.10	0.11	0.10	0.10	0.13
肇庆市	0.17	0.16	0.16	0.14	0.13	0.21	0.09	0.10	0.10	0.10	0.08	0.08	0.08
惠州市	0.22	0.20	0.18	0.17	0.20	0.18	0.15	0.17	0.17	0.16	0.16	0.17	0.21
梅州市	0.18	0.17	0.16	0.17	0.15	0.15	0.11	0.12	0.11	0.11	0.09	0.09	0.08
汕尾市	0.09	0.10	0.09	0.09	0.08	0.07	0.06	0.07	0.06	0.06	0.06	0.05	0.05
河源市	0.11	0.10	0.08	0.08	0.10	0.08	0.06	0.07	0.06	0.06	0.06	0.06	0.07
阳江市	0.09	0.09	0.11	0.11	0.11	0.08	0.05	0.06	0.06	0.06	0.06	0.06	0.06
清远市	0.14	0.14	0.13	0.11	0.12	0.10	0.09	0.09	0.07	0.07	0.07	0.08	0.08
东莞市	0.13	0.12	0.11	0.11	0.10	0.09	0.25	0.27	0.29	0.31	0.50	0.36	0.83
中山市	0.14	0.12	0.11	0.12	0.16	0.12	0.14	0.17	0.14	0.13	0.13	0.13	0.12
潮州市	0.16	0.14	0.12	0.11	0.11	0.10	0.08	0.08	0.07	0.06	0.05	0.05	0.05
揭阳市	0.16	0.14	0.13	0.10	0.12	0.11	0.09	0.10	0.10	0.09	0.08	0.07	0.06
云浮市	0.08	0.07	0.09	0.07	0.06	0.05	0.04	0.05	0.05	0.05	0.04	0.04	0.05
南宁市	0.72	0.74	0.73	0.70	0.71	0.66	0.69	0.69	0.68	0.62	0.58	0.67	0.62
柳州市	0.25	0.20	0.22	0.25	0.35	0.63	0.23	0.24	0.23	0.20	0.17	0.11	0.12
桂林市	0.28	0.26	0.25	0.25	0.24	0.20	0.17	0.17	0.16	0.16	0.14	0.13	0.11
梧州市	0.14	0.13	0.11	0.10	0.09	0.07	0.08	0.07	0.07	0.07	0.06	0.05	0.04
北海市	0.09	0.09	0.09	0.09	0.09	0.08	0.07	0.06	0.06	0.06	0.05	0.05	0.06
防城港市	0.03	0.04	0.03	0.03	0.04	0.04	0.04	0.04	0.03	0.03	0.03	0.02	0.02
钦州市	0.07	0.07	0.08	0.06	0.08	0.08	0.05	0.05	0.05	0.05	0.05	0.04	0.04
贵港市	0.06	0.06	0.05	0.06	0.07	0.06	0.16	0.06	0.05	0.05	0.04	0.04	0.04
玉林市	0.20	0.19	0.17	0.16	0.18	0.18	0.13	0.12	0.11	0.11	0.11	0.09	0.09
百色市	0.14	0.13	0.14	0.14	0.14	0.12	0.07	0.07	0.07	0.06	0.06	0.04	0.05
贺州市	0.07	0.06	0.06	0.06	0.05	0.06	0.05	0.05	0.05	0.04	0.04	0.03	0.03
河池市	0.13	0.13	0.14	0.13	0.13	0.13	0.09	0.10	0.09	0.07	0.05	0.03	0.03
来宾市	0.08	0.09	0.09	0.10	0.08	0.09	0.08	0.06	0.06	0.05	0.05	0.04	0.03

续表

城市	2007年	2008年	2009年	2010年	2011年	2012年	2013年	2014年	2015年	2016年	2017年	2018年	2019年
崇左市	0.11	0.10	0.10	0.09	0.09	0.10	0.08	0.07	0.07	0.07	0.06	0.07	0.05
海口市	0.41	0.32	0.32	0.32	0.36	0.35	0.34	0.39	0.37	0.37	0.38	0.33	0.32
三亚市	0.02	0.02	0.02	0.03	0.03	0.04	0.02	0.02	0.02	0.02	0.03	0.04	0.03
重庆市	1.98	1.95	1.79	1.67	1.48	3.97	3.10	3.47	3.55	1.59	1.58	1.56	1.38
成都市	1.68	1.69	1.64	1.59	1.73	1.74	3.51	2.94	4.12	6.25	6.00	6.06	5.07
自贡市	0.10	0.09	0.11	0.11	0.10	0.22	0.07	0.09	0.09	0.08	0.08	0.08	0.05
攀枝花市	0.08	0.06	0.06	0.05	0.05	0.15	0.05	0.08	0.10	0.10	0.12	0.14	0.06
泸州市	0.12	0.12	0.12	0.10	0.12	0.11	0.09	0.09	0.08	0.08	0.06	0.06	0.05
德阳市	0.12	0.11	0.11	0.09	0.11	0.19	0.16	0.13	0.14	0.11	0.11	0.11	0.07
绵阳市	0.56	0.52	0.48	0.44	0.47	0.47	0.57	0.59	0.58	0.57	0.57	0.57	0.09
广元市	0.09	0.11	0.10	0.33	0.13	0.10	0.07	0.08	0.08	0.07	0.06	0.06	0.04
遂宁市	0.07	0.07	0.06	0.06	0.06	0.05	0.04	0.05	0.05	0.10	0.04	0.04	0.03
内江市	0.09	0.10	0.10	0.05	0.07	0.13	0.12	0.05	0.04	0.04	0.04	0.07	0.05
乐山市	0.19	0.19	0.15	0.16	0.20	0.17	0.14	0.11	0.10	0.10	0.07	0.05	0.06
南充市	0.13	0.16	0.15	0.14	0.13	0.16	0.13	0.14	0.13	0.13	0.14	0.13	0.08
眉山市	0.07	0.06	0.08	0.05	0.08	0.05	0.06	0.06	0.06	0.06	0.06	0.05	0.04
宜宾市	0.14	0.15	0.22	0.18	0.13	0.09	0.06	0.07	0.06	0.06	0.06	0.06	0.04
广安市	0.06	0.06	0.09	0.07	0.07	0.07	0.05	0.05	0.05	0.04	0.05	0.05	0.05
达州市	0.19	0.17	0.20	0.19	0.17	0.13	0.11	0.12	0.13	0.14	0.18	0.16	0.11
雅安市	0.09	0.09	0.09	0.08	0.07	0.06	0.03	0.04	0.04	0.04	0.04	0.03	0.03
巴中市	0.07	0.08	0.10	0.08	0.05	0.07	0.09	0.09	0.09	0.09	0.08	0.07	0.06
资阳市	0.07	0.06	0.08	0.07	0.06	0.06	0.05	0.06	0.08	0.07	0.06	0.06	0.02
贵阳市	0.63	0.65	0.65	0.62	0.57	0.47	0.51	0.62	0.59	0.61	0.62	0.59	0.60
六盘水市	0.08	0.08	0.07	0.08	0.08	0.07	0.05	0.05	0.05	0.05	0.05	0.04	0.04
遵义市	0.15	0.16	0.20	0.19	0.19	0.17	0.14	0.16	0.17	0.13	0.12	0.12	0.09
安顺市	0.08	0.10	0.09	0.09	0.07	0.08	0.06	0.06	0.06	0.05	0.05	0.05	0.04
昆明市	1.32	1.30	1.26	1.12	0.99	0.97	1.08	1.01	0.95	0.96	0.94	0.92	0.82
曲靖市	0.13	0.11	0.10	0.10	0.12	0.10	0.09	0.08	0.08	0.09	0.07	0.05	0.09
玉溪市	0.06	0.05	0.05	0.05	0.06	0.08	0.08	0.07	0.07	0.06	0.07	0.07	0.07
保山市	0.07	0.07	0.06	0.06	0.05	0.04	0.05	0.05	0.04	0.05	0.04	0.04	0.05
昭通市	0.12	0.13	0.10	0.08	0.09	0.11	0.08	0.09	0.08	0.08	0.11	0.06	0.07
丽江市	0.05	0.05	0.05	0.04	0.05	0.06	0.05	0.07	0.06	0.05	0.05	0.05	0.03
思茅市	0.11	0.09	0.10	0.10	0.10	0.10	0.09	0.10	0.10	0.10	0.09	0.10	0.12

续表

城市	2007年	2008年	2009年	2010年	2011年	2012年	2013年	2014年	2015年	2016年	2017年	2018年	2019年
临沧市	0.04	0.05	0.06	0.05	0.04	0.06	0.04	0.04	0.04	0.03	0.03	0.04	0.04
西安市	2.32	2.24	2.92	2.99	3.07	3.51	3.81	2.72	2.68	2.73	2.83	2.72	2.55
铜川市	0.04	0.04	0.06	0.05	0.06	0.05	0.03	0.04	0.04	0.04	0.04	0.04	0.04
宝鸡市	0.17	0.16	0.18	0.18	0.16	0.16	0.12	0.12	0.12	0.12	0.11	0.11	0.08
咸阳市	0.23	0.23	0.24	0.22	0.24	0.20	0.16	0.17	0.16	0.16	0.15	0.12	0.12
渭南市	0.25	0.21	0.21	0.19	0.20	0.19	0.16	0.17	0.16	0.16	0.14	0.15	0.14
延安市	0.13	0.12	0.16	0.13	0.13	0.12	0.07	0.10	0.10	0.10	0.10	0.08	0.12
汉中市	0.20	0.19	0.18	0.18	0.17	0.17	0.13	0.13	0.12	0.12	0.10	0.09	0.09
榆林市	0.13	0.15	0.13	0.12	0.13	0.12	0.31	0.20	0.13	0.13	0.12	0.12	0.14
安康市	0.13	0.11	0.10	0.10	0.09	0.09	0.07	0.07	0.07	0.07	0.07	0.05	0.05
商洛市	0.07	0.07	0.08	0.07	0.09	0.09	0.07	0.07	0.06	0.06	0.06	0.07	0.06
兰州市	0.75	0.66	0.72	0.61	0.57	0.57	0.58	0.57	0.57	0.58	0.65	0.61	0.67
嘉峪关市	0.01	0.01	0.01	0.01	0.01	0.01	0.02	0.02	0.01	0.01	0.01	0.02	0.01
金昌市	0.02	0.02	0.01	0.01	0.02	0.02	0.02	0.03	0.02	0.02	0.02	0.02	0.02
白银市	0.06	0.06	0.06	0.06	0.05	0.05	0.04	0.05	0.04	0.03	0.03	0.03	0.03
天水市	0.17	0.16	0.16	0.15	0.15	0.17	0.18	0.15	0.13	0.11	0.10	0.10	0.11
武威市	0.06	0.06	0.06	0.06	0.06	0.05	0.04	0.05	0.05	0.04	0.04	0.04	0.04
张掖市	0.11	0.10	0.09	0.09	0.09	0.09	0.08	0.09	0.08	0.09	0.08	0.05	0.04
平凉市	0.13	0.11	0.11	0.10	0.05	0.07	0.07	0.07	0.06	0.06	0.05	0.05	0.05
酒泉市	0.09	0.08	0.08	0.06	0.07	0.07	0.06	0.06	0.05	0.05	0.05	0.04	0.04
庆阳市	0.06	0.06	0.06	0.05	0.06	0.06	0.05	0.05	0.05	0.05	0.05	0.05	0.05
定西市	0.04	0.04	0.04	0.04	0.05	0.04	0.04	0.04	0.04	0.03	0.03	0.03	0.03
陇南市	0.03	0.03	0.03	0.02	0.02	0.02	0.03	0.04	0.05	0.05	0.04	0.01	0.03
西宁市	0.40	0.39	0.43	0.41	0.45	0.41	0.36	0.26	0.30	0.30	0.30	0.29	0.23
银川市	0.30	0.31	0.31	0.28	0.26	0.22	0.19	0.84	0.40	0.18	0.17	0.15	0.17
石嘴山市	0.04	0.04	0.04	0.03	0.05	0.03	0.03	0.03	0.03	0.03	0.03	0.02	0.02
吴忠市	0.04	0.05	0.04	0.04	0.04	0.03	0.03	0.03	0.03	0.03	0.03	0.03	0.02
固原市	0.04	0.04	0.04	0.03	0.03	0.07	0.05	0.04	0.04	0.03	0.03	0.03	0.03
中卫市	0.01	0.01	0.01	0.01	0.01	0.01	0.01	0.02	0.02	0.02	0.02	0.02	0.02
乌鲁木齐市	0.56	0.54	0.52	0.50	0.55	0.55	0.46	0.45	0.45	0.45	0.45	0.48	0.50
克拉玛依市	0.06	0.05	0.04	0.04	0.04	0.04	0.03	0.04	0.04	0.04	0.04	0.07	0.05

附表 2 – 1   2003 ~ 2011 年中国高技术服务业发展潜力指标标准化后数据

变量	2003 年	2004 年	2005 年	2006 年	2007 年	2008 年	2009 年	2010 年	2011 年
X_1	- 0.71	- 0.64	- 0.57	- 0.48	- 0.37	- 0.27	- 0.18	- 0.05	- 0.56
X_2	- 1.81	- 1.57	- 1.34	- 1.05	- 0.77	- 0.46	- 0.64	- 0.08	0.19
X_3	- 0.91	- 0.88	- 0.85	- 0.82	- 0.76	- 0.71	- 0.66	- 0.55	- 0.44
X_4	- 0.88	- 0.83	- 0.80	- 0.77	- 0.74	- 0.66	- 0.60	- 0.56	- 0.51
X_5	- 1.31	- 0.99	- 1.04	- 1.00	- 0.90	- 0.62	- 0.55	- 0.35	0.20
X_6	- 1.04	- 1.01	- 0.98	- 0.94	- 0.89	- 0.82	- 0.74	- 0.60	- 0.40
X_7	- 1.15	- 1.08	- 1.00	- 0.94	- 0.85	- 0.75	- 0.65	- 0.48	- 0.32
X_8	- 0.95	- 0.93	- 0.92	- 0.88	- 0.82	- 0.73	- 0.68	- 0.62	- 0.43
X_9	- 0.90	- 0.90	- 0.90	- 0.89	- 0.89	- 0.87	0.93	- 0.76	- 0.70
X_{10}	- 1.27	- 1.20	- 1.10	- 0.99	- 0.85	- 0.68	- 0.59	- 0.44	- 0.26
X_{11}	- 1.21	- 1.18	- 1.12	- 1.05	- 0.95	- 0.84	- 0.70	- 0.55	- 0.39
X_{12}	- 0.97	- 0.96	- 0.95	- 0.89	- 0.88	- 0.78	- 0.62	- 0.61	- 0.61
X_{13}	- 1.47	- 1.23	- 1.09	- 0.94	- 0.89	- 0.75	- 0.59	- 0.49	- 0.29
X_{14}	- 1.30	- 1.24	- 1.19	- 1.10	- 0.99	- 0.86	- 0.63	- 0.39	- 0.26
X_{15}	- 1.67	- 1.43	- 1.44	- 1.36	- 0.96	- 0.38	- 0.45	0.07	0.41
X_{16}	- 1.22	- 1.16	- 1.09	- 1.02	- 0.92	- 0.80	- 0.63	- 0.46	- 0.24
X_{17}	- 1.43	- 1.38	- 1.22	- 1.11	- 0.94	- 0.76	- 0.51	- 0.31	- 0.05
X_{18}	- 1.24	- 1.15	- 1.11	- 1.02	- 0.98	- 0.85	- 0.66	- 0.42	- 0.27
X_{19}	- 1.05	- 1.05	- 1.02	- 0.97	- 0.88	- 0.82	- 0.64	- 0.41	- 0.26
X_{20}	- 1.64	- 1.54	- 1.38	- 1.32	- 1.04	- 0.51	- 0.40	0.40	0.23
X_{21}	- 1.22	- 1.17	- 1.10	- 1.01	- 0.87	- 0.74	- 0.63	- 0.47	- 0.26
X_{22}	- 1.83	- 1.57	- 1.32	- 1.00	- 0.77	- 0.63	- 0.17	- 0.02	0.22
X_{23}	- 0.62	- 3.64	- 0.43	- 0.18	- 0.17	0.03	0.37	0.06	0.05
X_{24}	- 1.35	- 1.26	- 1.18	- 1.06	- 0.88	- 0.71	- 0.62	- 0.40	- 0.14
X_{25}	- 1.37	- 1.28	- 1.19	- 1.08	- 0.89	- 0.71	- 0.61	- 0.38	- 0.11
X_{26}	- 1.71	- 1.60	- 1.38	- 1.00	- 0.68	- 0.50	- 0.35	- 0.27	- 0.01
X_{27}	- 1.28	- 1.21	- 1.13	- 1.05	- 0.90	- 0.76	- 0.66	- 0.48	- 0.20
X_{28}	- 1.21	- 1.12	- 1.11	- 1.05	- 0.93	- 0.85	- 0.74	- 0.37	- 0.07
X_{29}	- 1.16	- 1.11	- 1.07	- 1.00	- 0.96	- 0.89	- 0.66	- 0.42	- 0.34
X_{30}	- 1.44	- 1.33	- 1.18	- 1.08	- 0.87	- 0.73	- 0.61	- 0.40	- 0.15
X_{31}	- 1.81	- 1.59	- 1.09	- 1.21	- 0.70	- 0.53	- 0.32	0.02	0.52
X_{32}	0.56	0.61	0.98	1.03	0.88	0.69	0.55	0.52	0.56
X_{33}	- 2.08	- 2.07	- 2.06	0.22	0.00	- 0.04	0.07	0.17	0.20

续表

变量	2003 年	2004 年	2005 年	2006 年	2007 年	2008 年	2009 年	2010 年	2011 年
X_{34}	- 1.59	- 1.41	- 1.24	- 1.04	- 0.82	- 0.66	- 0.47	- 0.24	- 0.05
X_{35}	- 1.58	- 1.43	- 1.30	- 1.14	- 0.94	- 0.73	- 0.49	- 0.23	0.05
X_{36}	- 1.46	- 1.41	- 1.35	- 1.25	- 0.99	- 0.68	- 0.38	- 0.12	0.07
X_{37}	- 1.08	- 1.03	- 0.99	- 0.94	- 0.88	- 0.81	- 0.72	- 0.57	- 0.44
X_{38}	- 1.21	- 1.11	- 1.03	- 0.94	- 0.84	- 0.73	- 0.59	- 0.44	- 0.28
X_{39}	- 2.28	- 1.32	- 0.91	- 1.08	- 0.83	- 0.59	0.13	0.21	- 0.03
X_{40}	- 1.96	- 1.59	- 1.24	- 0.96	- 0.68	- 0.58	- 0.41	- 0.14	0.16

附表 2 - 2　　2012 ~ 2020 年中国高技术服务业发展潜力指标标准化后数据

变量	2012 年	2013 年	2014 年	2015 年	2016 年	2017 年	2018 年	2019 年	2020 年
X_1	- 0.53	- 0.45	- 0.38	- 0.24	- 0.45	- 0.12	0.95	2.11	2.95
X_2	0.44	0.72	0.71	0.69	0.49	0.81	1.23	1.11	1.34
X_3	- 0.23	- 0.10	0.05	0.21	0.41	0.66	1.21	1.81	2.56
X_4	- 0.42	- 0.29	- 0.11	0.14	0.45	0.95	1.46	1.74	2.42
X_5	- 0.02	0.06	0.16	0.16	0.37	0.74	1.19	1.35	2.56
X_6	- 0.17	0.06	0.31	0.53	0.74	1.01	1.27	1.66	2.03
X_7	- 0.11	0.06	0.25	0.40	0.56	0.95	1.28	1.72	2.13
X_8	- 0.34	- 0.16	0.06	0.30	0.62	1.26	1.56	1.74	1.92
X_9	- 0.56	- 0.41	- 0.16	0.19	0.93	1.66	1.76	1.38	1.09
X_{10}	- 0.10	0.11	0.29	0.51	0.71	0.98	1.35	1.63	1.91
X_{11}	- 0.19	0.58	0.72	0.80	0.91	1.06	1.16	1.41	1.55
X_{12}	- 0.36	- 0.16	0.24	0.60	0.91	1.10	1.30	1.65	1.98
X_{13}	- 0.21	0.20	0.55	0.86	1.05	1.10	1.29	1.42	1.47
X_{14}	0.01	0.33	0.63	0.85	1.10	1.30	1.30	1.30	1.15
X_{15}	0.27	0.46	0.53	0.75	0.74	0.91	1.04	1.15	1.36
X_{16}	- 0.02	0.19	0.36	0.51	0.72	0.98	1.27	1.61	1.92
X_{17}	0.23	0.45	0.58	0.62	0.71	0.83	1.10	1.42	1.76
X_{18}	0.26	0.31	0.36	0.51	0.76	0.83	1.25	1.45	2.01
X_{19}	0.04	0.10	0.09	0.52	0.55	0.64	1.26	1.41	2.48
X_{20}	0.62	0.89	1.07	0.81	0.95	1.06	0.87	0.93	0.00
X_{21}	- 0.09	0.11	0.29	0.52	0.75	1.08	1.39	1.66	1.77
X_{22}	0.27	0.33	0.41	0.60	0.63	0.77	1.17	1.46	1.46

续表

变量	2012 年	2013 年	2014 年	2015 年	2016 年	2017 年	2018 年	2019 年	2020 年
X_{23}	0.16	0.07	0.23	0.65	0.75	0.83	0.78	0.64	0.42
X_{24}	0.04	0.22	0.41	0.55	0.74	1.05	1.34	1.58	1.67
X_{25}	0.07	0.26	0.42	0.57	0.75	1.03	1.32	1.55	1.64
X_{26}	0.31	0.47	0.59	0.68	0.75	0.84	0.99	1.19	1.70
X_{27}	0.00	0.19	0.39	0.60	0.84	1.05	1.34	1.63	1.62
X_{28}	0.10	0.09	0.23	0.46	0.71	1.18	1.28	1.49	1.90
X_{29}	− 0.16	0.06	0.41	0.78	0.91	1.03	1.22	1.55	1.81
X_{30}	0.11	0.30	0.48	0.75	0.92	1.05	1.19	1.36	1.62
X_{31}	0.82	0.95	1.20	1.43	1.14	1.00	0.21	− 0.03	0.00
X_{32}	0.43	0.34	0.25	0.10	− 0.86	− 1.49	− 1.61	− 1.68	− 1.86
X_{33}	0.34	0.43	0.52	0.49	0.50	0.62	0.74	0.85	1.12
X_{34}	0.14	0.30	0.45	0.64	0.82	0.99	1.14	1.29	1.76
X_{35}	0.33	0.58	0.69	0.64	0.74	0.94	1.26	1.33	1.28
X_{36}	0.25	0.43	0.53	0.64	0.78	0.91	1.09	1.32	1.60
X_{37}	− 0.17	− 0.06	0.08	0.60	1.00	1.19	1.47	1.61	1.70
X_{38}	− 0.11	− 0.02	0.05	0.45	0.70	1.04	1.43	1.71	1.94
X_{39}	0.37	0.61	1.01	1.17	1.66	0.61	0.45	0.85	− 0.03
X_{40}	0.32	0.49	0.59	0.63	0.70	0.92	1.10	1.27	1.39

附表 3　2016～2020 年八大重点省市高技术服务业发展潜力指标归一化数据

年份	省市	X1	X2	X3	X4	X5	X6	X7	X8	X9	X10	X11	X12	X13	X14	X15
2016	北京	0.66	0.19	0.49	0.80	0.59	0.40	0.07	0.09	0.07	0.21	0.23	0.39	0.94	0.51	0.48
	上海	0.28	0.20	0.43	0.37	0.37	0.47	0.13	0.16	0.10	0.13	0.14	0.39	0.19	0.52	0.50
	天津	0.48	0.08	0.36	0.26	0.28	0.35	0.10	0.12	0.11	0.12	0.09	0.27	0.13	0.33	0.35
	江苏	0.27	0.53	0.30	0.15	0.37	0.35	0.60	0.55	0.56	0.57	0.52	0.33	0.15	0.31	0.30
	浙江	0.23	0.32	0.30	0.16	0.18	0.31	0.43	0.31	0.56	0.44	0.50	0.41	0.05	0.31	0.34
	山东	0.23	0.40	0.29	0.14	0.36	0.24	0.32	0.47	0.34	0.24	0.22	0.33	0.09	0.24	0.21
	广东	0.20	0.56	0.32	0.18	0.30	0.42	0.56	0.56	0.48	0.57	0.58	0.37	0.18	0.29	0.32
	四川	0.20	0.23	0.29	0.23	0.21	0.21	0.08	0.09	0.08	0.16	0.14	0.32	0.07	0.18	0.20
2017	北京	0.62	0.19	0.49	0.79	0.44	0.44	0.07	0.08	0.06	0.19	0.22	0.40	0.93	0.51	0.47
	上海	0.27	0.20	0.42	0.38	0.34	0.51	0.11	0.16	0.10	0.14	0.15	0.39	0.17	0.52	0.50
	天津	0.51	0.08	0.37	0.28	0.57	0.36	0.07	0.07	0.10	0.09	0.08	0.33	0.11	0.33	0.35

续表

年份	省市	X1	X2	X3	X4	X5	X6	X7	X8	X9	X10	X11	X12	X13	X14	X15
2017	江苏	0.29	0.53	0.29	0.15	0.33	0.32	0.59	0.56	0.51	0.53	0.46	0.31	0.16	0.31	0.30
	浙江	0.24	0.32	0.31	0.17	0.20	0.32	0.43	0.31	0.53	0.39	0.44	0.40	0.07	0.31	0.34
	山东	0.22	0.39	0.29	0.13	0.34	0.22	0.31	0.47	0.33	0.21	0.20	0.34	0.11	0.24	0.22
	广东	0.21	0.57	0.32	0.18	0.27	0.34	0.59	0.57	0.56	0.65	0.68	0.37	0.19	0.29	0.31
	四川	0.20	0.23	0.30	0.23	0.17	0.23	0.09	0.09	0.09	0.17	0.13	0.27	0.08	0.18	0.21
2018	北京	0.64	0.19	0.48	0.78	0.49	0.43	0.05	0.08	0.05	0.18	0.18	0.36	0.88	0.51	0.47
	上海	0.31	0.20	0.41	0.40	0.26	0.50	0.10	0.16	0.09	0.13	0.14	0.38	0.22	0.52	0.51
	天津	0.41	0.08	0.36	0.27	0.69	0.37	0.06	0.07	0.08	0.09	0.08	0.34	0.12	0.32	0.35
	江苏	0.27	0.53	0.29	0.15	0.27	0.31	0.50	0.57	0.51	0.52	0.45	0.31	0.18	0.31	0.29
	浙江	0.21	0.33	0.31	0.16	0.15	0.31	0.43	0.33	0.55	0.39	0.42	0.38	0.11	0.31	0.35
	山东	0.23	0.38	0.30	0.13	0.24	0.24	0.26	0.40	0.33	0.20	0.20	0.35	0.15	0.24	0.22
	广东	0.31	0.57	0.32	0.20	0.21	0.36	0.68	0.60	0.55	0.68	0.71	0.37	0.24	0.29	0.31
	四川	0.26	0.24	0.30	0.21	0.12	0.22	0.09	0.10	0.08	0.13	0.13	0.35	0.18	0.18	0.21
2019	北京	0.62	0.19	0.48	0.77	0.51	0.36	0.05	0.08	0.04	0.19	0.18	0.34	0.84	0.51	0.47
	上海	0.32	0.20	0.42	0.43	0.28	0.52	0.08	0.16	0.08	0.15	0.14	0.34	0.21	0.52	0.50
	天津	0.40	0.07	0.36	0.26	0.59	0.46	0.05	0.06	0.06	0.08	0.08	0.36	0.13	0.32	0.35
	江苏	0.30	0.52	0.29	0.18	0.27	0.30	0.53	0.59	0.53	0.51	0.44	0.31	0.22	0.31	0.29
	浙江	0.23	0.33	0.31	0.17	0.20	0.30	0.47	0.34	0.54	0.37	0.40	0.39	0.13	0.31	0.35
	山东	0.24	0.38	0.30	0.13	0.36	0.23	0.21	0.32	0.25	0.22	0.20	0.33	0.16	0.24	0.22
	广东	0.31	0.57	0.32	0.22	0.21	0.35	0.67	0.62	0.59	0.69	0.73	0.39	0.33	0.29	0.32
	四川	0.24	0.25	0.30	0.18	0.16	0.20	0.08	0.10	0.10	0.11	0.11	0.37	0.18	0.19	0.21
2020	北京	0.64	0.19	0.47	0.76	0.53	0.32	0.04	0.07	0.04	0.18	0.16	0.32	0.78	0.50	0.45
	上海	0.31	0.20	0.41	0.44	0.24	0.58	0.08	0.16	0.07	0.15	0.14	0.34	0.20	0.52	0.49
	天津	0.41	0.07	0.36	0.27	0.59	0.45	0.04	0.06	0.06	0.08	0.07	0.34	0.13	0.32	0.33
	江苏	0.29	0.53	0.30	0.16	0.31	0.26	0.51	0.59	0.48	0.51	0.49	0.35	0.26	0.31	0.30
	浙江	0.24	0.33	0.32	0.17	0.19	0.32	0.46	0.34	0.54	0.36	0.39	0.39	0.17	0.31	0.36
	山东	0.23	0.38	0.30	0.14	0.35	0.22	0.24	0.34	0.29	0.24	0.24	0.36	0.23	0.24	0.24
	广东	0.28	0.57	0.32	0.22	0.20	0.31	0.67	0.62	0.61	0.69	0.70	0.37	0.40	0.30	0.33
	四川	0.23	0.25	0.30	0.19	0.14	0.19	0.09	0.11	0.10	0.11	0.11	0.34	0.15	0.19	0.23

2018 年 155 家高技术服务企业各分项潜力和
附表 4 – 1　　　　发展潜力接近度值及其总排名

股票代码	公司简称	资源潜力	经营潜力	治理潜力	外部潜力	发展潜力	总排名
002230	科大讯飞	0.5532	0.0507	0.1677	0.2737	0.4582	1
002544	杰赛科技	0.5290	0.0522	0.0936	0.2104	0.4259	2
300226	上海钢联	0.1004	0.4151	0.1196	0.3130	0.4025	3
300418	昆仑万维	0.2089	0.4025	0.2124	0.3728	0.3761	4
002095	生意宝	0.0560	0.3497	0.0568	0.1018	0.3235	5
002280	联络互动	0.2610	0.1027	0.1170	0.4881	0.3097	6
000158	常山北明	0.2189	0.0575	0.0928	0.4905	0.2965	7
300182	捷成股份	0.3078	0.0423	0.1118	0.4743	0.2768	8
002065	东华软件	0.3086	0.0424	0.0976	0.4704	0.2727	9
300284	苏交科	0.3286	0.0456	0.1429	0.4226	0.2678	10
300168	万达信息	0.1829	0.0367	0.1803	0.4841	0.2668	11
603533	掌阅科技	0.3996	0.0906	0.1095	0.1588	0.2586	12
600410	华胜天成	0.2034	0.0514	0.1919	0.4723	0.2578	13
300002	神州泰岳	0.4102	0.0524	0.0879	0.2034	0.2519	14
000711	京蓝科技	0.1654	0.0397	0.1668	0.4719	0.2480	15
300297	蓝盾股份	0.1800	0.0354	0.1053	0.4647	0.2453	16
300212	易华录	0.1624	0.0308	0.1316	0.4680	0.2422	17
002195	二三四五	0.3037	0.0915	0.0991	0.3912	0.2334	18
300235	方直科技	0.1399	0.2521	0.0945	0.0828	0.2122	19
002558	巨人科技	0.3085	0.1278	0.1476	0.1670	0.1984	20
300383	光环新网	0.2590	0.0691	0.1100	0.3480	0.1970	21
600756	浪潮软件	0.3416	0.0574	0.0685	0.0706	0.1915	22
300339	润和软件	0.2244	0.0561	0.1181	0.3412	0.1824	23
002373	千方科技	0.2864	0.0663	0.1355	0.2095	0.1779	24
002421	达实智能	0.2396	0.0396	0.1078	0.3034	0.1778	25
000555	神州信息	0.1993	0.0551	0.1863	0.3140	0.1728	26
000997	新大陆	0.2149	0.0590	0.1188	0.3004	0.1661	27
300624	万兴科技	0.1152	0.1872	0.1024	0.1129	0.1655	28
600986	科达股份	0.2195	0.0868	0.1229	0.2673	0.1639	29
300248	新开普	0.2863	0.0502	0.0857	0.0604	0.1633	30
603869	新智认知	0.1600	0.0448	0.1607	0.3139	0.1598	31
300608	思特奇	0.2509	0.0528	0.1028	0.1697	0.1527	32

续表

股票代码	公司简称	资源潜力	经营潜力	治理潜力	外部潜力	发展潜力	总排名
300352	北信源	0.2218	0.1027	0.1238	0.1586	0.1511	33
300493	润欣科技	0.0637	0.0717	0.0966	0.3384	0.1504	34
300324	旋极信息	0.2129	0.0505	0.1210	0.2395	0.1468	35
300166	东方国信	0.2255	0.0707	0.1163	0.1979	0.1446	36
300496	中科创达	0.2089	0.0550	0.1096	0.2217	0.1438	37
002063	远光软件	0.2056	0.1187	0.1158	0.0927	0.1438	38
603060	国检集团	0.1815	0.1192	0.1087	0.1586	0.1433	39
002368	太极股份	0.1478	0.0562	0.1274	0.2837	0.1399	40
300365	恒华科技	0.2220	0.0589	0.1057	0.1666	0.1397	41
300613	富瀚微	0.1857	0.1088	0.1038	0.1513	0.1358	42
300183	东软载波	0.1633	0.1346	0.1264	0.0662	0.1354	43
300664	鹏鹞环保	0.1250	0.0441	0.0642	0.3062	0.1347	44
002123	梦网集团	0.1747	0.0486	0.1265	0.2459	0.1345	45
600797	浙大网新	0.1893	0.0572	0.1178	0.2227	0.1344	46
603018	中设集团	0.1557	0.0461	0.1844	0.2092	0.1333	47
300020	银江股份	0.1413	0.0371	0.1041	0.2858	0.1332	48
300010	立思辰	0.1430	0.0349	0.1990	0.2278	0.1307	49
300012	华测检测	0.1840	0.0679	0.1393	0.1476	0.1290	50
300044	赛为智能	0.1104	0.0372	0.1011	0.2873	0.1283	51
002238	天威视讯	0.1128	0.1400	0.1146	0.0828	0.1280	52
300377	赢时胜	0.2125	0.0759	0.0773	0.0995	0.1269	53
002649	博彦科技	0.1459	0.0775	0.1471	0.1980	0.1254	54
600728	佳都科技	0.1541	0.0476	0.1390	0.2278	0.1253	55
300676	华大基因	0.1880	0.0688	0.1697	0.0828	0.1239	56
300271	华宇软件	0.1911	0.0593	0.1186	0.1598	0.1223	57
603383	顶点软件	0.1408	0.1217	0.1022	0.0909	0.1219	58
300170	汉得信息	0.1398	0.0712	0.1389	0.2001	0.1202	59
300692	中环环保	0.0585	0.1390	0.1015	0.1175	0.1185	60
300347	泰格医药	0.1475	0.0677	0.1491	0.1762	0.1183	61
600602	云赛智联	0.1659	0.0850	0.1036	0.1519	0.1179	62
603458	勘设股份	0.1472	0.0449	0.2130	0.0511	0.1164	63
002148	北纬科技	0.1071	0.1122	0.1050	0.1587	0.1161	64
300508	维宏股份	0.1472	0.0886	0.1056	0.1517	0.1160	65

续表

股票代码	公司简称	资源潜力	经营潜力	治理潜力	外部潜力	发展潜力	总排名
300231	银信科技	0.0950	0.0724	0.1241	0.2297	0.1157	66
300578	会畅通讯	0.0534	0.1221	0.1269	0.1513	0.1151	67
300513	恒实科技	0.1268	0.0839	0.1437	0.1670	0.1141	68
300008	天海防务	0.1542	0.0325	0.0862	0.1953	0.1126	69
300253	卫宁健康	0.1602	0.0562	0.0940	0.1795	0.1116	70
002093	国脉科技	0.1521	0.0517	0.0686	0.2070	0.1114	71
002609	捷顺科技	0.1351	0.0915	0.1152	0.1230	0.1113	72
002315	焦点科技	0.1365	0.0948	0.0916	0.1251	0.1112	73
300609	汇纳科技	0.0824	0.1070	0.1278	0.1513	0.1110	74
300668	杰恩设计	0.1042	0.0883	0.1901	0.0828	0.1108	75
002253	川大智胜	0.1343	0.0982	0.1353	0.0310	0.1089	76
002467	二六三	0.1216	0.0784	0.1315	0.1590	0.1089	77
000681	视觉中国	0.1218	0.0818	0.1153	0.1687	0.1086	78
300287	飞利信	0.1572	0.0370	0.1093	0.1855	0.1086	79
000889	中嘉博创	0.1342	0.0709	0.1371	0.1432	0.1083	80
002912	中新赛克	0.1486	0.0591	0.1564	0.0828	0.1060	81
300663	科蓝软件	0.1181	0.0455	0.1077	0.2100	0.1052	82
603138	海量数据	0.0794	0.0963	0.1186	0.1587	0.1051	83
300682	朗新科技	0.1245	0.0588	0.1362	0.1674	0.1047	84
300302	同有科技	0.0721	0.0936	0.1317	0.1588	0.1042	85
300561	汇金科技	0.1127	0.0980	0.1222	0.0831	0.1040	86
603232	格尔软件	0.1317	0.0801	0.0803	0.1513	0.1039	87
300348	长亮科技	0.1260	0.0824	0.1207	0.1189	0.1029	88
600446	金证股份	0.1109	0.0706	0.1134	0.1642	0.1026	89
300500	启迪设计	0.1106	0.0652	0.1383	0.1570	0.1022	90
300229	拓思尔	0.1453	0.0487	0.1033	0.1597	0.1019	91
002279	久其软件	0.1023	0.0493	0.1304	0.1911	0.1017	92
603039	泛微网络	0.0887	0.0938	0.0905	0.1513	0.1014	93
300468	四方精创	0.0960	0.1073	0.0861	0.0829	0.1000	94
300150	世纪瑞尔	0.1092	0.0766	0.1020	0.1595	0.0994	95
300288	朗玛信息	0.1358	0.0715	0.1196	0.0413	0.0983	96
300469	信息发展	0.0936	0.0394	0.1510	0.1706	0.0979	97
300467	迅游科技	0.1218	0.0862	0.1082	0.0455	0.0972	98

续表

股票代码	公司简称	资源潜力	经营潜力	治理潜力	外部潜力	发展潜力	总排名
300465	高伟达	0.1058	0.0571	0.0977	0.1834	0.0969	99
300542	新晨科技	0.1213	0.0562	0.0960	0.1637	0.0969	100
002883	中设股份	0.0972	0.0923	0.0917	0.1246	0.0966	101
300451	创业慧康	0.1180	0.0604	0.1113	0.1443	0.0959	102
300579	数字认证	0.1005	0.0609	0.1200	0.1586	0.0958	103
603127	昭衍新药	0.0872	0.0769	0.1032	0.1588	0.0957	104
300541	先进数通	0.1050	0.0569	0.0885	0.1826	0.0953	105
000948	南天信息	0.1231	0.0671	0.1052	0.1165	0.0950	106
300300	汉鼎宇佑	0.1010	0.0451	0.1113	0.1790	0.0942	107
603357	设计总院	0.1493	0.0598	0.0938	0.0531	0.0940	108
300520	科大国创	0.1369	0.0561	0.1200	0.0780	0.0937	109
300659	中孚信息	0.1045	0.0909	0.0966	0.0663	0.0930	110
300687	赛意信息	0.1211	0.0740	0.1153	0.0839	0.0927	111
300671	富满电子	0.1459	0.0478	0.0770	0.0872	0.0919	112
300598	诚迈科技	0.1115	0.0811	0.0500	0.1257	0.0904	113
300209	天泽信息	0.1120	0.0508	0.1202	0.1402	0.0903	114
002908	德生科技	0.0864	0.0968	0.0795	0.0828	0.0902	115
300366	创意信息	0.1235	0.0447	0.0997	0.1402	0.0898	116
603017	中衡设计	0.1210	0.0536	0.1058	0.1248	0.0893	117
300295	三六五网	0.0647	0.0721	0.1005	0.1577	0.0892	118
300738	奥飞数据	0.0879	0.0696	0.0845	0.1532	0.0890	119
300675	建科院	0.1102	0.0452	0.1429	0.1013	0.0890	120
300311	任子行	0.1115	0.0545	0.1137	0.1135	0.0874	121
002398	垒知集团	0.1057	0.0615	0.1273	0.0910	0.0867	122
300050	世纪鼎利	0.1280	0.0521	0.1057	0.0951	0.0865	123
603322	超讯通信	0.0875	0.0495	0.0906	0.1695	0.0864	124
300649	杭州园林	0.0573	0.0802	0.1149	0.1011	0.0864	125
300645	正元智慧	0.1051	0.0498	0.1152	0.1205	0.0863	126
300448	浩云科技	0.0827	0.0798	0.1069	0.0889	0.0851	127
300096	易联众	0.1077	0.0362	0.1144	0.1296	0.0844	128
002401	中远海科	0.0723	0.0538	0.1066	0.1513	0.0837	129
300525	博思软件	0.1173	0.0607	0.0793	0.0909	0.0831	130
300330	华虹信息	0.0862	0.0467	0.1033	0.1513	0.0829	131

续表

股票代码	公司简称	资源潜力	经营潜力	治理潜力	外部潜力	发展潜力	总排名
002474	榕基软件	0.1029	0.0454	0.0824	0.1332	0.0810	132
300310	宣通世纪	0.1110	0.0472	0.1139	0.0836	0.0803	133
002178	延华智能	0.0801	0.0380	0.1024	0.1547	0.0801	134
002331	皖通科技	0.1181	0.0645	0.0554	0.0800	0.0794	135
300532	今天国际	0.1158	0.0354	0.1111	0.0828	0.0788	136
002469	三维工程	0.1017	0.0785	0.0451	0.0663	0.0780	137
300187	永清环保	0.0656	0.0380	0.1378	0.1168	0.0774	138
300732	设研院	0.1112	0.0459	0.1021	0.0730	0.0771	139
300550	和仁科技	0.1008	0.0532	0.0784	0.1081	0.0767	140
300440	运达科技	0.1120	0.0438	0.1162	0.0316	0.0760	141
300085	银之杰	0.0821	0.0544	0.0850	0.1218	0.0758	142
300678	中科信息	0.0967	0.0622	0.1094	0.0308	0.0758	143
300290	荣科科技	0.0868	0.0481	0.1346	0.0466	0.0757	144
300605	恒锋信息	0.0946	0.0525	0.0862	0.0921	0.0736	145
300172	中电环保	0.0736	0.0426	0.0962	0.1275	0.0724	146
300556	丝路视觉	0.0380	0.0641	0.1067	0.0901	0.0708	147
300571	平治信息	0.0430	0.0723	0.0647	0.1067	0.0706	148
300635	中达安	0.0419	0.0637	0.1084	0.0872	0.0705	149
300051	三五互联	0.0700	0.0543	0.0857	0.1017	0.0700	150
300359	全通教育	0.0647	0.0464	0.0988	0.1120	0.0694	151
300730	科创信息	0.0786	0.0585	0.0858	0.0333	0.0667	152
603559	中通国脉	0.1001	0.0487	0.0686	0.0573	0.0663	153
603602	纵横通信	0.0805	0.0489	0.0666	0.1016	0.0660	154
300588	熙菱信息	0.0974	0.0390	0.0766	0.0632	0.0643	155

2019 年 155 家高技术服务企业各分项潜力和

附表 4 - 2	发展潜力接近度值及其总排名						
股票代码	公司简称	资源潜力	经营潜力	治理潜力	外部潜力	发展潜力	总排名
603127	昭衍新药	0.0831	0.4128	0.1306	0.1795	0.4637	1
300605	恒锋信息	0.0925	0.4114	0.0627	0.1030	0.4610	2
002230	科大讯飞	0.4741	0.0484	0.1394	0.4169	0.3976	3
300226	上海钢联	0.0877	0.3389	0.1100	0.3349	0.3072	4
603060	国检集团	0.1129	0.2878	0.1085	0.1802	0.2808	5

续表

股票代码	公司简称	资源潜力	经营潜力	治理潜力	外部潜力	发展潜力	总排名
002095	生意宝	0.0538	0.3164	0.0428	0.1035	0.2747	6
300168	万达信息	0.1551	0.0469	0.1482	0.4976	0.2705	7
002544	杰赛科技	0.3681	0.0370	0.0727	0.2779	0.2620	8
300624	万兴科技	0.1116	0.2752	0.1388	0.0833	0.2576	9
300235	方直科技	0.1020	0.2633	0.0833	0.0832	0.2231	10
300182	捷成股份	0.2112	0.0904	0.1402	0.4295	0.2210	11
000711	京蓝科技	0.1509	0.0501	0.1735	0.4429	0.2137	12
000158	常山北明	0.1774	0.0407	0.0601	0.4166	0.2063	13
002065	东华软件	0.2672	0.0381	0.0968	0.3776	0.1990	14
603533	掌阅科技	0.2977	0.0824	0.0763	0.1796	0.1984	15
300418	昆仑万维	0.1493	0.0732	0.1748	0.3933	0.1899	16
300347	泰格医药	0.1818	0.0681	0.1623	0.3762	0.1872	17
300212	易华录	0.1455	0.0288	0.1233	0.4060	0.1861	18
300284	苏交科	0.1845	0.0336	0.1123	0.3768	0.1828	19
002398	垒知集团	0.0970	0.1968	0.1277	0.1030	0.1779	20
300383	光环新网	0.2335	0.0595	0.0968	0.3193	0.1710	21
002195	二三四五	0.2713	0.1046	0.1066	0.1788	0.1697	22
300002	神州泰岳	0.2236	0.0801	0.1521	0.2419	0.1681	23
002280	联络互动	0.0775	0.0553	0.0800	0.3817	0.1665	24
002558	巨人科技	0.2530	0.0916	0.1507	0.1831	0.1626	25
002368	太极股份	0.1325	0.0391	0.1217	0.3619	0.1606	26
002373	千方科技	0.2602	0.0463	0.1149	0.2177	0.1599	27
300183	东软载波	0.1373	0.1772	0.1156	0.0459	0.1540	28
300682	朗新科技	0.1683	0.1278	0.1502	0.1800	0.1516	29
000997	新大陆	0.2034	0.0662	0.0884	0.2707	0.1507	30
300271	华宇软件	0.1940	0.0990	0.0863	0.2397	0.1488	31
600410	华胜天成	0.1761	0.0397	0.1572	0.2910	0.1470	32
300166	东方国信	0.2259	0.0672	0.0959	0.2010	0.1427	33
300613	富瀚微	0.1444	0.1423	0.0847	0.1711	0.1412	34
300297	蓝盾股份	0.1390	0.0389	0.0442	0.3154	0.1403	35
300248	新开普	0.2275	0.0598	0.1084	0.0611	0.1384	36

续表

股票代码	公司简称	资源潜力	经营潜力	治理潜力	外部潜力	发展潜力	总排名
300020	银江股份	0.1198	0.0398	0.0806	0.3171	0.1381	37
002063	远光软件	0.2125	0.0878	0.0922	0.0848	0.1343	38
300468	四方精创	0.1171	0.1590	0.0420	0.0832	0.1335	39
300010	立思辰	0.1294	0.0335	0.1403	0.2900	0.1331	40
002315	焦点科技	0.1462	0.1283	0.0714	0.1261	0.1328	41
600756	浪潮软件	0.2328	0.0545	0.0614	0.0459	0.1324	42
300044	赛为智能	0.1589	0.0409	0.1392	0.2309	0.1312	43
002649	博彦科技	0.1312	0.0823	0.1464	0.2388	0.1306	44
603383	顶点软件	0.1267	0.1396	0.0739	0.1027	0.1264	45
300339	润和软件	0.1380	0.0598	0.1083	0.2572	0.1263	46
600602	云赛智联	0.1425	0.1062	0.1029	0.1705	0.1255	47
000555	神州信息	0.1739	0.0535	0.1545	0.1796	0.1240	48
300324	旋极信息	0.1767	0.0511	0.1203	0.2022	0.1238	49
600986	科达股份	0.1135	0.0833	0.1026	0.2404	0.1234	50
300377	赢时胜	0.2026	0.0827	0.0717	0.0995	0.1230	51
600728	佳都科技	0.2085	0.0432	0.1150	0.0861	0.1219	52
300467	迅游科技	0.1149	0.1398	0.0965	0.0318	0.1218	53
300508	维宏股份	0.1565	0.0861	0.0813	0.1747	0.1193	54
603869	新智认知	0.1278	0.0379	0.1379	0.2333	0.1183	55
002238	天威视讯	0.0953	0.1340	0.0901	0.0832	0.1179	56
300448	浩云科技	0.1632	0.0897	0.0962	0.0846	0.1171	57
603458	勘设股份	0.1485	0.0426	0.1410	0.1874	0.1167	58
603018	中设集团	0.1388	0.0382	0.1901	0.1445	0.1161	59
300578	会畅通讯	0.0691	0.1055	0.1279	0.1750	0.1148	60
300170	汉得信息	0.1232	0.0575	0.1465	0.2091	0.1147	61
002148	北纬科技	0.1064	0.1010	0.0968	0.1791	0.1134	62
002609	捷顺科技	0.1612	0.0748	0.0971	0.1090	0.1126	63
300209	天泽信息	0.1233	0.0832	0.1089	0.1665	0.1118	64
300496	中科创达	0.1395	0.0577	0.0937	0.2069	0.1116	65
300513	恒实科技	0.1134	0.0469	0.1579	0.2048	0.1110	66
300608	思特奇	0.1431	0.0429	0.0863	0.2116	0.1104	67

续表

股票代码	公司简称	资源潜力	经营潜力	治理潜力	外部潜力	发展潜力	总排名
300231	银信科技	0.0917	0.0477	0.1038	0.2488	0.1099	68
300520	科大国创	0.1617	0.0539	0.1250	0.1086	0.1086	69
300253	卫宁健康	0.1458	0.0562	0.0842	0.1885	0.1078	70
300288	朗玛信息	0.1657	0.0700	0.0792	0.0296	0.1067	71
300676	华大基因	0.1480	0.0561	0.1556	0.1068	0.1062	72
600797	浙大网新	0.1510	0.0513	0.1103	0.1707	0.1062	73
603039	泛微网络	0.0870	0.0976	0.0739	0.1704	0.1054	74
300668	杰恩设计	0.0929	0.0992	0.1480	0.0833	0.1051	75
300352	北信源	0.1141	0.0556	0.1313	0.1809	0.1045	76
300663	科蓝软件	0.1089	0.0388	0.1137	0.2196	0.1044	77
300609	汇纳科技	0.0932	0.0832	0.1002	0.1706	0.1043	78
300229	拓思尔	0.1315	0.0594	0.0867	0.1799	0.1032	79
002123	梦网集团	0.1312	0.0491	0.1510	0.1467	0.1032	80
300732	设研院	0.1633	0.0414	0.0906	0.1012	0.1031	81
300348	长亮科技	0.1209	0.0624	0.1005	0.1810	0.1020	82
002279	久其软件	0.0973	0.0565	0.1296	0.1884	0.1016	83
600446	金证股份	0.1124	0.0636	0.1121	0.1670	0.1013	84
002467	二六三	0.0997	0.0698	0.1119	0.1792	0.1013	85
002912	中新赛克	0.1310	0.0782	0.1341	0.0832	0.1009	86
300469	信息发展	0.1027	0.0334	0.1394	0.1836	0.0994	87
603138	海量数据	0.0786	0.0824	0.0923	0.1791	0.0993	88
300649	杭州园林	0.0534	0.1089	0.0885	0.1029	0.0990	89
300012	华测检测	0.1187	0.0637	0.1556	0.0926	0.0988	90
300287	飞利信	0.1265	0.0478	0.0837	0.1854	0.0977	91
300150	世纪瑞尔	0.0949	0.0690	0.0925	0.1804	0.0973	92
000681	视觉中国	0.1067	0.0550	0.0995	0.1861	0.0970	93
300541	先进数通	0.0978	0.0505	0.0606	0.2146	0.0970	94
300330	华虹信息	0.0836	0.0499	0.1448	0.1704	0.0964	95
300365	恒华科技	0.1091	0.0614	0.0724	0.1858	0.0963	96
300579	数字认证	0.1026	0.0540	0.0964	0.1792	0.0954	97
002421	达实智能	0.1111	0.0345	0.1099	0.1859	0.0952	98

续表

股票代码	公司简称	资源潜力	经营潜力	治理潜力	外部潜力	发展潜力	总排名
603232	格尔软件	0.1014	0.0691	0.0737	0.1704	0.0952	99
002253	川大智胜	0.1275	0.0752	0.1264	0.0289	0.0949	100
300542	新晨科技	0.1041	0.0569	0.0855	0.1826	0.0948	101
002401	中远海科	0.0767	0.0683	0.1089	0.1704	0.0940	102
300525	博思软件	0.1052	0.0711	0.1014	0.1408	0.0936	103
300738	奥飞数据	0.0713	0.0790	0.0922	0.1651	0.0934	104
300465	高伟达	0.1022	0.0487	0.0833	0.1909	0.0932	105
002883	中设股份	0.0863	0.0942	0.0554	0.1253	0.0930	106
300571	平治信息	0.0384	0.0693	0.1013	0.1857	0.0922	107
300598	诚迈科技	0.1051	0.0730	0.0877	0.1264	0.0922	108
300500	启迪设计	0.1032	0.0444	0.1460	0.1375	0.0917	109
300295	三六五网	0.0540	0.0683	0.1250	0.1598	0.0909	110
300302	同有科技	0.0775	0.0553	0.0872	0.1852	0.0896	111
002474	榕基软件	0.0894	0.0419	0.0696	0.1936	0.0895	112
300050	世纪鼎利	0.0910	0.0604	0.1299	0.1138	0.0890	113
000948	南天信息	0.1042	0.0567	0.1047	0.1397	0.0886	114
300561	汇金科技	0.1036	0.0695	0.1197	0.0832	0.0884	115
300664	鹏鹞环保	0.1134	0.0479	0.0575	0.1597	0.0879	116
002908	德生科技	0.0783	0.0913	0.0900	0.0832	0.0871	117
300687	赛意信息	0.1056	0.0661	0.1206	0.0911	0.0868	118
300659	中孚信息	0.0893	0.0896	0.0769	0.0459	0.0858	119
002178	延华智能	0.0781	0.0362	0.1096	0.1731	0.0851	120
300493	润欣科技	0.0447	0.0690	0.0568	0.1743	0.0838	121
300300	汉鼎宇佑	0.0565	0.0756	0.0798	0.1412	0.0833	122
002093	国脉科技	0.1377	0.0511	0.0506	0.1068	0.0831	123
300051	三五互联	0.0516	0.0892	0.0791	0.1036	0.0828	124
300451	创业慧康	0.1021	0.0534	0.0979	0.1201	0.0823	125
002469	三维工程	0.0955	0.0904	0.0338	0.0460	0.0819	126
300310	宣通世纪	0.1046	0.0603	0.1090	0.0856	0.0818	127
300096	易联众	0.1059	0.0384	0.1157	0.1144	0.0814	128
603017	中衡设计	0.1147	0.0476	0.0703	0.1289	0.0814	129

续表

股票代码	公司简称	资源潜力	经营潜力	治理潜力	外部潜力	发展潜力	总排名
300440	运达科技	0.1010	0.0705	0.0954	0.0287	0.0798	130
002331	皖通科技	0.1185	0.0586	0.0737	0.0358	0.0764	131
300675	建科院	0.0995	0.0414	0.1117	0.0906	0.0756	132
300645	正元智慧	0.0788	0.0422	0.0939	0.1351	0.0750	133
000889	中嘉博创	0.0666	0.0567	0.1286	0.0611	0.0749	134
300678	中科信息	0.0907	0.0586	0.1161	0.0285	0.0747	135
300290	荣科科技	0.0808	0.0489	0.1340	0.0505	0.0744	136
300311	任子行	0.1092	0.0408	0.0889	0.0859	0.0740	137
300550	和仁科技	0.0908	0.0508	0.0921	0.1046	0.0739	138
300366	创意信息	0.1065	0.0437	0.0799	0.0985	0.0736	139
300692	中环环保	0.0615	0.0486	0.0848	0.1343	0.0732	140
603322	超讯通信	0.0993	0.0296	0.0612	0.1338	0.0731	141
300008	天海防务	0.0527	0.0336	0.0589	0.1713	0.0730	142
300671	富满电子	0.1027	0.0421	0.0333	0.0970	0.0701	143
300172	中电环保	0.0653	0.0433	0.0838	0.1263	0.0685	144
300532	今天国际	0.0855	0.0404	0.0959	0.0839	0.0678	145
300085	银之杰	0.0853	0.0452	0.0655	0.1084	0.0676	146
300359	全通教育	0.0503	0.0587	0.0878	0.0947	0.0669	147
603602	纵横通信	0.0676	0.0468	0.0566	0.1178	0.0644	148
603357	设计总院	0.0900	0.0528	0.0709	0.0343	0.0639	149
300187	永清环保	0.0565	0.0360	0.0906	0.1096	0.0624	150
300635	中达安	0.0373	0.0422	0.0950	0.0875	0.0587	151
300556	丝路视觉	0.0345	0.0493	0.0808	0.0848	0.0572	152
300730	科创信息	0.0559	0.0547	0.0682	0.0290	0.0554	153
300588	熙菱信息	0.0931	0.0270	0.0667	0.0311	0.0541	154
603559	中通国脉	0.0494	0.0336	0.0894	0.0423	0.0495	155

参 考 文 献

[1] 蔡礼辉，任洁，朱磊. 中美制造业参与全球价值链分工程度与地位分析——兼论中美贸易摩擦对中国价值链分工的影响 [J]. 商业研究，2020 (3)：39 – 48.

[2] 常瑞祥，安树伟. 中国生产性服务业的空间聚集与变化——基于 285 个城市的实证研究 [J]. 产经评论，2016，7 (6)：39 – 49.

[3] 陈仕鸿，李良胜，徐姝妤. 高技术产业与高技术服务业关联性的实证分析 [J]. 统计与决策，2014 (5)：91 – 93.

[4] 陈启斐，王晶晶，黄志军. 参与全球价值链能否推动中国内陆地区产业集群升级 [J]. 经济学家，2018 (4)：42 – 53.

[5] 陈勇，柏喆. 新冠疫情对中国制造业全球价值链的影响研究 [J]. 暨南学报（哲学社会科学版），2021，43 (4)：69 – 83.

[6] 陈志明. 基于空间计量经济学的生产性服务业集聚及其影响因素研究 [D]. 广州：华南理工大学，2012.

[7] 陈红霞. 北京市生产性服务业空间分布与集聚特征的演变 [J]. 经济地理，2018，38 (5)：108 – 116.

[8] 程大中. 中国参与全球价值链分工的程度及演变趋势——基于跨国投入—产出分析 [J]. 经济研究，2015，50 (9)：4 – 16，99.

[9] 程大中，魏如青，郑乐凯. 中国服务贸易出口复杂度的动态变化及国际比较——基于贸易增加值的视角 [J]. 国际贸易问题，2017 (5)：103 – 113.

[10] 丁一兵，张弘媛. 中美贸易摩擦对中国制造业全球价值链地位的影响 [J]. 当代经济研究，2019 (1)：76 – 84.

［11］董虹蔚，孔庆峰．对中美双边贸易利益结构的测算与分析——基于 WWZ 方法的测算与实证研究［J］．商业经济与管理，2019（6）：40 - 56.

［12］窦大鹏，匡增杰．制造业服务化与全球价值链位置提升——基于制造业企业的分析［J］．国际商务研究，2022，13（1）：46 - 58.

［13］段利民，马鸣萧，张霞．基于 PCA 的区域科技服务业发展潜力评价研究［J］．西安电子科技大学学报（社会科学版），2012，22（6）：52 - 60.

［14］傅为忠，金敏，刘芳芳．工业 4.0 背景下我国高技术服务业与装备制造业融合发展及效应评价研究——基于 AHP - 信息熵耦联评价模型［J］．工业技术经济，2017，36（12）：90 - 98.

［15］高先务，程惠英．八大高技术服务业发展水平评估［J］．科技进步与对策，2015，32（1）：134 - 140.

［16］高智，鲁志国．产业融合对装备制造业创新效率的影响——基于装备制造业与高技术服务业融合发展的视角［J］．当代经济研究，2019（8）：71 - 81.

［17］高智，鲁志国．系统耦合理论下装备制造业与高技术服务业融合发展的实证研究［J］．系统科学学报，2019，27（2）：63 - 68.

［18］国务院发展研究中心．国务院发展研究中心调查报告第 99 号［R］．国研信息网，2001.

［19］国家统计局．高技术产业（服务业）分类（2018）［EB/OL］．（2018 - 05 - 09）［2021 - 06 - 12］．http：//www.stats.gov.cn/tjsj/tjbz/201805/P020180509379731037573.docx.

［20］国家统计局．中国经济普查统计年鉴 2018［M］．北京：中国统计出版社，2020.

［21］国家统计局.2017 年国民经济行业分类（GB/T 4754 - 2017）［EB/OL］．（2017 - 10 - 12）［2021 - 06 - 12］．http：//www.stats.gov.cn/tjsj/tjbz/hyflbz/201710/t20171012_1541679.html.

［22］国家统计局．我国高技术服务业蓬勃发展——第四次全国经济普查系列报告之八［EB/OL］．（2019 - 12 - 11）［2022 - 01 - 12］．http：//www.stats.gov.cn/statsinfo/auto2074/201912/t20191211_1717062.html.

[23] 国家统计局. 不平凡之年书写非凡答卷——《2020 年国民经济和社会发展统计公报》评读 [EB/OL]. (2021 – 02 – 28) [2022 – 01 – 12]. http://www. gov. cn/xinwen/2021 – 02/28/content_5589290. htm.

[24] 韩东林, 杜永飞, 夏碧芸. 基于因子分析的中国三大区域高技术服务业竞争力评价 [J]. 中国科技论坛, 2013 (10): 36 – 42.

[25] 韩东林, 周冬冬, 刘全清. 我国高技术服务业研发机构科技创新效率评价 [J]. 技术经济, 2013, 32 (6): 46 – 51.

[26] 韩东林, 曹晓禹, 周冬冬. 中国高技术产业对高技术服务业拉动效应分析 [J]. 科技进步与对策, 2013, 30 (19): 68 – 72.

[27] 胡健. 中国高技术服务业集聚水平及影响因素分析 [D]. 南京: 南京财经大学, 2012.

[28] 华广敏. 高技术服务业与制造业互动关系的实证研究——基于 OECD 跨国面板数据 [J]. 世界经济研究, 2015 (4): 113 – 120, 129.

[29] 华广敏. 中美制造业对高技术服务业效率影响的比较研究 [J]. 科技管理研究, 2019, 39 (20): 107 – 112.

[30] 华广敏, 黄伟. 中国高技术服务业与制造业融合发展分析——基于 2015 年 OECD 数据库非竞争型 I – O [J]. 科研管理, 2020, 41 (5): 69 – 77.

[31] 华广敏. 高技术服务业 FDI 对中美制造业效率影响的比较分析——基于中介效应分析 [J]. 世界经济研究, 2013 (3): 109 – 114.

[32] 黄繁华, 程佳, 王晶晶. 长三角地区生产性服务业集聚实证研究 [J]. 南京邮电大学学报 (社会科学版), 2011, 13 (4): 9 – 15.

[33] 黄灿, 林桂军. 全球价值链分工地位的影响因素研究: 基于发展中国家的视角 [J]. 国际商务 (对外经济贸易大学学报), 2017 (2): 5 – 15.

[34] 黄津孚. 企业发展潜力的评估与开发 [J]. 首都经济贸易大学学报, 1999 (5): 43 – 47.

[35] 黄琼, 李娜娜. 制造业全球价值链地位攀升影响因素分析——基于发达国家与发展中国家的比较 [J]. 华东经济管理, 2019, 33 (1): 100 – 106.

[36] 洪志生, 王晓明. 重构新型高技术服务业内涵助力现代产业体系高质量发展 [N]. 科技日报, 2021 – 05 – 10.

［37］吉亚辉，杨应德．中国生产性服务业集聚的空间统计分析［J］．地域研究与开发，2012，31（1）：1-5.

［38］金飞，陈晓峰．生产性服务业集聚的水平测度与影响因素分析［J］．统计与决策，2015（24）：122-125.

［39］荆林波，华广敏．中国高技术服务业 FDI 影响制造业效率的实证研究——基于面板数据［J］．中国社会科学院研究生院学报，2014（4）：43-47.

［40］科大讯飞．科大讯飞 2020 年度环境、社会及治理（ESG）报告［EB/OL］．（2021-07-08）［2022-01-12］．https：//pdf. dfcfw. com/pdf/H2_AN202107071502361212_1. pdf.

［41］雷翼丞，王小梅，周丽琴．青海省制造业集聚发展及其影响因素实证分析［J］．特区经济，2018（2）：96-98.

［42］李晖．高技术服务业发展的经验借鉴与模式选择——以湖南区域为实证样本［J］．求索，2010（10）：105-109.

［43］李健，冯会迎．高技术制造业与高技术服务业协同集聚的经济增长效应［J］．科技进步与对策，2020，37（17）：54-62.

［44］李勇坚，夏杰长．中国高技术服务业集聚发展现状及政策建议［J］．经济与管理，2011，25（6）：5-10.

［45］李宏，吴东松，曹清峰．中美贸易摩擦对中国制造业全球价值链分工地位的影响［J］．财贸研究，2020，31（7）：50-60.

［46］李焱，吕品，黄庆波．中国汽车产业在全球价值链中的地位——基于 Koopman 的地位指数和 Fally 的长度指数分析［J］．国际贸易问题，2018（4）：24-35.

［47］李煜华，周伟．全球价值链理论研究的发展趋势及其评价——基于文献计量学视角的分析［J］．价格理论与实践，2021（9）：1-4.

［48］李佳洺，孙铁山，张文忠．中国生产性服务业空间集聚特征与模式研究——基于地级市的实证分析［J］．地理科学，2014，34（4）：385-393.

［49］李佳洺，张文忠，李业锦，等．基于微观企业数据的产业空间集聚特征分析——以杭州市区为例［J］．地理研究，2016，35（1）：95-107.

［50］李荣锦，雷婷婷．基于熵权 TOPSIS 法的企业盈余质量评价研

究——以房地产上市公司为例 [J]. 会计之友, 2019 (24): 72 – 78.

[51] 李尚鹜, 陈继勇, 李卓. 干中学、过度投资和 R&D 对人力资本积累的"侵蚀效应"[J]. 经济研究, 2011, 46 (6): 57 – 67.

[52] 李婉丽, 刘凤全, 张俊瑞等. 高科技企业发展潜力评价的指标体系及模糊综合评判模型 [J]. 数量经济技术经济研究, 2002, 19 (12): 89 – 92.

[53] 黎峰. 全球价值链分工视角下的中美贸易摩擦透析 [J]. 南方经济, 2019 (7): 1 – 15.

[54] 联合国出版物. 所有经济活动的国际标准行业分类 [EB/OL]. (2009 – 03) [2021 – 06 – 12]. https: //unstats. un. org/unsd/classifications/Econ/Download/In%20Text/ISIC_Rev_4_publication_Chinese. pdf.

[55] 林斐婷. 中美制造业贸易失衡的测度与分析 [J]. 统计与决策, 2019, 35 (2): 131 – 134.

[56] 林玲, 容金霞. 参与全球价值链会拉大收入差距吗——基于各国后向参与度分析的视角 [J]. 国际贸易问题, 2016 (11): 65 – 75.

[57] 刘琳. 中国参与全球价值链的测度与分析——基于附加值贸易的考察 [J]. 世界经济研究, 2015 (6): 71 – 83, 128.

[58] 刘仕国, 吴海英, 马涛, 等. 利用全球价值链促进产业升级 [J]. 国际经济评论, 2015 (1): 64 – 84, 5 – 6.

[59] 刘曙光, 杨华. 关于全球价值链与区域产业升级的研究综述 [J]. 中国海洋大学学报 (社会科学版), 2004 (5): 31 – 34.

[60] 刘遵义, 陈锡康, 杨翠红, 等. 非竞争型投入占用产出模型及其应用——中美贸易顺差透视 [J]. 中国社会科学, 2007 (5): 91 – 103, 206 – 207.

[61] 刘贞来. 青岛市海洋高技术服务业发展现状分析与对策研究——以 QLGC 为例 [D]. 青岛: 青岛科技大学, 2018.

[62] 刘志彪, 张杰. 从融入全球价值链到构建国家价值链: 中国产业升级的战略思考 [J]. 学术月刊, 2009, 41 (9): 59 – 68.

[63] 刘志彪, 张少军. 总部经济、产业升级和区域协调——基于全球价值链的分析 [J]. 南京大学学报 (哲学. 人文科学. 社会科学版), 2009, 46 (6): 54 – 62, 140.

［64］刘志彪. 从全球价值链转向全球创新链：新常态下中国产业发展新动力［J］. 学术月刊，2015，47（2）：5－14.

［65］刘志国. 企业发展潜力评价指标体系的构建［J］. 经济研究导刊，2014（10）：10－13.

［66］逯建，杨昌海. 生产性服务业的集聚及影响因素分析——基于江苏省与四川省的比较［J］. 商业经济研究，2011（28）：117－118.

［67］罗勇，曹丽莉. 全球价值链视角下我国产业集群升级的思路［J］. 国际贸易问题，2008（11）：92－98.

［68］罗芳，杨良良. 长三角城市群生产性服务业集聚影响因素研究——基于行业面板数据的分析［J］. 科技与管理，2013，15（5）：54－59.

［69］吕萍，李忠富. 我国区域经济发展潜力的时空差异研究［J］. 数量经济技术经济研究，2010（11）：37－51.

［70］马风涛. 中国制造业全球价值链长度和上游度的测算及其影响因素分析——基于世界投入产出表的研究［J］. 世界经济研究，2015（8）：3－10，127.

［71］马晶梅，丁一兵. 全球价值链背景下中美高技术产业分工地位研究［J］. 当代经济研究，2019（4）：79－87.

［72］迈克尔·波特. 竞争战略［M］. 北京：华夏出版社，1997：46－54.

［73］毛蕴诗，王婕，郑奇志. 重构全球价值链：中国管理研究的前沿领域——基于 SSCI 和 CSSCI（2002—2015 年）的文献研究［J］. 学术研究，2015（11）：85－93，160.

［74］孟祺. 全球公共卫生危机对中国参与全球价值链的影响［J］. 财经科学，2020（5）：77－91.

［75］潘文卿，王丰国，李根强. 全球价值链背景下增加值贸易核算理论综述［J］. 统计研究，2015，32（3）：69－75.

［76］彭正龙，何培旭，李泽. 双元营销能力平衡、战略地位优势与新创高技术服务企业绩效［J］. 管理科学，2015，28（3）：115－129.

［77］乔小勇，王耕，李泽怡. 全球价值链国内外研究回顾——基于 SCI/SSCI/CSSCI 文献的分析［J］. 亚太经济，2017（1）：116－126.

[78] 乔小勇，王耕，郑晨曦. 我国服务业及其细分行业在全球价值链中的地位研究——基于"地位—参与度—显性比较优势"视角 [J]. 世界经济研究，2017（2）：99 – 113，137.

[79] 乔小勇，王耕，李泽怡. 中国制造业、服务业及其细分行业在全球生产网络中的价值增值获取能力研究：基于"地位—参与度—显性比较优势"视角 [J]. 国际贸易问题，2017（3）：63 – 74.

[80] 邱灵，方创琳. 北京市生产性服务业空间集聚综合测度 [J]. 地理研究，2013，32（1）：99 – 110.

[81] 曲婉，冯海红. 高技术产业对服务企业的技术溢出效应研究 [J]. 科研管理，2016，37（7）：71 – 80.

[82] 容金霞，顾浩. 全球价值链分工地位影响因素分析——基于各国贸易附加值比较的视角 [J]. 国际经济合作，2016（5）：39 – 46.

[83] 邵晖. 北京市生产者服务业聚集特征 [J]. 地理学报，2008，63（12）：1289 – 1298.

[84] 申静，孟越，杨保珠. 中国高技术服务业服务创新能力评价 [J]. 技术经济，2014，33（1）：39 – 47.

[85] 沈体雁，劳昕，杨开忠. 经济密度：区域经济研究的新视角 [J]. 经济学动态，2012（7）：82 – 88.

[86] 盛龙，陆根尧. 中国生产性服务业集聚及其影响因素研究——基于行业和地区层面的分析 [J]. 南开经济研究，2013（5）：115 – 129.

[87] 苏华，廖文杰. 基于动态反馈分析的苏州市高技术服务业发展实证研究 [J]. 科技管理研究，2013，33（23）：104 – 108.

[88] 苏华，方向阳，廖文杰. 基于 AHP 的苏州市高技术服务企业发展评价指标体系研究 [J]. 科技管理研究，2013，33（24）：60 – 64.

[89] 唐宜红，俞峰，李兵. 外商直接投资对中国企业创新的影响——基于中国工业企业数据与企业专利数据的实证检验 [J]. 武汉大学学报（哲学社会科学版），2019，72（1）：104 – 120.

[90] 滕丽，蔡砥，林彰平. 大城市中心区高端服务业的空间聚集特征 [C] //中国地理学会 2012 年学术年会学术论文摘要集，2012：156 – 157.

［91］田小平．高技术服务业与制造业的共生关系研究［J］．企业经济，2016，35（2）：117–120．

［92］屠年松，易泽华．价值链重构研究综述［J］．管理现代化，2018，38（1）：111–114．

［93］屠年松，曹宇芙．知识产权保护对服务业全球价值链地位的影响研究——基于 OECD 国家面板数据的实证研究［J］．软科学，2019，33（6）：37–41，48．

［94］屠年松，薛丹青．贸易自由化与中国制造业的全球价值链攀升——基于中国 30 个省市面板数据的实证研究［J］．经济经纬，2019（6）：70–77．

［95］王飞航，王钰森．高技术服务业集聚对区域创新效率影响的门槛效应［J］．统计与决策，2021，37（4）：91–95．

［96］王仰东，杨跃承，赵志强．高技术服务业的内涵特征及成因分析［J］．科学学与科学技术管理，2007（11）：10–13．

［97］王正新，朱洪涛，陈雁南．我国高技术服务业区域发展水平综合评价——基于因子分析与改进聚类分析的实证研究［J］．科技管理研究，2016，36（15）：70–76．

［98］王俊松．长三角制造业空间格局演化及影响因素［J］．地理研究，2014，33（12）：2312–2324．

［99］王一卉．现代服务业发展潜力研究——基于我国 30 个省市的实证分析［J］．科技与管理，2010，12（1）：49–52．

［100］王玉梅，林洲钰．中国企业转型升级的若干技术创新问题研究［M］．北京：企业管理出版社，2014：256–300．

［101］魏江，陶颜，王琳．知识密集型服务业的概念与分类研究［J］．中国软科学，2007（1）：33–41．

［102］魏江，黄学．高技术服务业创新能力评价指标体系研究［J］．科研管理，2015，36（12）：9–18．

［103］魏龙，王磊．全球价值链体系下中国制造业转型升级分析［J］．数量经济技术经济研究，2017，34（6）：71–86．

［104］魏和清，李颖．我国文化产业聚集特征及溢出效应的空间计量分

析［J］. 江西财经大学学报, 2016（6）: 27 - 36.

［105］吴永亮, 王恕立. 中美 GVC 和 NVC 视角产业关联对比分析——基于非竞争型投入产出数据［J］. 国际贸易问题, 2019（4）: 125 - 142.

［106］新华社. 习近平主持召开中央财经委员会第五次会议［EB/OL］.（2019 - 08 - 26）［2022 - 01 - 12］. https: //baijiahao. baidu. com/s? id = 1642927894048641730&wfr = spider&for = pc.

［107］新华社. 中华人民共和国国民经济和社会发展第十四个五年规划和 2035 年远景目标纲要［R/OL］.（2021 - 03 - 13）［2022 - 01 - 12］. http: // www. gov. cn/xinwen/2021 - 03/13/content_5592681. htm.

［108］徐寒, 王许亮. 中国三大经济圈高技术服务业绿色 TFP 变动的差异分析——与传统 TFP 的比较研究［J］. 宏观经济研究, 2021（1）: 105 - 116.

［109］徐清军, 徐正则. 关于全球价值链研究的进一步思考［J］. 国际贸易, 2020（8）: 62 - 70.

［110］徐赛赛, 刘英, 程宇轩. 基于几何分析法的研发支出盈余管理研究——以科大讯飞为例［J］. 现代商贸工业, 2021, 42（23）: 78 - 82.

［111］薛东前, 石宁, 公晓晓. 西安市生产者服务业空间布局特征与集聚模式研究［J］. 地理科学, 2011, 31（10）: 1195 - 1201.

［112］杨翠红, 田开兰, 高翔, 张俊荣. 全球价值链研究综述及前景展望［J］. 系统工程理论与实践, 2020, 40（8）: 1961 - 1976.

［113］杨永亮. 长三角地区生产性服务业集聚研究［J］. 东方企业文化, 2012（13）: 243 - 244.

［114］杨珂玲, 蒋杭, 张志刚. 基于 TOPSIS 法的我国现代服务业发展潜力评价研究［J］. 软科学, 2014（3）: 130 - 134.

［115］杨柳, 张友棠. 基于增加价值的上市公司治理评价指数构建——以信息技术业上市公司为例［J］. 财会月刊, 2017（32）: 60 - 66.

［116］杨仁发, 张婷. 服务业全球价值链地位攀升影响因素研究——基于跨国面板数据的实证分析［J］. 哈尔滨商业大学学报（社会科学版）, 2019（5）: 3 - 12.

［117］杨帆, 王满仓. 研发投入与技术前沿差距的"索洛悖论"——基

于研发人力资本的解释 [J]. 现代财经（天津财经大学学报），2020，40 (12)：96－110.

[118] 央广网. 习近平治国理政"100 句话"之：加快从要素驱动、投资规模驱动发展为主向以创新驱动发展为主的转变 [EB/OL]. (2016－01－26) [2022－01－12]. http：//finance. cnr. cn/gundong/20160126/t20160126_521236449. shtml.

[119] 姚正海，倪杰. 高技术服务业的概念、分类以及对社会经济发展的影响 [J]. 商业经济，2012 (12)：41－43.

[120] 姚正海，姚佩怡，王姗姗. 我国区域高技术服务业发展水平评价研究——基于主成分分析法 [J]. 经济问题，2014 (11)：70－74.

[121] 姚正海，刘肖，路婷. 我国高技术服务业创新效率评价研究 [J]. 经济问题，2016 (9)：82－86.

[122] 姚正海，张海燕. 高技术服务业发展环境评价指标体系的构建 [J]. 财经科学，2013 (12)：112－120.

[123] 尹伟华. 中美高技术制造业双边贸易分解及潜力分析 [J]. 上海经济研究，2020 (6)：42－55.

[124] 尹希果，刘培森. 中国制造业集聚影响因素研究——兼论城镇规模、交通运输与制造业集聚的非线性关系 [J]. 经济地理，2013，33 (12)：97－103.

[125] 张向阳，朱有为. 基于全球价值链视角的产业升级研究 [J]. 外国经济与管理，2005 (5)：21－27.

[126] 张继良，胡健. 中国高技术服务业的聚集特征与影响因素研究 [J]. 地域研究与开发，2014，33 (4)：8－12.

[127] 张萃. 高技术服务业空间外溢与工业企业创新——基于负二项模型的实证分析 [J]. 人文杂志，2016 (2)：33－40.

[128] 张萃. 高技术服务业与工业企业合作创新——成本收益、模式特征与动态演进 [J]. 现代经济探讨，2017 (8)：1－9.

[129] 张萃. 高技术服务业与工业企业内部研发之间的关系研究：互补促进还是替代挤出？[J]. 管理工程学报，2018，32 (1)：41－50.

［130］张二震，戴翔，张雨．中美经贸摩擦：短期应对与长期机制建设［J］．华南师范大学学报（社会科学版），2020（4）：95－109．

［131］张珺涵，罗守贵．科技成果转化效率及企业规模与技术创新——基于高技术服务企业的实证研究［J］．软科学，2018，32（7）：1－4．

［132］张勇，杨阳．影响生产性服务业集聚发展的因素分析［J］．辽宁经济，2012（5）：30－32．

［133］赵璐，赵作权．中国制造业的大规模空间聚集与变化——基于两次经济普查数据的实证研究［J］．数量经济技术经济研究，2014（10）：110－121．

［134］郑建明，杨策，王万军．新冠肺炎疫情背景下的全球价值链演化及中国对策——基于构建"双循环"新发展格局的视角［J］．首都经济贸易大学学报，2021，23（2）：69－78．

［135］郑晓燕．成都市服务业聚集现状研究［J］．中国统计，2012（11）：46－47．

［136］中国语音产业联盟．2020—2021中国智能语音产业发展白皮书［EB/OL］．（2021－12－18）［2022－01－12］．http：//www.chinadevelopment.com.cn/news/cj/2021/12/1757766.shtml．

［137］周升起，兰珍先，付华．中国制造业在全球价值链国际分工地位再考察——基于Koopman等的"GVC地位指数"［J］．国际贸易问题，2014（2）：3－12．

［138］周玲玲，张恪渝．新冠肺炎疫情对中国参与全球价值链的影响研究［J］．工业技术经济，2021，40（9）：31－38．

［139］朱月友，韩东林．中国高技术服务业对高技术产业的贡献度测算［J］．统计与决策，2017（6）：97－99．

［140］Antràs P, Chor D, Fally T, et al. Measuring the Upstreamness of Production and Trade Flows［J］. American Economic Review, 2012, 102（3）：412－416.

［141］Antràs P. De－Globalisation? Global Value Chains in the Post－COVID－19 Age［R］. National Bureau of Economic Research, 2020.

［142］Ayadi R, Giovannetti G, Marvasi E, et al. Demand and Supply Exposure Through Global Value Chains: Euro – Mediterranean Countries during COVID [J]. World Economy, 2021 (6): 1 – 20.

[143] Baek, DooJoo. The Structure Change and Prospect of Trans – Pacific Value Chain: Focusing on Strategy of U. S. and China [J]. KCI – Korean Journal Database, 2021, 29 (1): 44 – 88.

[144] Balassa B. Trade Liberalisation and Revealed Comparative Advantage [J]. The Manchester School, 1965, 33 (2): 99 – 123.

[145] Bilderbeek R, Hertog P D, Marklund G, et al. Services in Innovation – Knowledge Intensive Business Services (KIBS) as Co – producers of Innovation. Synthesis Report wp5/6, SI4S Project [R]. SI4S Synthesis Paper, 1998.

[146] Bohatkiewicz J, Gancarczyk M, Dileo I. Knowledge – Intensive Business Services – Characteristics, Scope, and Sectoral Approach [C] //Business and Non – Profit Organizations Facing Increased Competition and Growing Customers' Demands, 2017.

[147] Brenner T, Capasso M, Duschl M, et al. Causal Relations Between Knowledge – Intensive Business Services and Regional Employment Growth [J]. Regional Studies, 2018, 52 (2): 172 – 183.

[148] Castaeda – Navarrete J, Hauge J, López – Gómez C. COVID – 19's Impacts on Global Value Chains, As Seen in the Apparel Industry [J]. LSE Research Online Documents on Economics, 2021, 39 (6): 953 – 970.

[149] Chenery H B, Evans R, Clark P G, et al. The Structure and Growth of Italian Economy [J]. Econometrica, 1953, 23 (1): 110.

[150] Coffey W J, Shearmur R G. Agglomeration and Dispersion of High – Order Service Employment in the Montreal Metropolitan Region, 1981 – 96 [J]. Urban Studies, 2002, 39 (3): 359 – 378.

[151] Corrocher N, Cusmano L, Morrison A. Modes of Innovation in Knowledge – Intensive Business Services Evidence from Lombardy [J]. Journal of Evolutionary Economics, 2009, 19 (2): 173 – 196.

[152] Curran L, Eckhardt J. Why COVID – 19 Will Not Lead to Major Re-

structuring of Global Value Chains [J]. Management and Organization Review, 2021, 17 (2): 407 – 411.

[153] Daniels P W. Service Industries in the World Economy [M]. Oxford: Blackwell Publishers, 1993.

[154] David D, Ekaterina T, Ari V A. Innovation Type and External Knowledge Search Strategies in KIBS: Evidence from Canada [J]. Service Business, 2019, 13 (3): 509 – 530.

[155] Dietzenbacher E, Guilhoto J, Imori D. The Role of Brazilian Regions in the Global Value Chain [J]. TD NERUS, 2013.

[156] Doloreux D, Laperrière A. Internationalisation and Innovation in the Knowledge-Intensive Business Services [J]. Service Business, 2014, 8 (4): 635 – 657.

[157] Esteban L, Juan C L. A Non – Parametric Analysis of Competitiveness Efficiency: The Relevance of Firm Size and the Configuration of Competitive Pillars [J]. BRQ Business Research Quarterly, 2019 (2): 34 – 42.

[158] Fally T. On the Fragmentation of Production in the US [R]. University of Colorado Working Paper, 2011.

[159] Freel M. Patterns of Technological Innovation in Knowledge – Intensive Business Services [J]. Industry & Innovation, 2006, 13 (3): 335 – 358.

[160] Frederick S, Daly J. Pakistan in the Apparel Global Value Chain [EB/OL]. (2019 – 01 – 10) [2021 – 06 – 12]. https://gvcc. duke. edu/wp – content/uploads/Pakistan_Apparel_GVC_Report_2019. pdf.

[161] Frederick S, Bamber P, Brun L, et al. Korea in the Electronics Global Value Chain: Pathways for Industrial Transformation [EB/OL]. (2017 – 09 – 15) [2021 – 06 – 12]. https://gvcc. duke. edu/wp – content/uploads/Duke_KIET_Korea_and_the_Electronics_GVC_CH_3. pdf.

[162] Frenkel S J, Schuessler E S. From Rana Plaza to Covid – 19: Deficiencies and Opportunities for a New Labour Governance System in Garment Global Supply Chains [J]. International Labour Review, 2021, 160 (4): 1 – 18.

[163] Gallego J, Maroto A. The Specialization in Knowledge – Intensive Business Services (KIBS) Across Europe: Permanent Co – Localization to Debate [J]. Regional studies, 2015, 49 (4): 644 – 664.

[164] Gereffi G, Korzeniewica M. Commodity Chains and Global Capitalism [J]. ABC – CLIO, 1994 (149): 7 – 14.

[165] Gereffi G. International Trade and Industrial Upgrading in Apparel Commodity Chain [J]. Journal of International Economics, 1999, 48 (1): 37 – 70.

[166] Gereffi G. The International Competitiveness of Asian Economics in the Apparel Commodity Chain [J]. International Journal of Business and Society, 2003, 4 (5).

[167] Gereffi G, Kaplinsky R. The Value of Value Chains: Spreading the Gains from Globalisation [J]. Special Issue of the IDS Bulletin, 2001, 32 (3): 1 – 8.

[168] Gereffi G, Humphrey J, Sturgron T. The Governance of Global Value Chains: An Analytic Framework [J]. Paper Presented at Bellagio Conference on Global Value Chain, 2003 (4): 10 – 12.

[169] Gotsch M, Hipp C. Measurement of Innovation Activities in the Knowledge Intensive Services Industry: A Trademark Approach [J]. Serv Ind, 2014 (32): 2167 – 2184.

[170] Grimes D, Prime P B, Walker M B. Change in the Concentration of Employment in Computer Services: Spatial Estimation at the U. S. Metro County Level [J]. Growth and Change, 2007, 38 (1): 39 – 55.

[171] Guastella G, Oort F V. Knowledge Creation Vs Knowledge Co – Production: Knowledge Intensive Business Servises and Innovative Activity in EU Regions [C] // ERSA Conference Papers. European Regional Science Association, 2012.

[172] Han Y H, Mai W K, Li Q, et al. Analysis of the Influence of Sino – US Trade Friction on Guangdong's Global Value Chain Position [A]. 5th International Conference on Electromechanical Control Technology and Transportation

（ICECTT） ［C］. Electr Network：AEIC Acad Exchange Informat Ctr, 2020：175 - 178.

［173］ Hayakawa K, MukunokiH. Impacts of COVID - 19 on Global Value Chains ［J］. IDE Discussion Papers, 2020, 59 (2)：154 - 177.

［174］ Hipp C, Gallego J, Rubalcaba L. Shaping Innovation in European Knowledge - Intensive Business Services ［J］. Service Business, 2015, 9 (1)：41 - 55.

［175］ Hummels D L, Ishii J, Yi K M. The Nature and Growth of Vertical Specialization in World Trade ［J］. Journal of International Economics, 2001, 54 (1)：75 - 96.

［176］ Isard W. Interregional and Regional Input - Output Analysis：A Model of a Space - Economy ［J］. The Review of Economics and Statistics, 1951, 33 (4)：318 - 328.

［177］ José P, Villar C, Narula R. Governance of Global Value Chains after the Covid - 19 Pandemic：A New Wave of Regionalization? ［J］. BRQ Business Research Quarterly, 2021 (4)：1 - 10.

［178］ Koch A, Stahlecker T. Regional Innovation Systems and the Foundation of Knowledge Intensive Business Services. A Comparative Study in Bremen, Munich, and Stuttgart, Germany ［J］. European Planning Studies, 2006, 14 (2)：123 - 146.

［179］ Kogut B. Designing Global Strategies：Comparative and Competitive Value - added Chains ［J］. Sloan Management Review, 1985, 26 (4)：15 - 28.

［180］ Kolko J. Agglomeration and Co - Agglomeration of Services Industries ［R］. MPRA Paper, No. 3362, 2007.

［181］ Kolko J. Urbanization, Agglomeration, and Coagglomeration of Service Industries ［J］. Agglomeration Economics, 2010 (2)：151 - 180.

［182］ Koopman R, Wang Z, Wei S J. How Much of Chinese Exports is Really Made in China? Assessing Domestic Value - Added When Processing Trade is Pervasive ［R］. NBER Working Papers, No. 14109, 2008.

[183] Koopman R, Powers W M, Wang Z, et al. Give Credit Where Credit is Due: Tracing Value Added in Global Production Chains [R]. Working paper series (National Bureau of Economic Research), No. 16426, 2010.

[184] Koopman R, Wang Z, Wei S J. Estimating Domestic Content in Exports When Processing Trade is Pervasive [J]. Journal of Development Economics, 2012, 99 (1): 109 – 121.

[185] Koopman R, Wang Z, Wei S J. Tracing Value – Added and Double Counting in Gross Exports [J]. American Economic Review, 2014, 104 (2): 459 – 494.

[186] Krugman P R. Rethinking International Trade [M]. MIT Press, 1994.

[187] Maja S, Helen L S, IoannisB. Innovation and External Knowledge Sources in Knowledge Intensive Business Services (KIBS): Evidence from De – Industrialized UK Regions [J]. Entrepreneurship & Regional Development, 2020, 32 (9 – 10): 805 – 826.

[188] Mark F. Innovation in Knowledge – Intensive Services [C] // Scottish Economic Statistics 2007, 2007.

[189] Mika G. Financial Performance Analysis of US and World Telecommunications Companies: Importance of Information Technology in the Telecommunications Industry after the AT&T Breakup and the NTT Divestiture [J]. Decision Support Systems, 2009, 48 (3): 447 – 456.

[190] Moses L N. The Stability of Interregional Trading Patterns and Input – Output Analysis [J]. American Economic Review, 1955, 45 (5): 803 – 832.

[191] Muller E, Doloreux D. What We Should Know About Knowledge – Intensive Business Services [J]. Technology in Society, 2009, 31 (1): 64 – 72.

[192] Mullere E, Zenker A. Business Services as Actors of Knowledge Transformation: The Role of KIBS in Regional and National Innovation Systems [J]. Research Policy, 2001, 30: 1501 – 1516.

[193] Nachum L, Keeble D. MNE Linkages and Localised Clusters: Foreign and Indigenous Firms in the Media Cluster of Central London [J]. Journal of Inter-

national Management, 2003, 9 (2): 171 – 191.

[194] Ng F, Yeats A J. Production Sharing in East Asia: Who Does What for Whom, and Why? [M]. Global Production and Trade in East Asia. Springer US, 2001.

[195] OECD. Innovation and Productivity in Services [M]. Paris: OECD, 2001.

[196] OECD. OECD Inter – Country Input – Output Database [DB/OL]. (2021 – 11) [2022 – 01 – 12]. http: //oe. cd/icio.

[197] PrahaladC K, HamelG. The Core Competence of the Corporation [J]. Harvard Business Review, 1990, 68 (3): 79 – 91.

[198] Porter M E. Competitive Advantage [M]. Free Press, 1985.

[199] Qin M, Liu X, Zhou X. COVID – 19 Shock and Global Value Chains: Is There a Substitute for China? [J]. Emerging Markets Finance and Trade, 2020, 56 (15): 3588 – 3598.

[200] Rashmi B, Bishwanath G. Contribution of Services to Output Growth and Productivity in Indian Manufacturing: Pre and Post Reforms [R]. Working Paper, Indian Council for Research on International Economic Relations, 2004, 139: 1 – 31.

[201] Santacreu A M, Leibovici F, LaBelle J. Global Value Chains and US Economic Activity During COVID – 19 [J]. Federal Reserve Bank of ST Louis Review, 2021, 103 (3): 271 – 288.

[202] Sassen S. The Global City: New York, London, Tokyo [M]. Princeton University Press, 2001 (9): 115 – 137.

[203] Sebastien M. The Reorganization of Global Value Chains in East Asia before and after COVID – 19 [J]. East Asian Economic Review, 2020, 24 (4): 389 – 416.

[204] Shearmur R, Doloreux D. Innovation and Knowledge – Intensive Business Service: the Contribution of Knowledge – Intensive Business Service to Innovation in Manufacturing Establishments [J]. Economics of Innovation and New Tech-

nology, 2013, 22 (8): 751 –774.

[205] Simmie J, Strambach S. The Contribution of KIBS to Innovation in Cities: An Evolutionary and Institutional Perspective [J]. Journal of Knowledge Management, 2006, 10 (5): 26 –40.

[206] Stephan M. New Silicon Valleys or New Species? Commoditization of Knowledge Work and the Rise of Knowledge Services Clusters [J]. Research Policy, 2013, 42 (2): 379 –390.

[207] Stephan B, Andrea H, Philip M. The Impact of KIBS's Location on Their Innovation Behavior [J]. Regional Studies, 2020, 54 (9): 1289 –1303.

[208] Stein R. Producer Services, Transaction Activities and Cities: Rethinking Occupational Categories in Economic Geography [J]. European Planning Studies, 2002 (6): 723 –743.

[209] Sun J, Lee H, Yang J. The Impact of the COVID –19 Pandemic on the Global Value Chain of the Manufacturing Industry [J]. Sustainability, 2021, 13 (22): 12370.

[210] Tam P S. Global Impacts of China – US Trade Tensions [J]. The Journal of International Trade & Economic Development, 2020, 29 (5): 510 –545.

[211] Wassily W. Leontief. Die Bilanz der Russischen Volkswirtschaft – Eine Methodologische Untersuchung [J]. Weltwirtschaftliches Archiv, 1925, 22: 338 –344.

[212] Wassily W. Leontief. Quantitative Input and Output Relations in the Economic Systems of the United States [J]. The Review of Economics and Statistics, 1936, 18 (3): 105 –125.

[213] Wassily W. Leontief. Essays in Economics: Theories, Theorizing, Facts and Policies [M]. Transaction Publishers, 1966.

[214] Wang Z, Wer S J, Zhu K. Quantifying International Production Sharing at the Bilateral and Sector Levels [EB/OL]. (2018 –02) [2021 –06 –12]. https: //www. nber. org/papers/w19677.

［215］ Wen H J, Lim B, Huang H L. Measuring E – Commerce Efficiency: A Data Envelopment Analysis (DEA) Approach ［J］. Industrial Management & Data Systems, 2003, 103 (8 – 9): 703 – 710.

［216］ World Bank. World Development Report 2020: Trading for Development in the Age of Global Value Chain ［R］. Washington: International Bank for Reconstruction and Development, World Bank, 2020.

［217］ Yan J. Analysis on the Causes of China – US Economic and Trade Friction from the Perspective of Global Value Chain Reconstruction ［A］. International Conference on Economic Management and Model Engineering ［C］. Malacca (MY): Nanhu Campus of Wuhan University of Technology, 2019: 122 – 125.

［218］ Zeshan M. Double – hit Scenario of Covid – 19 and Global Value Chains ［J］. Environment Development and Sustainability, 2020, 23 (6): 8559 – 8572.

［219］ Zhao T. An Empirical Research on Status and Influencing Factors of Global Value Chain Based on GVC Position Index ［C］ //Advances in Social Science, Education and Humanities Research, 2018, 176: 1631 – 1634.

［220］ Zhao L, Kim K. Responding to the COVID – 19 Pandemic: Practices and Strategies of the Global Clothing and Textile Value Chain ［J］. Clothing and Textiles Research Journal, 2021, 39 (2): 1 – 16.

后　记

本书针对高技术服务业这一具有产业领先代表性的核心产业，基于全球价值链背景，从比较复杂的高技术产业链研究价值转移的趋势和产业发展的演进规律，探讨中国高技术服务业与全球间存在的差异，丰富了高技术服务业的理论基础。同时，本书研究强调实际应用，应用价值显著。不仅从宏观角度分析产业发展的优劣势，而且从微观角度分析高技术服务企业的发展潜力，并从产业角度提出促进高技术服务业转型升级的对策建议，辅助相关部门科学决策，具有较强的可行性与政策落地性。

作为本书的作者，长期以来从事产业创新升级、数字经济等领域的统计研究工作，基于多年的研究积累形成了本书稿。在本书的撰写过程中，得到了各位同事的鼎力相助，他们提出了许多宝贵意见。同时，我的硕士研究生对书稿的修改与核对工作也做出了较大的贡献，在此对各位同人与学生的辛勤付出表示衷心感谢。

本书的出版也得到了经济科学出版社的大力支持，特别是顾瑞兰女士为本书的编辑和出版倾注了心血，在此对所有为本书的编辑和出版提供帮助的同志表示衷心感谢。同时，感谢杭州电子科技大学经济学院为我提供了良好的工作环境与学术研究环境。

感谢我的父母、公婆与家人。感谢父母一直以来对我工作的大力支持；感谢我的家人，你们是我追寻梦想永远的动力。书稿修改期间，公婆帮我照看刚满周岁的小女儿，使得书稿可以顺利地完成。正因为有家人一直以来的支持，才使我在许多困苦时刻能够渡过难关，体会到成功的喜悦。

最后，感谢您的阅读，对于书中的不足之处，敬请广大读者批评指正。

薛洁

2022 年 8 月